叢書セミオトポス 11

ハイブリッド・リーディング

新しい読書と文字学

日本記号学会＝編

【企画・編集・構成＝阿部卓也】

新曜社

刊行によせて

日本記号学会会長（二〇一四年大会時）　吉岡 洋

「ハイブリッド・リーディング」。雑種的な読書、あるいは読むことの混血化。それは、いかなる事態を指し示してるのだろうか？　それはまた、誰にとって現われている事態なのだろうか？　とりあえず私はこの字句のなかに、ふた通りの主題を「読む」。

ひとつはハイブリッドな読書、あるいは読むという行為のハイブリッド化といったことであり、もうひとつは読者、つまり読む主体におけるハイブリッド性、ハイブリッドな存在として読むこと、という主題である。そしてこの二つの主題のそれぞれに関して、それらをあえて「ハイブリッド」として考えることはそもそも何を意味するのか？　という、より根本的な問いが付随してくるように思われる。

ハイブリッド化が、デジタルメディアの発展に伴う現代的な変化とみなされていることは明らかである。確かに私たちの多くは今日、紙に印刷された文字を読むよりも、モニター上に表示された文字を読む時間の方が長いかもしれない。けれどそのことをあまり意識していない。媒体が何であれ、雑誌や本を「読む」という行為は同一だと信じているからである。だが、もしも「メディアがメッセージ」だとすれば、私たちは同じ読書をしているつもりで、実は全く異なった行為をしているのかもしれない。

一方、「思想」や「精神」を体現する存在としての書物へのロマンティックな憧れは、電子的形態をとる「書物」の内部にまで入り込んでいるように思われる。グーテンベルクの本がそれ以前の写本を模倣したように、デジタル化された書物は紙の書物を模倣する。そこでは、デジタル以前の読書、読むという行為あるいは読む主体のハイブリッドではないあり方、いわば読書における「サラブレッド」とはいったい何の（誰の）ことなのか？　という問いを提起することができる。

読むことのハイブリッド性とは何だろうか？　「ハイブリッド」とは雑種であり、系統の異なった両親から生まれるということである。「ハイブリッド・リーディング」が文字文化のデジタル化・ネットワーク化によって、読書行為がこれまでとは異なったものへと変質しつつあることだとするなら、それを生み出した系統の異なる親たちとは、書物や印刷物に基づく人文知と、情報の処理・制御に関わる工学の知であると言えるだろう。

かつて、あらゆる書物が消滅し、すべて電子情報に置き換えられるのではないかと想像された一時期もあった。人間がロボットに取って代わられ、人文知がことごとく工学知へと書き換えられるような未来。けれどもそれはSF的、サイバーパンク的な空想であり、人間的な、あまりに人間的な願望や不安の投影にほかならないことが、今や明らかになっているのではないかと、私は思う（人間と機械との関係を一種の「闘争」として描くドラマは相変わらず繰り返されているけれど）。

「ハイブリッド」とは、現在起こりつつある変化をそうした文明上の王位簒奪や革命のような事態としてではなく、異種の特徴を併せ持つことによる「進化」のようなものとして捉えようという提案と言えるかもしれない。例えばガソリン・エンジンと電動モーターという二つの動力源を持つ「ハイブリッド・カー」のように。つまりそれら二系統は混じり合うことなく、切り替えたり同調させたりすることによって、より優れたパフォーマンスを発揮することができるわけである。

そうした進化あるいは進歩としてのハイブリッド化から見ると、当然のことながらそれ以前の状態、印刷された書物に基づく「サラブレッド」な読書とは、過去の遺物であり、ある限界づけられた活動であるようにみえる。しかしまさにそれゆえに、そこには懐かしいものとしての価値も生じる。「電子書籍」という言い方のなかには、過去の書籍文化へのノスタルジーが感じられる。

だがこうした進歩主義的な見方だけでは一面的であり、問題そのものをそれこそ「ハイブリッドに」読んでいないと私は感じる。より重要だと思われる見方は、デジタルメディアが印刷文化に、工学的な知が人文知のなかに侵入してくることによって、読書という行為それ自体にもともと潜在していたハイブリッド性が露わになりつつある、という解釈である。言い換えれば、読書とは本来混血的・雑種的な活動であって、いわゆる古き良き読書、「サラブレッド」な読書とはむしろひとつの幻想、神話に過ぎないのではないのだろうか？

同じことが読者、読む主体についても言えるのではないかと思う。

電子化された書物に対する時、その利便性のために私たちが見落としがちなのは、それらが本当は「書物」ではなくてデータ・資料体に他ならないという事実である。その存在様態のなかには、例えば文学や哲学の読書・研究といえども、要するに何らかの情報処理であるという基本的理解が刻みこまれている。したがって読書する私たちは、過去の書物文化を参照しつつ、同時にデータ処理を行なうオペレータとしても存在している。

今日私たちは、否応なくハイブリッドな主体として読んでいるのである。このこともまた単純な変化ではなく、工学的な要素が侵入することにより、読む主体のなかに本来存在していたハイブリッド性が露わになったということでもある。

本書は、ご覧の通り印刷された本である。だがデジタルメディアによる書物と読書の変容は、いわゆる電子的書物に限られるわけではなく、本質的な意味では、紙の書物にも同様に及んでいる。読むことのハイブリッド性を語る本書が、この状況を考えるための一助となることを願ってやまない。

ハイブリッド・リーディング　新しい読書と文字学＊目次

装幀——阿部卓也
（シリーズ装幀原案　岡澤理奈）

はじめに　ハイブリッド・リーディング

阿部卓也

本書の目的は、「よむ」ことと「かく」ことをめぐって、今日の世界で進行している巨大な地殻変動を読み解き、記号、文字、イメージ、観念、モノ、身体といった世界の基本単位の変容と再配置の行方を展望することである。書物の発明以来、さらにいえば文字の発明以来成立してきた読字・読書活動は、いまデジタルテクノロジーによって全面的に書き換えられつつある。そのような文字学《グラマトロジー》の人類史的な転回を、理論と実践を往還する様々な視点から立体的に論じることこそ、本書の目指すものである。

本誌の特集全体を貫くキーワード、核となる概念は「ハイブリッド・リーディング」と「デジタル・スタディーズ」の二つである。そこで、まず最初にこの二つが何を問題としているのか、理論的な文脈を簡単に整理しておこう。

まず「ハイブリッド・リーディング」だが、これは大まかに「デジタル時代の読字・読書の活動、それによって読字・読書自体が変容するような読字・読書活動」を指している。「デジタル時代の読字・読書の活動」という定義からすると、単に電子書籍を読む行為、あるいは紙の書籍と電子の書籍が混在する場面での読書行為だけを指すと理解されてしまうかもしれない。だが「ハイブリッド・リーディング」という言葉で私たちが意味するのは、それよりもはるかに広い含意である。いま、デジタル技術が世界のあらゆる場面を覆いつくすなかで、「そもそも読むとは何か？書くとは何か？」ということ自体がゆらぎ、問い直されようとしている。ＳＮＳや動画投稿サイトを考えてみればわかるように、私たちは文字に加えて画像、動画などをもはやまったく並列的に使って、日々の行為や思索を「かき留めて」、他人と共有している。いっぽう、デジタル化されたデータは、コンピュータが読み取り可能になるので、私たちの生み出す膨大なデータ、すなわち人間の行為や記憶の痕跡は、絶えず機械によってスキャンされ、人間の認知能力を圧倒的に超えた速度で分析、解釈されている。そのように「よみ」と「かき」の関係、人間と技術をめぐる関係が、デジタルに取り込まれることで複雑に融合し、再定義される事態こそを問おうとするのが「ハイブリッド・リーディング」である。

そして、そのような問題を理解するうえでのひとつの原理となるのが、本書の二つ目のキーワードであり、技術哲学者ベルナール・スティグレールによって提唱されている「デジタル・スタディーズ」の理論（または知的潮流の提唱運動）である。その詳細は、本書所収のスティグレール本人による論考を参照されたいが、そこで精緻な論理の積み上げを通じて主張されているのは、「歴史上ずっと、すべての知は、テクノロジーなしでは存在できない」という根本命題だ。先史人類が直立歩行し、洞窟に何らかの「しるし」を引っ掻いていたような時代から、われわれは痕跡や図像、文字といった記号を使う技術を発達させ続けてきた。その目的は、あたかもコンピュータが長期保存すべきデータを内臓のメインメモリではなく外付けのストレージにストアさせておくように、人間の記憶を脳ではなく人工物に外在化させることである（スティグレールの言う「第三次過去把持」の問題）。そして、そのような記憶の技術、よみ／かきのテクノロジーこそが、人間の個体を超えた社会的・集団的な記憶の蓄積を可能にし、未来への構想力を生み出し、論理や理性、知識、学問といったものを可能にしてきた。さらにいえば、私たちが自分の心や精神とみなしているものも、決して一人ひとりの生物的な脳の中だけで完結しているわけではなく、メディアを通じて他者や社会と繋がり続けることではじめて成立している。つまり、そもそも人間という概念は、最初から「生身の生物としてのヒト」と「テクノロジー」の二つのセットなのである。したがって、人間社会の基盤をなす技術がデジタルにシフトするということは、あらゆる知のあり方や、人間という概念そのものが変容することを意味している。だからこそ、学問や人文知も根本的に再定義されなくてはならないという主張が、「デジタル・スタディーズ」である。

＊

以上の見取り図を踏まえたうえで、本書の構成を紹介していこう。第Ⅰ部（実践編）では、ブックデザインの世界的な泰斗である杉浦康平を迎え、書物とはそもそもいかなるメディア（だったの）かという問題を振り返って考察する。まずは杉浦自身が、一九七〇年代から八〇年代を中心におこなってきた造本の実例を豊富な図版とともに解説し、また自らの作品づくりに通底する思想を語る。それは、対極にある異質なものを溶けあわせて《ハイブリッド》並存させる「即」という東洋的概念である。続く杉浦と石田英敬の対談では、杉浦の思想や言葉と記号論的・メディア論な問題系との重ね合わせが試みられる。その後の阿部論文では、杉浦の時代における書物とデザインの質的飛躍の意義について、光学テクノロジーの進展と、それを前提にした産業構造の確立という技術史的視点から論じる。

第Ⅱ部（理論編）では、「ハイブリッド・リーディング」や「デジタル・スタディーズ」概念と関連させて、四人の理論家が原理的な問題の見取り図を提出する。まず石田は、フィクション、諧謔、修辞といった「文字による」アクロバットを駆使しながら、デジタル時代における書物の成立条件を問う。最近は誰も本を読まなくなった、という俗流の嘆きに反して、われわれはいまや本を読むことしかしていない、本に支配された世界を生きているという世界観の逆転を起点にして、図書館論、メディアアート論、WWW論を横断する「〈本〉の記号論」が論じられる。

続いてベルナール・スティグレールは、すでに紹介した「デジタル・スタディーズ」の研究プログラムとその意義について、「器官学」と「薬方学」の理論的系譜を補助線にしながら展望を述べる。またそのようなプログラムは、実験やプロタイプ制作を通じてパフォーマティヴに実践されなくてはならないと強く訴える。

いっぽうキム・ソンドの論文では、「漢字」と「書」という書記体系に着目し、東洋を起点にエクリチュール概念そのものを捉え返すことが試みられる。デリダやルロワ＝グーランを参照しながら、アジア、とりわけ「漢字文明の三つの国」（中国、韓国、日本）における文字や書物文化の特色を、文字とグラフィックの相互浸透、「見ること」と「読むこと」の根源的な近さや間メディア性にあると位置づけ、認識論・記号論・考古学という視点を繋いで、文字をめぐる統合的な問題系の構築が目指される。

第Ⅱ部の最後となる西兼志の論考では、文字を、話し言葉の代理表象ではなく、それ自体固有なメディアないし技術であるという視点から捉えた、「かくこと」の問題が主題となる。西は、まずダニエル・ブーニューの「記号のピラミッド」における指標性・接触性と、スティグレールの「文字化」および「正‐定立」の議論を参照し、文字のメディア学・技術論的なステータスを整理する。そして、スティグレールによる「図式機能」の議論を、より動的・プロセス的な概念としての「ハビトゥス」論の系譜と接続することで、文字や「かくこと」という身振りの問題を、技術‐論理の観点から、より精密に論じようとする。

続く第Ⅲ部（実験編）では、第Ⅰ部、第Ⅱ部で述べられたような理論や思想を踏まえたうえで、私たちがテクノロジーに対してどのように向き合うべきかを問うたデザイン制作やワークショップを、二本のエッセイで紹介する。あらゆるテクノロジーは、人間の能力を広げてくれる人工器官であると同時に、人間を縮こまらせるものでもある。メモ帳が、人間の記憶力を増大させると同時に、脳だけで記憶する力を弱らせるかもしれないように、技術はつねに原理的に薬にも毒にもなるものである（スティグレールの言う「薬方学」の問題）。だからこそ、人類の活動の基盤がデジタルという新しい記号技術へと移行しつつある今、私たちは、それが人間の記憶、知、意味生活、社会を破壊するような方向にではなく、豊かに伸ばしていくような形で使われる可能性を模索しなくてはならない。そのために、記号《sign》技術をブリコラージュし、使い方を提案し、社会における意味《signification》を作り出していくような実践活動こそが、語義本来の意味でのデザイン《de-sign》である。

そのような問題意識のもと、まず、阿部と谷島貫太の報告では、東京大学の「新図書館計画」の一環としておこなわれた、「よみ」を支援／拡張するデジタル環境設計の実証実験や、大学図書館を舞台にして実施された企画展示を報告する。それは、知のロジスティクスを担う大学図書館の活動を、テクノロジー環境の変容のなかでいかに再定義するかについて試行したものである。

続く水島久光のエッセイでは、古賀稔章と氏原茂将によって企画・実施された「集団的な読書」のワークショップをレポートする。あえてデジタルな機器を排除したアナログな空間で、アーキビストやキュレーターたちが会場参加者と車座になって坐り、本の一節をめぐって連想を紡ぎ、別の本へとゆるやかに話題を移行させていく。そのようなメディア・パフォーマンスを通じて、水島たちが試みたのは、本が媒介してきた「よみ」の豊かさと、読書行為が根源的に内在するハイブリッド性を明るみに出すことであった。

＊

本書は、二〇一四年五月二十四日（土）と二五日（日）の二日間、東京大学駒場キャンパスを会場におこなわれた日本記号学会の第三四回大会「ハイブリッド・リーディング――紙と電子の融合がもたらす〈新しい文字学《グラマトロジー》〉の地平」を書籍化したものである。実行委員長は石田英敬、実行委員として水島久光、西兼志、阿部卓也、谷島貫太が企画・運営を担当した。書籍化にあたって、内容を大幅に拡充している。

大会がおこなわれた二〇一四年から本書刊行までの二年間は、そのまま〈超‐グーテンベルク〉状況（石田）が進展し、いよいよ徹底化していくプロセスでもあった。スマートフォンが急速に普及し、一四年末の総務省調査では世帯保有率六五パーセント（二〇代では九五パーセント）に迫るいっぽう、ディープラーニングに基づく第三世代のＡＩが商用利用の段階に入り、ビッグデータの活用と結合することで、機械の「よみ」は人々の日常生活をすでに基底で支えつつある。同時にヘッドマウント型ＶＲ《仮想現実》システムやウェアラブル・デバイス、ＡＲ《拡張現実》コンテンツやプロジェクション・マッピングなどの技術的ブレイクスルーや低廉化にともなって、今やわれわれの視界は丸ごと情報紙面で覆い尽され、現実世界のあらゆる間隙が本の頁《スクリーン》となるような世界の完成が間近に迫っている。「ハイブリッド・リーディング」は、ますますアクチュアリティを増し、より切迫した未解決の「記号論的問い」として、われわれの眼前に立ちはだかっているのである。

Ⅰ部

［実践編］ブックデザインをめぐって

◉この論文は、二〇一四年五月二十四日に日本記号学会第三四回大会でおこなわれた杉浦康平の講演「一即二即多即一」を、書籍収録にあたって再編成したものです。

一即二即多即一

……東洋的ブックデザインを考える

杉浦康平

1 「一即二、二即一」、「一即多、多即一」を考える…

◉本という物体は、興味深い特質を秘めています。手に握られ、ほどよい重さをもつ。本は、直方体の紙の束です。だが、手にとれば、自然にページが開く。ひらひらと開く数多くのページが、一つの背で綴じられています。つまり、本という物体は、「一であって、多である」、「多であって、なお一である」という極めて興味深い特質を秘めている。

◉多であるものは、ページだけではありません。多なる「文字」、多なる「図像」、多なる「記号」の集合体であること。さらに多なる「章」、たとえば短篇集やアンソロジーは、いくつもの章が並びあう。さらに、辞書や百科辞典は、多なる「項目」の集合体です。本は、紙・布・糸・皮・金属・接着剤…など、幾つもの材質が集まって組立てられる。また、背・小口・見返し・目次・奥付け…など、数多くの部分の集合体でもある。多なるものが集合しあい、「空間」や「時間」が多重に、巧妙に畳みこまれ、本という一なる宇宙を形作っています。

さらに本は、視覚ばかりでなく、触覚や聴覚…、つまり「五感」にも反応する。眼でみて、読む。声に出して読む。さらに手の中で、本は音をたてる。ページをめくると、匂いが立ちのぼる。さまざまな紙の質の変化を、眼で楽しむ。手ざわり、触感として感じとる。そして、内容を味わう…。まさに、本と五感との対話です。本を手にして、人はしばし、みちたりた幸福感を味わいます。

◉「一なる宇宙」としての本。同時に、「多なる構造」を包みこむ本。本は「一」であり、「多」である。つまり「一即多」です。「即」という一文字が、「一」と「多」を結びつける。「即」とは、「すぐさま」、「たちどころに」…を意味しています。たとえば、「色即是空」。—色、つまり形あるものは、空、つまり実体がない。「即」によって、対極にある「色」と「空」が、ただちに結びつくという。つまり「即」は、次元の異なるもの、矛盾しあうもの同士が溶けあい、混然一体となることを指しています。仏教の禅宗や密教の真言宗でさかんに使われる文字です。「即」によって、瞬間的な融和が立ち現われる。つまり、「一」は即、「多」であり、「多」は即、「一」である。—円相の誕生です。

◀AR

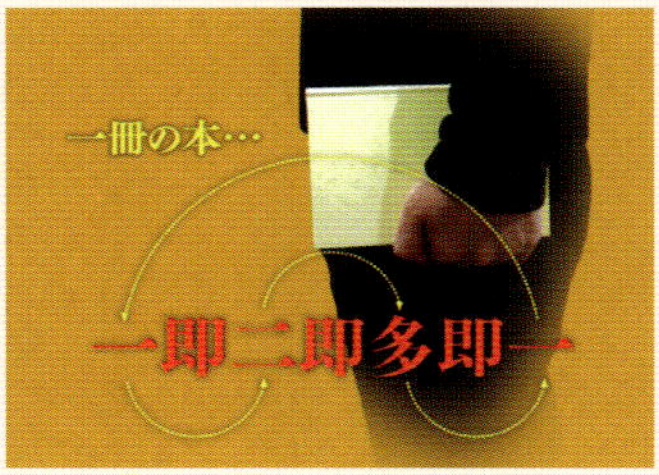

◉本について、もう一つ、気づくことがあります。それは、本を開くと、左ページ、右ページという、対をなす構造が現われる…ということです。右—左だけでなく、上—下、つまり天と地や、始まりと終り、つまり過去と未来といった一対をなす構造、「二」である構造が現われる。本を読む私たちの身体の、左半身・右半身にも対応する構造です。でも、本を閉じると一冊

【ARコンテンツについて】
この論文では、AR（拡張現実）技術を用いた、映像による作品解説がご覧いただけます。iPhoneなどで専用のARアプリを起動し、マーカー画像を読み取って、豊富な色彩とアニメーションで展開される杉浦康平宇宙をお楽しみください。
◉音がでますのでご注意ください。

▲AR このマークのある画像には、ARコンテンツが埋め込まれています。

◉端末を本に対して平行にかざし、画像とカメラが正対するようにすると、マーカーが認識されやすくなります。

ARアプリは日本記号学会HP http://www.jassweb.jp/ から入手してください。対応機種はiPhone、iPad、iPod touchです。

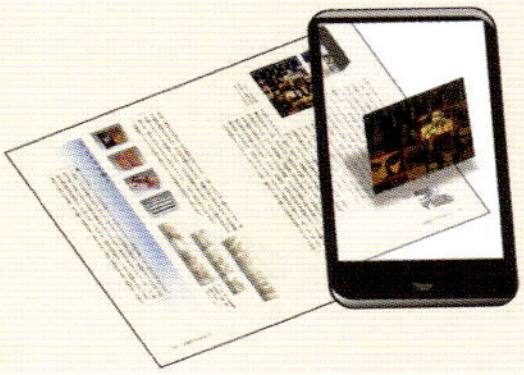

の本になる。一瞬にして、「一」にもどる。私たちも、祈りを捧げるときに両手を合わせる。これは、「二であるものを一」にすること。つまり、左半身—右半身を一つにまとめ、一つの身体に宿る一つの心を差しだす…ということを示しています。つまり、「二即一、一即二」…ということです。本には、さらに重要な特性があります。小口に手をふれ、パラパラとめくると、一瞬にして全容が見てとれる。「一」と「二」が、そして「一」と「多」が、一気呵成に結びつく。めくるだけで、どのページも検索できます。風通しのよい、軽快なリズムを堪能できます。だが、閉じると、たちどころに一冊の本に還元される。本には、独自の特性、「即」であること、つまり「たちどころに」という瞬間性も備わっています。

◉さて、このように見てくると、本というメディアは「一即二」である。さらに「二即多」という構造をもつ。そしてなお、「多即一」であり、「一即多」である…ということが重なりあっていることが分かります。「一」冊の本でありながら、「多」でもあり、「二」でもある。「多」であり「二」でありながら、なお「一」である…ということ。つまり、「一」「二」「多」が孤立した存在ではない。互いに互いを呼びさます。あるいは、矛盾を孕みながら、なお「一」なるものとしてのまとまりを見せる…ということです。これは、「本」というメディアが示す、とりわけ重要な特性、「複合体」としての特性です。これからごらんにいれるいくつかの例は、「一即二即多即一」を主題にした、私なりのブックデザイン、「複合体としての」ブックデザインの試みです。

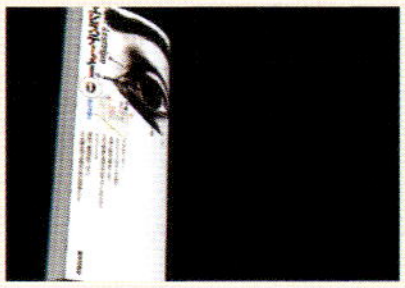

▲AR

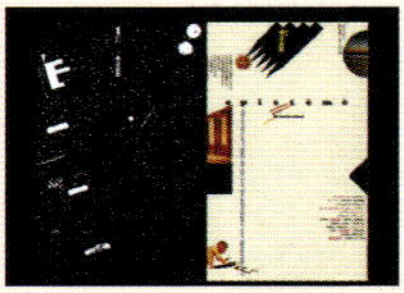

▲AR

『エピステーメー』創刊準備号
朝日出版社、一九七五年

2 宇宙を包む、一冊の本…

◉一九七九年、今から35年ほど前に、私は一冊の「黒い本」をデザインしました。B５版、厚さ約3センチ。４００ページほどの本文が、黒い紙、黒インクによって黒々と覆われ、宇宙に散乱する星の光を包みこもうとしています。題して、『全宇宙誌』。一冊の本に、さまざまな天体の光が散開する宇宙空間のまるごとを、図像とテキスト、さらにブックデザインを総動員して、封入しようとする試みです。この本は、一九七〇年代の電波天文学の隆盛によって急展開をみせた新しい宇宙像を科学的に追求し、文化論的な幅ひろい視点をも加えて、宇宙像の全体を総合的にとらえようと計画されています。この本を企画し、編集したのは、松岡正剛さんです。私は最初からヴィジュアルディレクターとして「一冊の本にどのような形で宇宙を封入すればよいのか」、「たくさんの図像を呑みこんだヴィジュアル本を、どのようにデザインすべきか」…について、智慧をつくすことになりました。

『全宇宙誌』工作舎、一九七九年

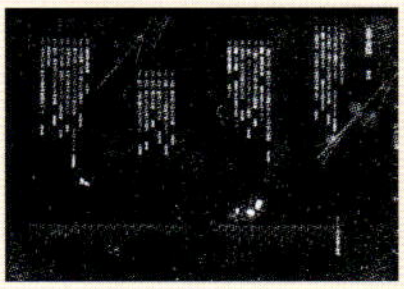

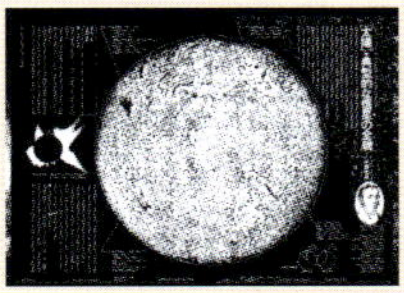

▲AR

AR▶

◉すべての部分に、星の光、光の粒が侵入している。星の光はテキストとせめぎあい、数多い図像のへりにまで押しよせながら、全宇宙に充満する天体のきらめきを包みこむ。「回転する宇宙から話が始まる」。松岡さんが最初のページに記したイントロダクション。素粒子から宇宙の諸現象まで、すべてのものに回転体の原理が潜む。それらが入り乱れて旋回する宇宙の総体を、この本の中でとらえてみたい…と記しています。

◉この本は八つの方向にむかってテーマを拡張する。まず、「時間としての宇宙」がある。同時に、「空間としての宇宙」もある。さらに「構造としての宇宙」、たとえばビッグバンとか定常宇宙論、インフレーション宇宙といった、新しい宇宙論がとらえる宇宙像があるだろう。その基になるデータは、電波天文学によって収集された「電波源としての宇宙」、星雲や星の誕生…など。絶え間なく宇宙から発信される電波を解析した情報です。さらに、太陽系の構成など、私たちの目に見うる「現象としての宇宙」がある。また現代の宇宙論とは対照的な、古代の人びとが探究してきた天文学、「対象としての天文学」もあるだろう。さらに、人間がそのイメージの中で育て上げた、「観念としての宇宙」もある。最後に、宇宙の中の「物質や運動」の全メカニズムへのアプローチをも加えておきたい…。このような八つの方向を見すえながら、編集が行われています。

◉この本の目次では、八つの宇宙論がどのように展開されるのか、その詳細が読みとれます。本文のはじまりは、マーティン・ガードナーという、アメリカの有名な科学評論家のテキストページです。よく見ていただくと、文章のあちこちに曲率が潜んでいることに気づかれると思います。こんな本は、当時、まったく存在しませんでした。

◉本文へと眼を移しましょう。たとえば太陽、この地上の生命活動を繁栄させた太陽に

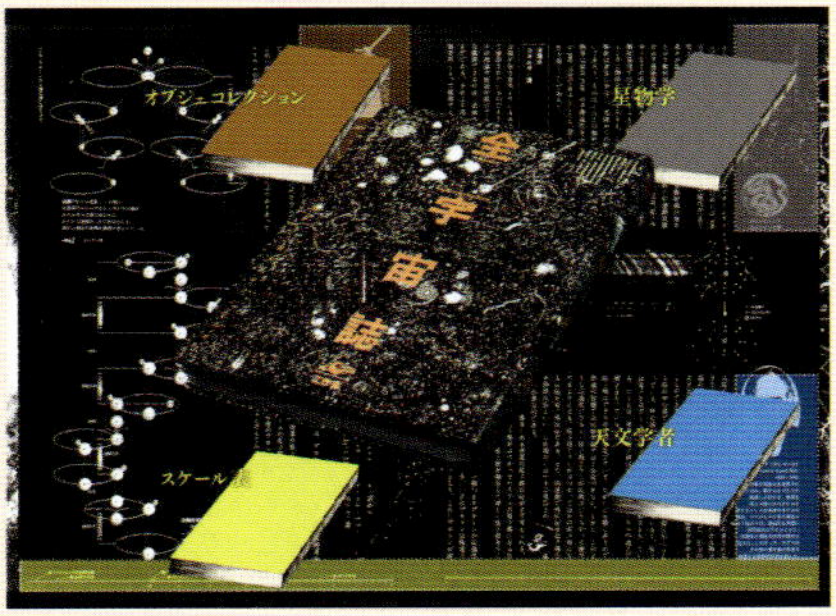

◀AR

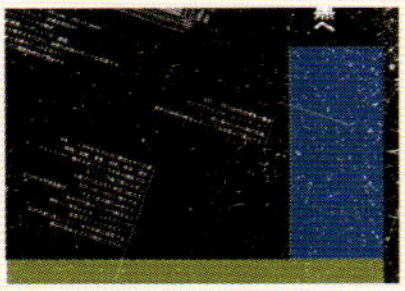

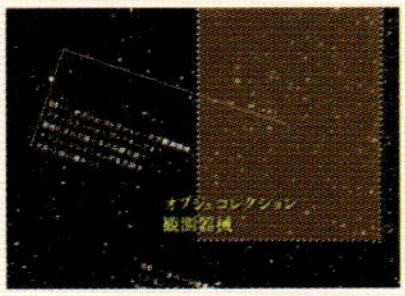

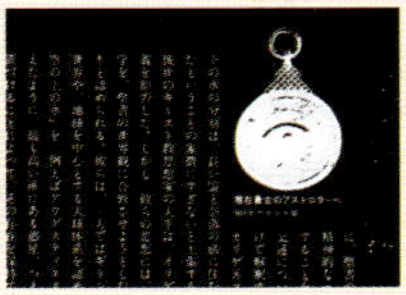

ついて…。あるいは、星の一生を示すダイヤグラムも、新しい手法で戸田ツトムさんが作図してくれました。さらに、ブラックホールや、重力空間の図解も登場しています。

◉彗星の光芒のページもあります。天から降下するはずの彗星を、大地から逆に天空へと上昇する光の塊りと見立ててデザインしたものです。見るものの重力感覚をゆさぶろうとする試みです。そして、隕石が落下する…。

◉星の科学だけでなく、最終章には、人間のイメージの中に広がる宇宙像もいろいろな形で取り上げています。たとえば、ダンテの『神曲』に記述された宇宙像…。さまざまな内的な宇宙像。アジア、アフリカ、それから古代文明が案出した宇宙像など。予想をこえる内的宇宙が取り上げられている。さらに、この『全宇宙誌』を松岡さんに着想させるきっかけになった、稲垣足穂という超宇宙人のような作家による、宇宙的エッセー…など。これらのすべてのイメージが、黒インクで覆われた暗黒の中に出没します。

◉見開き・2ページ。これが、『全宇宙誌』の一つの単位になっています。この見開き2ページの広がりの中に、特別なテーマを展開する小さな領域、四つのゾーンを設定しました。例えば、右ページ小口寄りの下側、これは「天文学者」を紹介する領域です。ピタゴラスからカール・セイガンまで、星に魅せられた一五一人の天文学者が肖像で紹介される。パラパラとめくると、遥か彼方の星々の研究に魅せられた、魂の系譜が見えてきます。左ページ、ノドの上部は、「オブジェコレクション」と名付けられた「天体観測機」や「宇宙船」などが現われる領域です。

◉一方、右上のスペースは「星物学」のコーナーです。天文学以外の諸分野の図像が集められています。さらに見開きページの一番下側、約12ミリの細長い幅は、「尺度表」のスペース、つまり「さまざまなスケール」が並びあうスペースです。宇宙の諸現象の基本を成す尺度が、一列に並ぶ。ページを繰るたびに、細長い下のスペースに、時間や距離、質量、密度、照度、エネルギーなどのデータが、小さいものから大きいものへ…と次々と現われる。例えば時間のスケールでは、ページの下の方の12ミリの巾が、さまざまなスケールの変化を集約するスペースになる。

◉ところで皆さんは、この本の文字空間の中に、少し曲がった部分があるのに気づかれたでしょうか。拡大してみると、このテキストの文字は、遠方に向かって収斂しています。つまり単なる平面ではなく、遠近をもつ湾曲面、空間を斜めによぎる柔らかい曲面となり、並んでいます。言葉は、そして文字は、波動とともにやって来る。このことに気づいて、最初のイントロダクションのページを見なおすと、垂直、水平にしばられた普通の本の空間には登場しない、曲がった文字空間が現われていたことに気づくでしょう。すでにこの本の冒頭から、宇宙は端正に直交する格子空間ではない、宇宙の隅ずみに重力異常をはらむ、歪みをもつ曲率空間である…と

The Eight Aspects of the cosmos

8方向の宇宙

『全宇宙誌』では
全ページにできうるかぎりの構造性を与えるために
企画編集の構想を8ブロックに分け
その8ブロックがさらに相互に関連しあうような
工夫をこらしてみた
個々のブロックのテーマについては
次のページからはじまる簡単な解説を読んでいただきたい

天文学は宇宙を解明するわけではない
宇宙の総論のためには全学問の結集が必要である
いま、その結集の形を全自然学と呼んでみるならば
この特別号は
全自然学からみた宇宙像のための
ささやかな第一歩ということになるだろう
日本の代表的な天文学者たちの執筆と
宇宙を語るにふさわしい16人の人たちの執筆と

In the Beginning,
There Is the Revolving Cosmos

回転する宇宙から話がはじまる

ここに展開する宇宙は
宇宙全体の回転系を理解していただくために
モデルとして系列化したものである
われわれの地球はまわっている
太陽もまわっている
銀河系もまわっている
その銀河系を何億も集めた
超銀河系もまわっている
そして

◀AR

いうことを、この傾斜する文字組で表現しようと試みています。じつはこの当時、このような曲面をもつ文字組をつくることは、大変な作業でした。つまり写真植字で印字された文字原稿を、カメラの前で曲げながら再撮影したものを版下にする…ということを試みたのです。当時のカメラの性能、版下の作製能力からいうと、この程度の湾曲が、文字のシャープネスを保つための限度でした。『全宇宙誌』は、このように当時の技術の限界に挑みながら、大勢のスタッフの手助けをえて完成にこぎつけました。

◉その他にも、距離のスケール、質量、密量、照度…などのスケール表によって、我々の意識をミクロからマクロへの宇宙旅行へと誘うことになるのです。このように一冊の本の誌面の広がりの中に、いくつもの異なるイメージがページをまたいで、ほぼ全ページにわたって侵入している。天文学者、オブジェコレクション、星物学、スケール表。つまりこの本は、一冊でありながら、四冊の小冊子を取りこんでいることになる。「一」であり、同時に「多」でもある本なのです。

◉この本には、さらにもう一つの仕掛けがあります。本の小口に手をふれ、小口を左に倒すとアンドロメダ星雲が現われ、……逆に右に倒すと、フラムスチードの天球図が現われる。左に倒すと、アンドロメダ星雲へと変化します。左右で異なる二つのイメージが小口に突然現われて、驚かされます。「一即二」「二即一」となるデザインです。星屑を散りばめた全黒の紙面。見開きに潜む、四つの主題、四つの本。小口に出没する星座

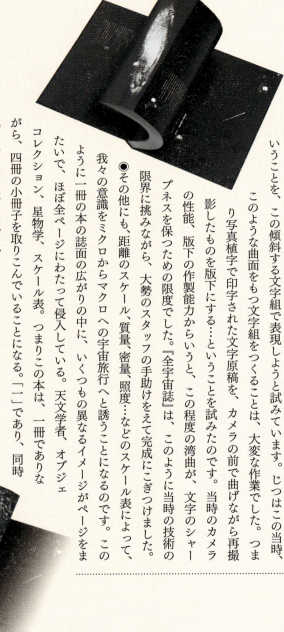

群と大星雲…。四冊の本を合体させ、宇宙を呑みこむ、複合体としてのブックコスモス…。この本のすべての部分が、宇宙である。まさに「宇宙漬け」の本なのです。

◉東洋の思想家たちは、古くから、「宇宙は人間をとりまいて広大にひろがっているだけではない。人間の身体や心の内にも、宇宙が存在している」…と考えてきました。古代インドの「ウパニシャッド」や、中国の老子、荘子が語るこのような思索は、東洋の人々の心に深く滲みこんでいます。「身体の中に宇宙がある」。それと同じように、「一冊の本が宇宙となる」ことを提示したデザイン。「一即多、多即一」となり、「一即二、二即一」となるデザイン。宇宙を呑みこむブックコスモス。それが、一九七九年に出版された「全宇宙誌」での、ブックデザインの試みです。

3 黒い本・白い本

◉私がデザインを始めた一九五〇年代中頃は、印刷所でも、またデザイナーにとっても、光に感応する「写真術」が必要不可欠な技法でした。カラーフィルム以前の白黒フィルム。黒と白の濃淡の変化が、情報を紡ぎだす。黒い光、白い光がせめぎあう世界が、私のデザインの根源にあったのです。その代表的な例を、ご覧に入れます。

◉まず、『わが解体』、一九七一年、今から45年前の本です。高橋和巳さん、この著者の名前もすでにご存じない方が多いかもしれません。六〇年から七〇年代にかけての学生

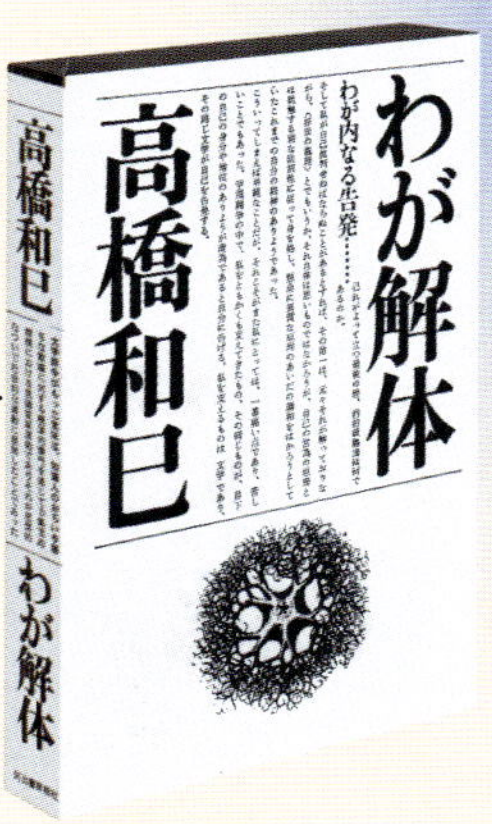

『わが解体』
河出書房新社、一九七一年

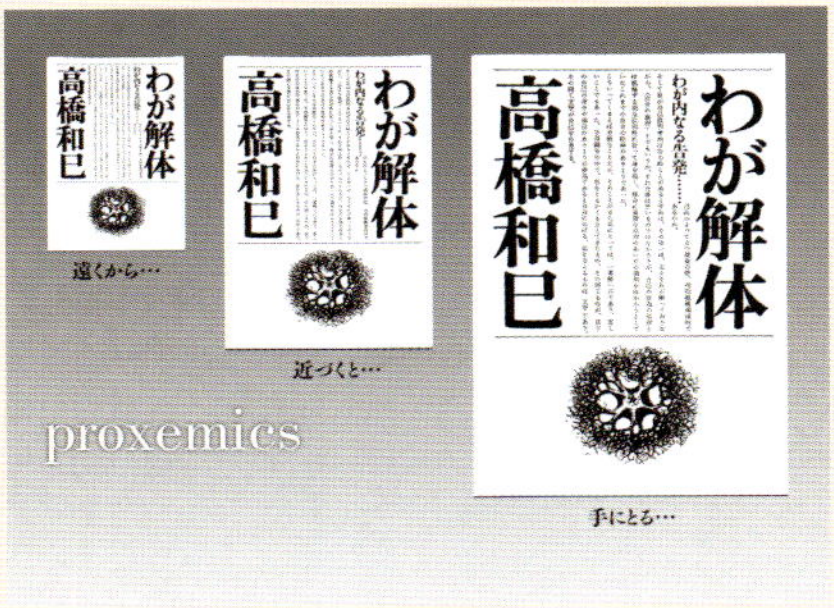

運動・大学紛争の中で、高橋さんが書くものは、まるでバイブルのように若者たちに受け入れられました。『わが解体』とは、自分自身に向けた厳しいまなざしで自己批判をし、自らを解体する。「我が内なる告発」という強烈なサブタイトルが付いています。

◉『わが解体』のデザインは、ちょうど「立て看」を整えたようなデザインです。異議申し立て、抗議の怒り。熱気をたたきつける手書きの文字…。学生たちの体制に対する怒りの表現が「立て看」であったのですが、その熱気を書店の店頭で、活字組みの本の上に写し取るデザインを試みました。高橋さんは、東大闘争のさなか、病院で私のデザインをごらんになり、この本が出た一〜二か月後に亡くなられました。一九七一年のことでした。

◉この本のデザインは、箱のおもてに並ぶ文字の大きさの、強烈な対比が主題になっています。題字の大きさを10とすると、「わが内なる告発」というサブタイトルが、その1／4の2.5、そして細かいサブテキストが1という大きさになっています。1対2.5対10…。強烈な大きさの対比は、私のデザイン語法の一つですが、書店の店頭で読者と本が結びあう、「認知の距離」への考察が潜んでいます。大きなタイトルが、遠くから目をとらえる。気になって、近づく。すると、1／4の大きさのサブタイトルが眼に入る。さらに近づき、手にとると、小さなテキストが内容を物語る…。人とモノ、人と人、人と文化のかくれた関係を探ろうとする、PROXEMICSという学問にヒントをえた、デザインの手法です。この本の本表紙

▲AR

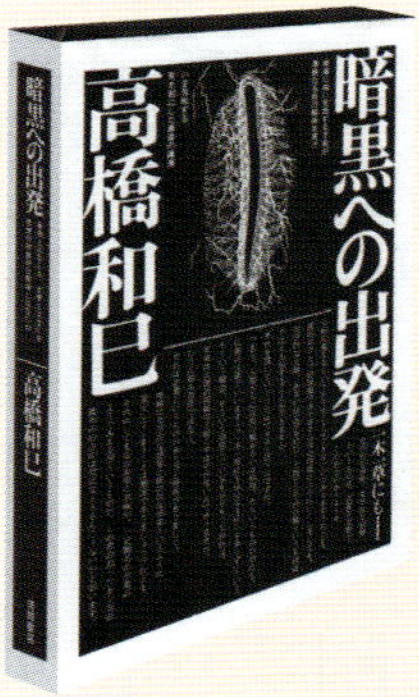

『暗黒への出発』
徳間書店、一九七一年

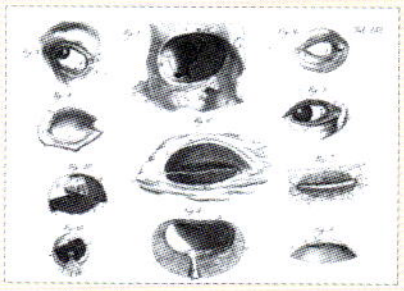

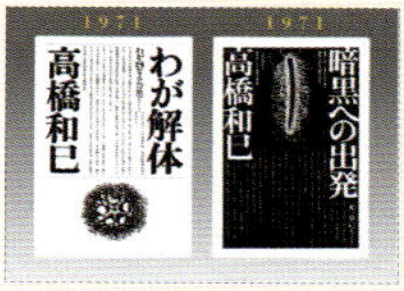

▲AR

もまた、白と黒の対比が主題になっています。

◉一方、高橋さんが学生に向かって講演した、最後の講演会の記録が、『暗黒への出発』という本です。『わが解体』 —これは河出書房新社が出した本ですが— この本の白に対して、もう一方の『暗黒への出発』 —これは徳間書店の本ですが— この本では、黒一色が主題になっています。中央に刻みこまれた垂直の亀裂の線画は、じつは眼の、閉じたマブタの筋肉を描いた銅版画です。生の最後の瞬間、死に旅立つ決意を暗示しようとする試みです。

◉『暗黒への出発』は、本文デザインに工夫をこらしています。トビラ、本文トビラ、目次。そして、本文…。高橋さんの講演は、8ポ明朝48字詰ですが、後半になって質問者との応答になると、質問者の発言が、高橋さんの発言の1／2の幅で、ゴシック組になる。「問うもの」と「答えるもの」のはっきりした対比を見せています。このような文章の組み方は初めてのものだったと思います。

◉白と黒。対極の色が、一人の作家が時間を隔てずに同じ年に刊行した、出版社を異にする二冊の本の主題になった…。このような連続性と強烈な対比は、二人のやる気のある編集者の熱意ある協力に支えられ、実現可能となりました。白地に黒。一色刷りの文芸書のデザインは、当時、珍しいものでした。

4 黒から色を生みだす…

◉ここで、七〇年から八〇年にかけて作りつづけた、私の、白い本・黒い本のいくつかを集めてみました。黒と白の強烈な対比、光と闇、対極のモチーフ。これらは、当時のデザイン手法を反映した、私にとっての必然ともいえるデザイン語法でした。

◉だが、『遊』という雑誌では、黒という色について、少し異なる視点から取り組んでいます。「叛文学・非文学」という、少しひねったタイトルの特集号。一九七五年のデザインです。編集長だった松岡正剛さんとの共同作業。少し凝りすぎたデザインです。ちりばめられたテキストは、内容も、文字の書体も大きさも異なっているテキストのモザイク、集合体になっています。これは、イスラム文字のレイアウト、美しいカリグラフィから学びとったデザインで、さまざまな角度の集合体です。私はイスラム文化、とりわけその文字文化、カリグラフィの繊細さに憧れています。中国の書と並んで、人類のすばらしい伝統遺産の一つです。イスラムの詩のカリグラフィを参考にしました。波紋の

▲AR

『遊 8号 叛文学非文学』
工作舎、一九七五年

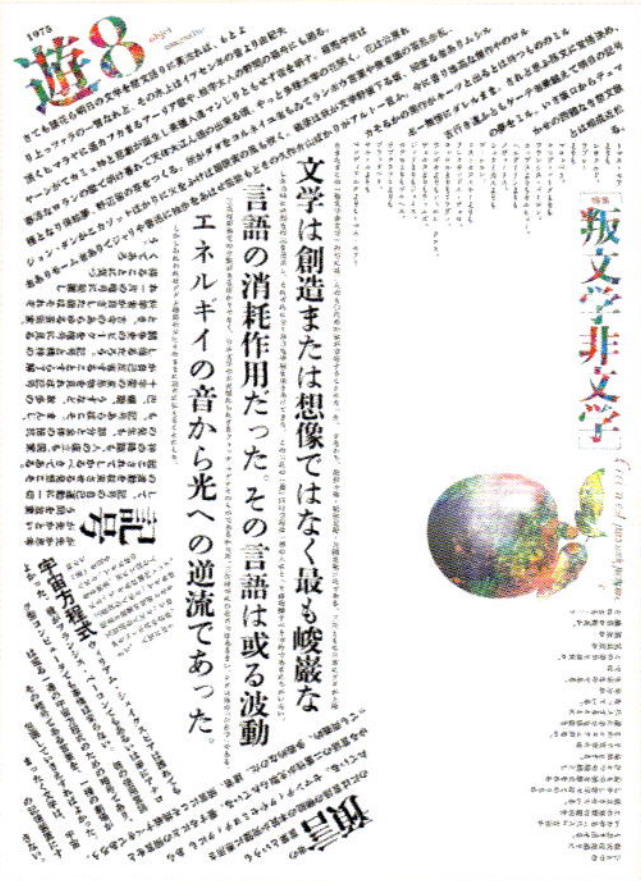

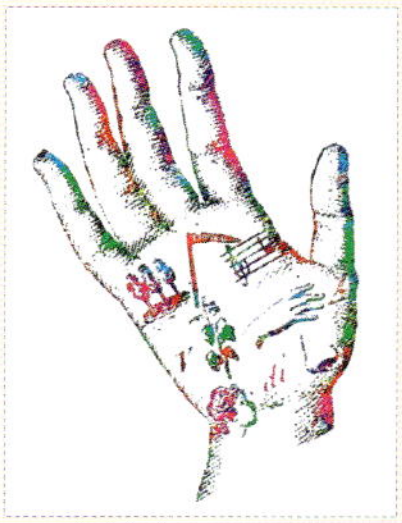

▲AR

ように流れでる叙情にみちている。このような雰囲気を、日本文字によるタイポグラフィでも出せるのではないか…。迷宮的ともいえる文字配列のイメージが、このデザインにこめられています。じつは、このデザインは、キ・アカ・アイの三原色によるもの。黒インクを使っていない。黒文字と見えるものは、原色インク三色の重ね刷りです。「減色混合理論の実践」として、三原色による黒文字印刷を試みました。

◉ここで、その手法を復元してみます。まず黄色インクで刷られたもの。その上に、アカ色のインクが乗る。全体が赤・オレンジ色に変わります。その上に青色インクが刷りこまれる。三色が重なりあうと、意外なことに、まっ黒な文字部分が生まれでます。キ、の上にアカ。リンゴに注目するとその肌にひっかきの跡がある。アオ色にもひっかきがあり、三色が重なったリンゴは、色どりあるものになる。黒から、さまざまな色が削りだされていることがわかります。印刷の三原色、キ、アカ、アイ。印刷は、この三色による、減色混合の原理によって生みだされます。この『遊』の表紙は、黒から色を生み出す挑戦でした。

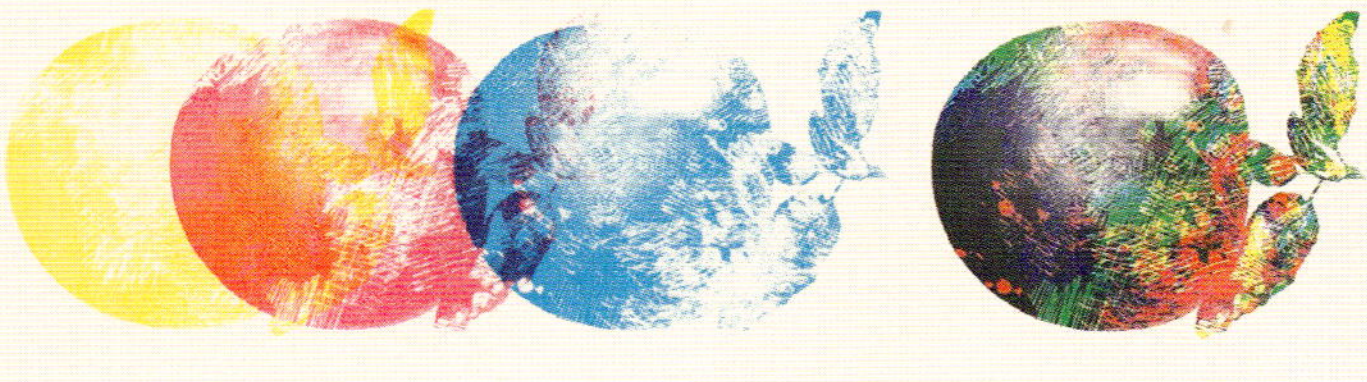

5「複合体」としてのブックデザイン……

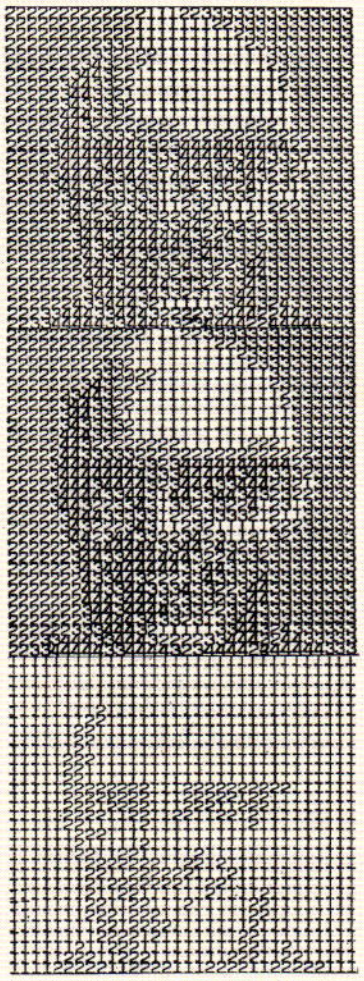

◉一九六〇年代後半から、七〇年代にかけて、私はさまざまな試みをしつづけました。一作ごとに新しいアイディアを盛りこもうと心に決め、とりわけテキスト・デザインへの取り組みには、さまざまな工夫をこらしました。

◉ここで紹介するのは、一九七二年にデザインした、『パイデイア』という雑誌の11号です。これは、「多」を「一」にする試み、「異なるものの集合体」として初めて私が取り組んだ記念すべき雑誌でした。現代フランスの革新的な哲学者ミシェル・フーコーの論文を、日本で最初に紹介する特集号です。八つの論文、往復書簡が並びあう。そこで、一編ごとに本文の組み方を変える。紙質や紙の色をも変化させて、論文集の集合体のようなデザインを試みました。編集長の中野幹隆さんが、このアイディアに賛同してくれ、ファンシーペーパーを売り始めた竹尾洋紙の協力を得て、実現しました。全部で七種類の異なる色調、テクスチュアの紙の集合体になっています。

◉本文組にも工夫をこらしました。雑誌『パイデイア』の通常号は、8ポ2段組、中央が幅広くあき、ノンブルが中央に配されている当時は珍しいスタイルでした。8ポ30字詰め・2段組。段間は8ポ9倍。天は8ポ3倍アキ、地も3倍アキ。小口側も

『パイデイア 11号』
竹内書店、一九七二年

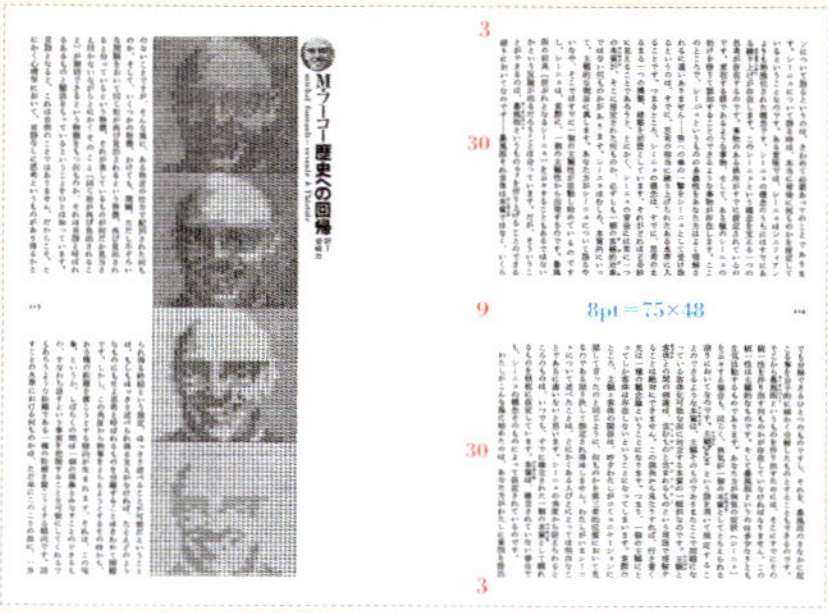

AR▶

3倍アキです。この雑誌の縦・横の寸法は、8ポ75倍×8ポ48倍。すべてが、8ポの倍数で決められている。30、9、75、48は、すべて3の倍数です。そこでこの号に収められた八本のフーコーの論文や論考を識別しやすくするために、六通りの組みの変化を用意しました。すべて、8ポの基本組から導かれた組版です。本文用紙が、七種の変化を見せ、さらに本文組も多様化している。『パイデイア』のフーコー特集号は、用紙や文字組にまで、「一」であって「多」のコンセプトを拡張した最初の例となりました。章の変わり目を飾るフーコーのポートレートは、私自身がオリベッティのタイプライターで作図したもの。顔を構成する八段階の濃度変化を数字・文字の重ね打ちで打ち出しています。デザインの協力は辻修平くん。一九七二年の仕事です。「多」なる論考が自立しつつ、「一」なる雑誌にまとめあげられた。当時にあっては、眼を見張らせるデザインです。

◉『パイデイア』フーコー特集の本文組をさらに発展させたものが、『エピステーメー』の「リゾーム」です。ドゥルーズ＝ガタリの著名なテキストなので、記号学会叢書の読者には説明の必要がないと思います。この「リゾーム」は、後に、河出書房新社から出された『千のプラトー』の序文として収められています。これは、一九七七年十月の『エピステーメー』臨時増刊号、初版のデザイン。十年後に、表紙を変えて復刻、再版されました。この「リゾーム」の本文のデザインは、鈴木一誌さんが協力してくれています。「リゾーム」は「根茎」と訳すようですが、ときに脈絡がない…と思わせるほどのいくつもの文脈が、散乱に近い形で並列し、まるで大地の中の根のように網目を組み、重層しています。

◉「リゾーム」では、より複雑な本文組がなされています。ARで確認してみてく

◀AR

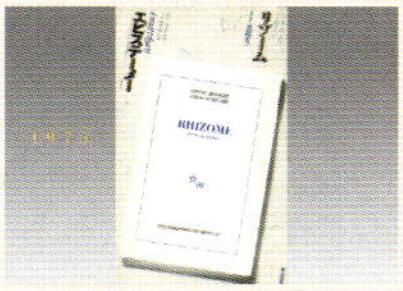

『エピステーメー
臨時増刊号「リゾーム」』
朝日出版社、一九七七年
（復刻版一九八八年）

ださい。10ポの文字組が、著者たちが記した「リゾーム」のテキストです。だが、たちまち、異なるスタイル、8ポゴチアンチの2段組が現われる。これは、著者たちの別のテキストの引用や、他者のテキストからの引用です。本文の上部は、訳者の豊崎光一さんが選びとったと思われる関連テキストが7ポゴチアンチ組で侵入する。下部にしのびこむ6ポ組は、注そのものです。さらに進むと、唐突に、左端に見るような7ポ2段組で、まったく別の連続テキストが挿入されます。上段に並ぶのは、子供のしゃべり。下段には、精神分析的な解釈が並置されているのですが、むしろ言説（ディスクール）の変容、圧殺ぶりがあぶり出されています。突然、豊崎さんのアムステルダム・レポートが乱入する。あるいは、「リゾーム」原書のページが紹介される。末尾には、精神分析の専門用語の抜粋が、3段組で辞典のように並んでいます。つまり「リゾーム」では、本文組の変化によって、入り乱れたテキストの種類、質をゆるやかに色分けしている…ということになる。このような、「多」なるテキストへの試み、テキストの複合化の試みも行われました。

6「背と小口をデザインする」…

◉紙を折る。それを束ね、綴じる。本は三次元的な、立体的な、存在です。この本の厚さ、背の幅や小口の厚さというものを利用して、書棚のなかに展覧会場をつくろうというのが、私の考えです。風変わりな作風で、世界各地で熱烈な支持者をもつフランスの作家、

『セリーヌの作品』（全15巻）、国書刊行会、一九七八―二〇〇三年

『セリーヌの作品』。一九七八年のデザインです。セリーヌは、一九六一年に亡くなりました。本業は医者でしたが、第一次世界大戦で志願して、入隊する。そのときに体験した人間社会の冷酷さ、不正に対し、俗語を多用する激しい文体で怒りをぶちまけ、辛らつな口調、ユニークな文体でセンセーションを巻きおこしました。

◉箱カバーと、本表紙。黒い布地に黒い箔でセリーヌのテキストと、イニシャルのC文字が浮かびあがる。見返し、トビラ、口絵、そして…8ページにわたるイメージを配した動画的な本文トビラ…。そして本文…。本の背には彼の肖像や、個人史にまつわる写真が配されています。全15冊。全冊が揃うと、彼の生涯が、眼にみえるように現われてくる。また、上・下2巻にわたる長編作品の背には、2巻に連続する写真が使われて、2冊をしっかりと結びつけ、セリーヌの生涯を映し出す…。このような作品集が出来上がりました。三次元オブジェとしてのブックデザイン。鈴木一誌さん、佐藤篤司さんが協力してくれています。

▲AR

◉私のデザインは、本の小口、「紙の厚さ空間」にもおよんでいます。たとえば、国書刊行会の『ドイツ・ロマン派全集』、20冊近い文学全集です。この装幀には、ドイツ象徴派を代表する画家・フリードリッヒの山岳画、日の出や聖堂の絵を多用して、ロマン派の夢幻世界を再現しています。トビラ、口絵は、作家や作品の資料館です。この全集で特徴が見られるのは、小口デザインです。イラストは渡辺冨士雄さん、若くして亡くなった天才的なイラストレーターでしたが、彼がペン画で描いた西洋山水画ともいうべき山

や森、風や水の流れ…その縦長のカットを、一巻ごとの小口に配しています。本文紙が堆積する小口、人の指が触れる小口に、地層に似た縞が現われる。昔の帳簿を飾ったマーブル模様のように…。文化の堆積である本の、小口に滲み出る入れ墨です。背や小口にもあふれだすイメージ。これも「複合体としての本」、「立体物として立ちあがる本」にとっての重要な語法だと思います。

『ドイツ・ロマン派全集』(全20巻、別巻2巻)、国書刊行会、一九八三—九二

7 ノイズで装う…

◉ブックデザインとしては珍しい、シルクスクリーン印刷を使った一冊の本があります。一九七一年に出版されたワシリー・サイファーの『自我の喪失』。正確なタイトルは、『現代文学と美術における自我の喪失』となっています。著者であるサイファーは、二〇世紀文明論の評論家として知られ、この本は、彼の代表作の一つだと評価されています。現代における自我、ゆれ動く自我を消し去りえない現代の西欧の文学・芸術が、今後ど

AR▶

『自我の喪失』W・サイファー、河出書房新社、一九七一年

のように生きのびてゆくのか…を、広範囲な知識を駆使して論じたもの。これまでの自我にこだわる自己探究が失われ、次第に集団社会の中の個性へと溶解していくことを予言する本です。

◉この本のカバー・デザインは、グレーのラシャ紙に、シルクスクリーンの蛍光オレンジインクで、ざわめくノイズパターンを刷りこんでいる。粉を吹くようなインクの効果、ぎらつく色対比が生みだす効果は、写真や映像では再現不能です。実物の本を見たり、触ったりしていただかないと分からない。遠くから見ると、ノイズパターンの中から「サイファー」という著者名と「自我の喪失」という大きなタイトルだけが、かろうじて浮かびあがる。この本を手にとり、ゆっくりとカバーを取り外すと、蛍光ピンクの本表紙が現われます。これも、シルクスクリーン印刷です。

◉これまでに見た荒々しいノイズパターンは何か…というと、ジャン・デュビュッフェというフランスの画家の作品、その部分です。デュビュッフェという画家は、ご存じのように、アスファルト、——つまり大地を覆い、大地となるはずのアスファルトにガラスや金属片、ごみを混ぜ、垂直に立つキャンバスにそれをぶ厚く塗りこめるという手法で個展を開いて、パリの観客を驚かせました。サイファーはデュビュッフェの絵を好んで、デュビュッフェのノイズ・テクスチュアの中に、彼が予感するヨーロッパの自我の解体の姿を予告するものを読みとりました。

◉私は、著者であるサイファーの示唆にヒントをえて、絵の細部を拡大しながら、そのノイズ的マチエールをシルクスクリーンの被覆性の高い蛍光インクに変えて、グレーの紙に刷りこみました。このデザインは、書店の店頭で遠くから見ると、ざわざわとしたゆらぎの中から、まず「自我の喪失」や「W・サイファー」という大きな文字が、かろうじて読みとれます。カバーに記された小さな文字は、周囲のごみノイズに包みこまれて、目を近づけないと見えない。目を近づけても、なお見えない。色相や明度差をわざと近づけているので、文字が浮かびあがって見えてこない。光の具合を加減しないと、読めないのです。このような混沌の場の中に、わざとテキストを投げこんでしまう。読めるか読めないか、ノイズなのか文字なのか分からない…という、認知の「境界域のデザイン」を試みようとしています。

◉つまり自我というものが、このテキスト文字のように、集団社会のノイズに囲まれ消えていく…、その消えかけていくことが、新しい自我のあり方なのだ…という著者の意向を視覚化したデザインになっているということです。河出書房新社という出版社が、当時、よくこのデザインを許してくれたと思うのですが、私としてはかなり力を入れたノイズの冒険作で、気に入ったデザインの一つです。

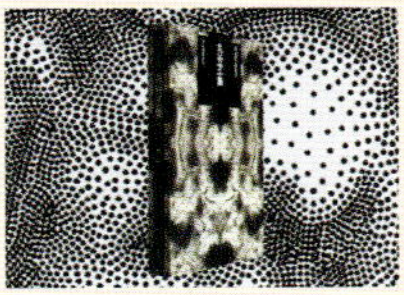

▲AR

8 ノイズ＋キラキラ本…

◉ノイズをテーマにしたデザインは、他にもあります。ノイズを、金属箔に置き換え、キラめく光の変化を生みだした作品群、少し風変わりな箔押しの手法を用いた私のブックデザインを、二点ほどごらんに入れます。

▲AR

『市民主義の立場から』
久野収、平凡社、一九九一年

◉一つめは、戦前から戦後にかけての日本の市民運動を絶え間なく実践し続け、「べ平連」などを軸にして平和を願う私たちの力を懸命にまとめようとした哲学者、久野収さんの『市民主義の立場から』という本のデザインです。この本のカバーや、表紙、見返しには、市民の反骨の心というものを象徴するノイズパターンが、タイトルに重なったり、見返しを覆ったり、あらゆるところに増殖しています。私はこのノイズパターンを、キラキラ光る箔押しによって本の上に押しています。スミ一色。ハク一色。じつに単純な手法ですが、少し意表をつく効果が生まれています。

◉その光の変化を象徴化したアニメーションがあるので、ぜひARアプリでもごらんください。動画協力は、田島茂雄さん。実際の本は、自分で言うのは変ですが、キラリと光る綺麗な本です。とても魅力的に出来たノイズ本だと思っています。

◉さらに、ノイズパターンを少し規則的に整えた、箔押しのデザインがあります。『ライプニッツ著作集』です。ライプニッツ、――数理哲学・論理学・歴史学・法学など、あらゆる分野に独創的な業績を残し、自らは外交官としても活躍したという全人的な存在であったライプニッツの著作集、その外箱や表紙を飾るノイズパターンです。

◉この本表紙には、精緻な仕掛けを試みています。この本表紙を覆う格子状の小さい模様は、じつは丸と三角が並んだものです。丸と三角によるこのパターンは、本表紙では箔押しをされていて、この箔押しのエッジが、光の方向に反応して特殊なキラメキを現わします。丸いパターンのエッジが光る、三角のパターンのエッジが光る。格子パターンは鏡面対称による展開がなされていて、実際の表紙面では下図のような構造になっています。このような配列にすると、光の当たり方でブロックごとの光り方が変わって見える…ということがお分かりになるでしょうか。

◉本を少し斜めから見透かすと、キラキラ光る場所があちこちに移り変わる。単なる箔押しなんですが、その箔押しの中に一つの秩序、群体の中に一つの光の秩序が浮かびあがる。これも田島茂雄さんの助力で作ったアニメーションがあり、箔の光り方を再現した苦心の作ですので、ぜひAR動画でごらんください。秩序を構成している要素が、丸と三角というような幾何学的な記号素である。秩序

『ライプニッツ著作集』(全10巻)、工作舎、一九八八―一九九九年

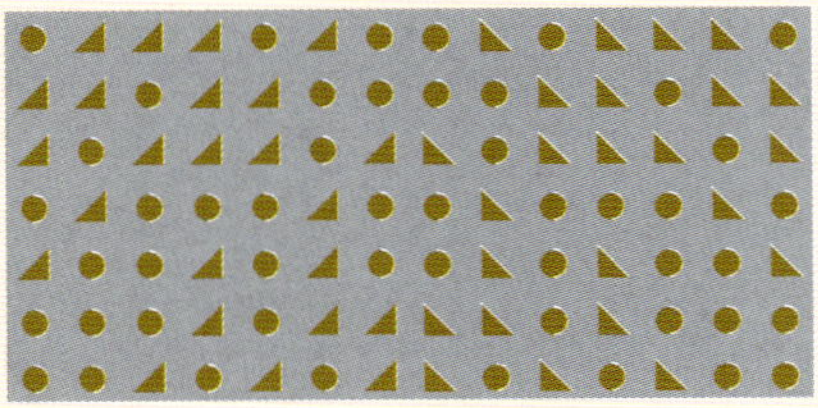

パターンの光り方の一例……光の方向→

箔押しパターンの構造

▲AR

ある記号群が集合体となり、さらに大きな秩序を生み出してゆく…という、「階層をまたいだ秩序の複合体」という考え方のプロセスが、私としてはライプニッツ的であり、モナド的であると思いながらデザインしたものです。

9 伝真言院両界曼荼羅…

◉最後に、一九七七年に刊行された豪華本、『伝真言院両界曼荼羅』を紹介しましょう。京都の東寺に伝えられた国宝の曼荼羅。写真家の石元泰博さんが一九七六年、この曼荼羅の全貌を明かす大撮影に取り組みました。その結果を紹介するスケールの大きい写真集。二つの大きな木箱に入っています。

◉弘法大師によって建てられた密教寺院、東寺に伝わるこの特異な曼荼羅は、二枚で一対の、「胎蔵界」曼荼羅と「金剛界」曼荼羅です。2メートル弱の画面に、ほぼ九〇〇体の仏たちが並びあい、密教宇宙の二つの本質が二つの図像に集約されている…という、世界でも珍しい曼荼羅です。

◉「曼荼羅」の呼び名は、インドの古語であるサンスクリット語に由来します。MANDA

とは「本質」「精髄」を意味し、LAは所有する…ということを表わす。つまり、「本質を所有する、精髄を示す」図像である。また、「輪円具足」とも訳されます。輪円具足とは、「すべてが備わった、完全無欠の円輪である…」という意味をもつ。仏世界の精髄を示す、完全無欠の円相図像…。それが曼荼羅です。両界曼荼羅が生まれたのは、九世紀初めだといわれています。中国・長安の学問僧、恵果という阿門梨が構想したと推定されています。遣唐使となって長安を訪れた弘法大師が恵果から直接の教えを受け、海を渡って、日本へと持ち帰る。平安時代の始め、八〇六年のことでした。両界曼荼羅は、現在、世界で唯一、日本にしか存在していません。

◉両界曼荼羅が円相でなく、方形(正方形)であるのは、この曼荼羅が中国で着想されたことによります。胎蔵界、金剛界、二つの曼荼羅を比較してみましょう。二つの曼荼羅は、さまざまな一対をなす原理で構成されています。たとえば胎蔵界は「真

▲AR

『伝真言院両界曼荼羅
教王護国寺蔵』
平凡社、一九七七年

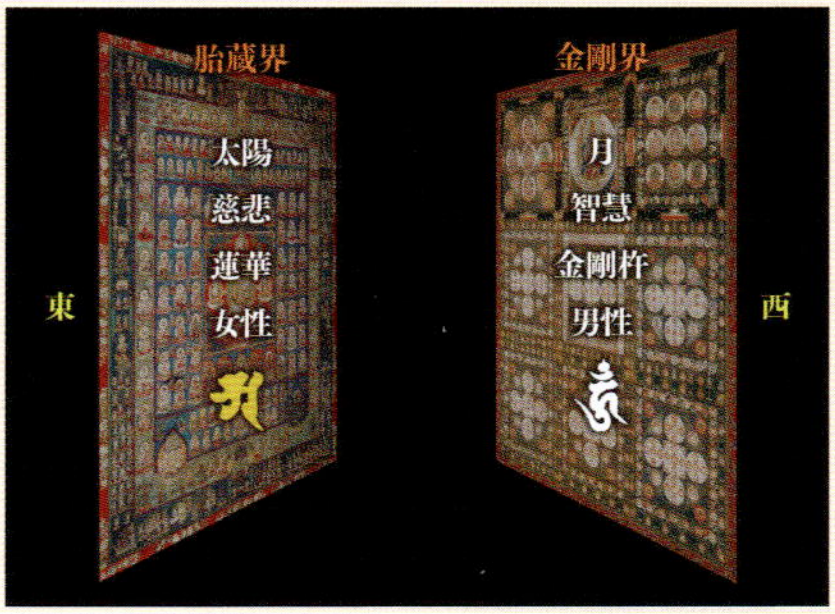

っ赤な蓮華」、金剛界は「白光の輪」。胎蔵界の赤蓮華が「太陽の活動力」を表わし、「女性的な知慧」を象徴する一方、金剛界は、「静寂な月の光」を表わし、「男性的な実行力」を象徴するとされます。胎蔵界・金剛界は、寺院の本堂、東・西の壁に向きあって掛けられる。東の太陽、西の月…。これは宇宙の運行と一致する配置です。このように両界曼荼羅は、細部にいたるまで、さまざまな対原理で構成されています。二つの曼荼羅は、それぞれの中心に「大日如来」が座し、その法力によって、両者はしっかりと結びつけられています。「大日」の名は、太陽の輝き、太陽の生命力を表わしています。

◉密教では、この両界曼荼羅の本質を、「二而不二《ににふに》」、「二つであって、二つでない」、つまり「一つである」と表現しています。肯定文と否定文、対立するものを結びつけて、一つの言葉を生みだしています。強いイメージを喚起する、重要な言葉です。私はこうした曼荼羅の本質を確認しながら、『伝真言院両界曼荼羅』本をデザインしました。箱の表に刻印されたものは、インドから伝来した二つの文字、梵字です。金箔で押されたアー・阿と、銀箔のフウン・吽。二つの音の響きが印されています。金色のアーは、人間が生

▲AR

まれたときに発するオギャーのア。「すべての始まり」を象徴する母音です。銀色のフウンは「人間が死ぬときに生きを呑む無音」を表わす。すべての終わりを象徴する音になる。アーで始まり、フウンで終わる…。アーの響きは、発せられた瞬間に、無音のウンに向かって運動を始める。「終わりの始まり」…となる。一方、息を呑む無音の響き、フウンは、無音となった瞬間から、始まりの母音アー音の響きへと向かう。「終わりから始まる」…と考えています。アー・フウン、フウン・アーは、対極の響きでありながら、互いにたがいを呼び醒ます。二音でありながら、この世界の根元をなす一つの響きだといわれています。そのアー・フウンが、二つの箱の表面に金箔と銀箔で箔押しされ、きらめきを放っています。今日のテーマである「二即一」となるデザインの実現です。

◉漆塗りの木箱には、金欄、銀欄の特織りの布が貼られています。高さ56センチ。厚さ14センチ。二つをあわせると、38キロの重さにもなる。子供一人分の重さです。その中から、六つの文物が飛びだしてくる。左側に並ぶ、金・銀の長い二冊は、お経本の大画集。下に並ぶ二本の軸装。右上に置かれているのは、金・銀の写真集と解説本です。「アー」という金色の梵字を記す帙《ちつ》から

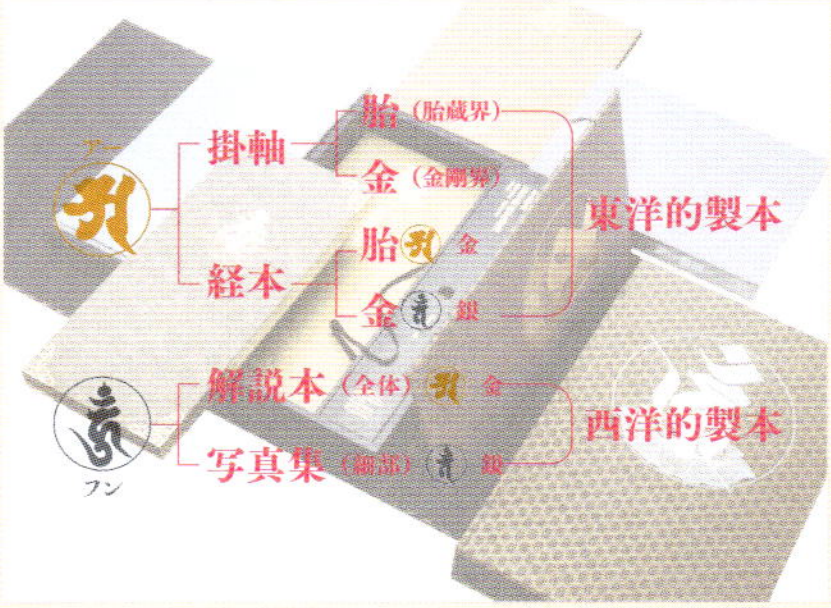

出てくるのは、まず、二本の軸装です。この本の主題である二つの曼荼羅、胎蔵界・金剛界曼荼羅を縮小したもの。お堂に掛けられていた曼荼羅を部屋の中で再現することができる。

二冊の豪華なお経本は、二つの曼荼羅の細部の拡大図です。引き伸ばすと、正方形の21の画面が次々に現われます。一冊あたり8メートル、巻物のようにひろがる仏の姿を見さだめながら、曼荼羅の内部を巡礼することになります。二本の掛軸と二冊の経本、対をなす二冊・二幅のいずれもが、東洋的製本術の特徴を生かしたものです。

◉一方、銀色の「フウン」を印す帙からは、これも金と銀の二冊の西洋式製本による写真集と解説本が出てきます。銀色の写真集は、この本を企画した写真家・石元泰博さんによる心血注いだ細部撮影で、石元さんは毎日芸術賞を受賞されました。金色の本は、解説本。曼荼羅の背景、図像の意味を解き明かす。東洋的製本と、西洋的製本が、金と銀、アーとフウンを印す二つに帙に収められていることになる。アーの箱に納められた掛

軸と経本は、引きだすと全体がごく自然に見てとれる。「一なるもの」となる。これは、東洋的製本の特質です。一方、フウンの箱から出てくるものは、背をしっかり閉じた、西洋的造本による本です。こわれにくい、閉じた本。多なるページに分かれて、西洋的特質を表わしています。「アー」と「フウン」。金色と銀色。東洋と西洋、二つの製本術の対比。この本では、さまざまな「二極の対比」が計画されています。

10 智拳印、「一即二即多即一」の真髄…

◉さてここで、両界曼荼羅へと立ち返り、二つの曼荼羅の中心に座る大日如来が結ぶ手の形、異なる二つの印相に眼を向けてみましょう。無言で座る仏たちは、両手の動き、指の形で、自らの智慧と衆生救済の働きを示しているといわれています。注意してみると、胎蔵界の大日如来。金剛界の大日如来。二体の大日如来の両腕の位置、指の形が、はっきりと対をなす違いを見せていることに気づかされます。

◉左側の胎蔵界曼荼羅の大日如来は、臍の位置よりやや下の部分で、静かに両手をあわ

せている。座禅のとき、瞑想のときに私たちが結ぶ、「禅定印」と呼ばれる静かな指の形です。これに対して、右側の金剛界曼荼羅の大日如来は、両手を心臓の位置へと持ちあげている。二つの手の指先も、より積極的に、複雑に組あわされています。これは、「智拳印《ちけんいん》」と呼ばれる印相で、握りコブシで人差し指を立てた左手、その人差し指を、同じ形をした右手が包みこむという特異な形、動的な形です。結ばれた智拳印を自分の側から見ると、下側が左手、上側が左手の人差し指を握った右手のニギリコブシ、つまり、二つの金剛拳の結びつきです。両手の結びつきとダイナミズムを図式化すると、右図のようになります。左手の人さし指を上昇する動きが、右手の人さし指へと伝わってゆく。右手の人さし指から右手の三本の指先へと移り、逆の渦巻きを描いて下降してゆく。その下降が左手の三本の指に伝わり、逆向きの渦となって下降し、拳へと到達する。ふたたび、左手の人さし指にのせて上昇します。両手の十本の指の中には、神秘的な無限循環の渦巻きが生みだされていたのです。

●密教の考え方によれば、左手が胎蔵界を、右手が金剛界を象徴するとされています。つまり、この智拳印によって、左手の胎蔵界の働きと、右手の金剛界の働きがダイナミックに結びあうことになる。「胎蔵界」は、仏の静寂で清らかな智慧を表わし、女性の力を表わす。一方の「金剛界」は、悟りの力を象徴し、私たち衆生を救う智慧を現実化する力強い男性の働きを示す。左手の胎蔵界が表わす女性的なるものを、左手の金剛界の男

二即一即多即一

◀AR

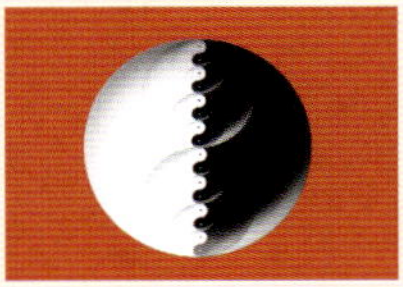

性的なるもので包みこみ、生まれでる仏の教え。胎蔵界の蓮華が示す仏の智慧の働きと、金剛界の輝きが示す落雷の瞬発力が結びあって、「悟り」が生まれる。二つの教えが結合し、無限循環の渦によって融合する。

◉智拳印の印相によって、二つの曼荼羅が、見事に一つへと溶けあってゆきます。「二にして一」、「一にして二」の実現です。同時に、胎蔵界、金剛界が担うさまざまな対立原理も溶けあうことになる。「多であって一」、「一であって多」の実現です。じつはこれこそが、この複雑な両手の形が解きあかす根源的な意味なのです。この印相は、また、「二つであって、二つでない」。肯定と否定を合わせた「而二不二」の具体化でもあります。この本の構造もまた、「二」であり、同時に「多」でもある。さらに重要なことは、そのすべてが、「一」なる曼荼羅の教え、仏教宇宙の真理を物語るものだ…ということです。

◉「二」であり、「一」である。「多」であり、「一」である。「一」でありながら、「二」であり、「多」でもある…。これは古代の中国やインドに発し、アジアの諸文化のなかで生き続ける、重要な思考法です。

レイアウトデザイン＝新保韻香

対談

メディア論的「必然」としての杉浦デザイン

杉浦康平×石田英敬（モデレーター・構成　阿部卓也）

杉浦デザインの「構造」

阿部卓也　記号学会大会では、素晴らしいご講演をありがとうございました。いっぽうで今回のご講演を記号学はどのように捉え返すか、そのような宿題を杉浦さんからいただいたとも感じています。この対談では、いわゆる杉浦康平のデザイン思想と言われているものが、書物というメディアが持つ物質性や記号性というものとどう結びついているかという問題を核に議論できればと思っています。

石田英敬　杉浦さんのご講演は、書物の宇宙を知り尽くしたデザイナーが、これまでの創作において、いかにテクノロジーを駆使してきたかを語る、極めて美しいものでした。記号学会の吉岡洋先生が感想として、このようにおっしゃっていました――今回紹介いただいた作品のなかには、三〇年前に読んだきり、すでに内容を忘れてしまったものも少なからずある。それなのに、「杉浦デザイン」だけは視覚的記憶として鮮明に残っている、と。私も高校生のときに読んだ高橋和巳の『我が解体』のカバーを、はっきりと覚えています。では書物の意味や価値とは一体どこに宿るのか、テクストになのか、デザインになのか、メディアそのものになのか、ということをあらためて考えさせられました。

　また『エピステーメー』や『パイデイア』など、記号論と関係の深い本も多く紹介されました。それらの本は、この国が現代思想を受容する

杉浦康平氏

際のメディアとして、多くの人々の記憶に刻まれています。今回のご講演で、それらの本がどのようにして作られたかが、つぶさに解説されたことを、とても感慨深く思います。

さて、今回の講演では、まず宇宙にまつわる本（『全宇宙誌』）が紹介され、本は宇宙であるという命題が出されました。私は博士論文のときに、フランスの詩人ステファヌ・マラルメの研究をしましたが、マラルメは「精神の楽器＝装置としての書物」（Le Livre, Instrument Spirituel）ということを言いました。マラルメにも活字と星座、あるいは書物と宇宙をなぞらえるという考え方がありますが、そうした立場と響き合う書物論だったと思います。そうした宇宙論的考え、あるいは杉浦デザインの構築性というものは、杉浦さんのなかで、どのようにして確立していったのでしょうか。

杉浦康平　まず最初にお断わりしておきたいのは、今日私がお話ししていることは「今にして思えば」という現在の視座を交えた話だということです。

じつは私は、この五〇年間自分の作品を振り返るということをしてきませんでした。展覧会の依頼も断わって、作った作品は倉庫にしまい込んできた。二〇一一年に初めて武蔵野美術大学 美術館・図書館で回顧展（「杉浦康平・脈動する本」）をおこないましたが、その時、いままで省みることがなかった本たちが、一斉に湧き出してきたのです。それをあらためて振り返り見つめながら、ふたたび自らの仕事について総括し、言葉にしている。幾つかのものは後から時を俯瞰するような視点で語られているのであって、作品を作った当時にそのすべてが見えていた……というわけではありません。

それで、私のデザインのスタイルに関してのご質問ですね。それから、書物と宇宙の関係を論じた先達がいるという話題ですね。私はグラフィックデザイナーですが、もともとは東京芸大の建築出身で、そのことがまず大きく関係していると思います。建築家は、依頼された建物を作るために、空間の制約を考えながら、必ず設計図を作ります。これが画家であれば、下図を書いたりすることもある。だがカンバスはあくまで自己表現の自由な場であって、厳密な設計をするという感じではない。グラフィックデザインの世界でも、設計という考えはあまり一般的ではありません。しかし、建築、あるいは本来の意味でのデザインには、設計という概念が非常に強く存在している。しかも建築の場合、取り組む対象は空間で、空間とは「容れ物」です。ものを入れるところ、その細部を考えていくのが建築である。

学生の頃はそこまで考えていませんでしたが、社会に出てデザインをするようになると、建築を学んでいたころの訓練が頭をもたげるようになりました。デザインは、まず器を創りだす行為である。私の場合、設計図を必要とする建築という行為が、たまたま本という容器へと移っていった。デザインという思考を、本という容器の中に住みつかせる、という思想で活動していたのだと思います。

石田英敬氏

それからもうひとつは、図鑑の影響ですね。子供の頃から図鑑が好きでした。ページを繰るごとに、目眩く世界が現われる。それこそ宇宙についての図鑑であれば、ひとつの見開きに宇宙が展開し、さらにめくると星々の世界にもっと近づき……というように視覚世界が一転する。小さな一冊の本の中に、時には宇宙が呑みこまれ、日本列島が存在し、人体のミクロな世界が詰まっている……というようなことが、どうして可能なのか。幼心にとても不思議でした。そういう記憶が潜在的に積み重なったこともあると思います。一冊の本が膨張し、縮小して宇宙を呑みこんでいる……ことの不思議さでしょうか。

西洋との出会い／アジアの自覚

石田　本を平面ではなく空間的なもの、三次元として捉える。そして本の中には、アーキテクチャー（建築様式、構造）が明確にある、という立場でデザインをなさっているわけですね。

アジアという問題についてはいかがですか。今回の講演では、「東洋」という言葉をしきりにお使いになりました。それから「色即是空」「二而《にに》不二《ふに》」など、ご自身の方法を説明する言葉として、東洋の哲学の語彙を使っている。ところが、講演で扱われた本のおそらく半分以上が、『エピステーメー』や、ライプニッツ、セリーヌなど、むしろ西洋の作品あるいは西洋の思想を紹介するものでした。これはどういうことかと考えると、つまり杉浦デザインは、西洋の書物をいかにして日本語の本にするか、という問いを通じてこそ築かれたものではないかと思われました。

杉浦　鋭いご指摘だと思います。自分のなかでの西洋と東洋の関係については、うまく答えられるかわかりませんが、ひとつには、ドイツで教員をしたことが決定的な経験になっています。私は一九六四年から六七年にかけて、西ドイツ（当時）のウルム造形大学[*1]に客員教授として赴任する機会を得ました。それは、西洋文明の精髄とじかに接する機会だったと思います。ウルム造形大学は、バウハウスの系譜を直接継いで、その思想を継承、さらに現代的なものへと発展させた……と自認するデザインの大学です。当時の私には、戦前に日本に紹介されたバウハウスのデザインは、ごく表面的な方法論だけのうわべのもので、理論の本質は導入されていなかった……という思いがあった。本質というのは「デザインとは科学であり、工学である」という思想です。レンガを積み重ねて教会を作るように、あるいは記号学の皆さんが理論を積み上げてらっしゃるように、社会が生み出す〔意味、モノ、かたちといった文化的な単位の〕ブロックを積み上げてより大きなものを作っていくという態度です。そのような西洋の文明の土台にある基礎としての思想面は、戦後なお日本人には充分に咀嚼されていなかった。

　けれど明らかにウルム造形大学は、そのように連綿と続いてきた西洋の分厚い思想の延長上に位置する大学でした。当時のウルムには、ヨーロッパの先端的な学者がたくさん訪れて、情報論、記号学といった六〇年代の最新の思想や概念に関する講義が世界に先駆けて授業として行なわれ、実習

＊1　一九五三年から六八年まで西ドイツ・ウルム市にあったデザイン教育の大学。六〇年に東京でひらかれた世界デザイン会議で、同大学の創設者オトル・アイヒャーが杉浦と知り合い、のちに杉浦をウルムに招聘した。

に持ち込まれていたのです。ドイツの教育システムと接することでひしひしと感じたのは、生半可な勉強で、この人たちが作りあげた文化や社会構造と同列に並ぶことはできないということです。そして、自分の身体の中に潜む日本的な特質やアジア的特質を、否応なく自覚するようになりました。

ドイツで教えているとき、最初は自分の顔を無意識に、鼻の高い西洋人と同じだと思って話しています。けれど、部屋に帰って鏡に写された顔を見ると骨格が全然違う。ひと月、ふた月……を経過すると、自分の顔が平らな、明らかに東洋的な顔だということを刻々と自覚するようになりました。そういう経験を繰り返すうち、西洋の歴史が積み上げてきた生活や文化をわれわれ東洋はどういうふうに学びとり、移し替え、乗り越えればいいのか。どうすればそれができるのか……という問いを、ゆっくりと重ねて考えるようになったのです。

象徴的な話があります。ウルムでの教師の役割とは、学生の試行錯誤に対して、いいか悪いかを即座に断定することでした。私も教師としてそういう立場に立たされた。学生はみな、「先生、これでいいですか、どうなんですか？」と私に訊いてくる。けれど私には、どうしても一瞬の断定で「それでいいんだ」ということが言えなかった。学生の迷いのなかには、はっきりとはしていないが可能性がある。あるいは、今はこのなかに可能性はないのだが、やがてもしかしたら……というように判断が揺らぎ続けたからです。だがこの「ゆらぎ」に対して西洋的な知の積み上げをしてきた人たちは、非常に明快に仕切る、線を引いてしまう……ということをする。この線引きができるのは、彼らが拠っている思想の歴史的な厚みと実践に根ざしているからであって、そういう歴史に根ざす差異を見つける分別方法を日本人が表層的に真似ても、実体をともなわない、首から上の理念だけの分別になってしまう。そのことをつくづく思い知らされました。

では、私には存在理由はないのか？　彼らのように一言ではっきりとヤー（はい）／ナイン（いいえ）と言えない自分とは、一体なんだろう……ということを強く意識するようになる。そうこうするうちに学生たちも、「なんだかこの先生は変わっているぞ」ということに気づきはじめ、私のことを「フェライヒト先生」（Vielleicht：ドイツ語で「たぶん」）というあだ名で呼ぶようになった。私は、このあだ名をとても気に入りました。それは今回の講演のテーマ「一即二即多即一」とも関係するのですが、「即」という字によって、迷いの「あいだ」や、良い／悪いという区別を一瞬で繋いでしまう。曖昧といえば曖昧ですが、そもそも決断をしないまま固めてしまうとか、あるいは決断を超越するような、そういう思考法を取り入れるためのきっかけ、方法を押し進めるバネを、ドイツでの体験を通じてもらったような気がしています。

石田　まず西洋との出会いがあり、そのなかで東洋というものを意識されるようになった。そこにおいて「即」という概念がひとつの手がかりになったということですね。

杉浦　今にして思えば……ということですね。七〇年代に仕事をするなかで、「即」という言葉が浮かんでいたわけではないのですが……。

阿部卓也氏

曖昧さ——否定と肯定、テクストとイメージの環

阿部　いまお話になった、ゆらぎや曖昧さを積極的に導入していく方向性と、最初のお話にあった建築的な構築性、方法的厳密さは、むしろ相反する態度であるようにも感じられます。両者の関係はどのようなものだったのでしょうか？　六〇年代末にウルムから帰国、さらには七二年のインド旅行などを経て、杉浦デザインのスタイルがアジア性を導入したものへと大きく転換することはよく知られていますが、もう少し具体的に、曖昧さと厳密さの問題は、どういった実践を通じて、どのように響き合いつつ変化していったのでしょうか？

杉浦　厳密な設計でデザインを組み立てるような訓練は、ドイツに行く前の六〇年代の日本ではくりかえし行なっていましたが、ドイツに行って「フェライヒト先生、曖昧先生」と言われるようになってからはむしろゆらいで、自己再発見へと向かってゆらぎつつ離脱することになったのですね。仮名文字的な表現から漢字的な表現へ、という例を講演で話しましたが、このような視点の転換が生まれたきっかけが、ウルムでの滞在であったと思います。

　それで、日本や東洋を強く意識し、このままではいけないということで再勉強をする志を固めていたのですが、幸運なことに帰国した後に、朝日新聞社から「日本の形」[*2]という連載の話があったのです。日本民藝館の水尾比呂志（武蔵野美術大学名誉教授、美術史家・民藝運動家）、民俗学者の宮本常一（武蔵野美術大学名誉教授）といった五、六人の名だたる執筆者のなかになぜか私が加わることになる。この連載は、日本の伝統的なかたちについて原稿用紙二枚半くらいの分量で、写真付きで紹介するというものでした。この連載のなかでいろいろなテーマに出会い、西洋体験をバネにしながら日本のかたちの本質について逆照射するという作業をすることになりました。

　そのなかで強い関心を寄せるようになったのが、密教における両界曼荼羅《まんだら》の図像や、智拳印《ちけんいん》（大日如来が示す指の組み方）といったものが内包する、対立と融和の構造性です。そこで現われたのは「言葉による記述だけで絵が書けるか？」という問題でした。もちろん、ある詩が拠り所になって一枚のタブローが生まれるとか、聖書にキリストの肖像に関する緻密な記述があって、その言葉をたよりに彫刻を作るといったことはあるでしょう。だが、密教の曼荼羅の場合には経典に記された言語のレベルを超えて、世界の構造を「イメージだからこそ可能な形」で提示し、言語の枠をゆるがせ拡張していくということを行なっている。いっぽうで曼荼羅のような世界は、経典に書かれていない、言語記述がない表現を含むので、仏教の世界でも教学的な観点からしばしば眉唾のように見なされることもあります。経典に記されていない、言語にならないものに基づく推論はし

*2
「日本の形」は一九八〇年六月四日から八二年五月二五日、「続・日本の形」は一九八三年六月七日から八五年五月二八日に、いずれも『朝日新聞』夕刊に連載された。

てはいけない……とは言わないまでも、正統な証拠にはならないという考え方です。

一九八〇年代に須弥山《しゅみせん》宇宙や曼荼羅を中心としたアジアの宇宙観についての展覧会[*3]を企画しました。そのとき問題になってきたのが、「経典の記述だけで絵が描けるのか」ということです。仏たちの姿や持物・印相……については、厳密な記述がある。しかし仏の周囲の空間をみたすものはどうなのか？　仏の姿を描いただけでは、画面の3／4くらいしか埋まらない。空の色は、大地の形は？　花が咲いているのか、業火が燃えさかるのか……？　このような細部の情景は、経典には書かれていない。それでもチベット仏教では瞑想行を行なう僧侶たちの手で、数多くのタンカ（Thangka）と呼ばれるめくるめくような仏画が生まれています。

それは絵師が描いたもの、多くは僧侶自身が絵師になって描いたものです。そのとき、仏像以外のものは文字の記述がないから大事ではないのかというと、そうではない。なぜなら仏を取り巻く世界は、仏の慈悲の力で眼に見えるもの、仏が生みだすものだからです。経典に書かれている言葉をじっくり読んで想像力の翼を広げれば、こういう絵が描ける。それは、画家の力量であるとか、僧たちの深い瞑想が生みだす言葉にならない想像力が土台になって、はじめて埋め尽くされるものなのです。言語に記述されたことをバネにして、拡張して空間を埋める。これが一枚の仏画を描くときに必要なことだ……ということが分かってきました。

今日の話も、両界曼荼羅の構造性という仏教経典に明記されているものを紹介した後で、智拳印という一〇本の指で作りあげた印相が示す無限循環の複合螺旋が対極世界を溶けあわせる……という話で締めくくりました。智拳印のような考え方をもちこんではじめて、「一即二即多即一」という言葉に一つの輪ができる。そういうところまで羽ばたかせないと世界は理解できないし、東洋というものはそういう世界を必要とした言語記述の世界だ、というふうに思ったのです。記号学会の

＊3
一九八二年に国際交流基金により開催された「アジアの宇宙観コスモス編／マンダラ編」展。

チベットの須弥山タンカ
（杉浦康平『アジアのコスモス＋マンダラ』講談社、二一頁より）

方々が、このような考えをどのように敷衍されるのかは分かりませんが……。

石田　私は今回の記号学会大会のゲストであるキム・ソンド先生とともに韓国の禅寺（海印寺）を訪ねたことがあります。ご存じのように、韓国は、仏教との関係のなかで印刷技術が大変発達した国で、大蔵経の木版のアーカイブなども拝見してきました。杉浦さんがいまおっしゃったことからは、東洋における否定と肯定、そしてテクストとイメージの分節、この両者はどういう関係にあるのかという非常に大きな問いが立つと思われます。

紙を折る――物質としての書物

阿部　杉浦さんの方法をめぐり、建築的構造性、東洋と西洋、そして肯定と否定の間、言葉とイメージの関係、というところまで議論を進めていただきました。ところで、いま印刷技術という話題が出ました。紙の本と電子書籍の関係といったことも本書のテーマのひとつですが、杉浦さんのデザインにとって、本が持っているメディア性、つまり物質としての紙であったり、物理的に刷られたインキであることによって実現しているリアルな本であるということが、どのような意味を持っているのかを伺いたいのですが。

杉浦　普段の仕事では、もちろん紙を多用しています。「紙」は、じつに魅力的な主題です。事務用紙は、一〇枚つまみあげると〇・八㎜ほど。普段は一枚の厚さなど意識しないで使っていますが、コピー用紙は、〇・〇八～〇・一㎜くらいの厚さなんですね。〇・一㎜とはどのような厚さなのか……。じつはこの紙を直径四～五㎝ほどに丸く切って、この二つを目の前に置くと、ちょうど人間の網膜と同じ厚さと大きさということになります。さらに〇・一㎜の紙から直径八㎜の小さな円を切り取ると、これは人間の鼓膜と同じ大きさ・厚さになる。

　普段何気なく記録に使う紙ですが、この記録する紙自身に、観ること、聴くことという五感に関係する数が潜んでいた。このことに気づいたと

＊4　B全（B1）判の紙は一〇三〇㎜七二八㎜。新書サイズはおよそ一〇三一・八二㎜なので、B全の紙一枚からは、新

き、私はとても衝撃を受けました。

普段は〇・一㎜の紙なんて……と馬鹿にしていますが、たとえば一冊の新書版は一体、何枚の紙で出来るのかご存じですか。B全の紙四枚からです。[*4] 私は、よく印刷所に出かけて行くので、こうしたことは実感としてわかる。けれど普通の人は、四枚のペラペラとした刷り上りの紙を持ってこられて、あなたが書いた一冊の本はこれですよ……と言われたら、ショックを受けるでしょう。

一枚のB全の紙は、一回折り、二回折り……続けて五回折ると、一枚の紙が六四枚のページ[*5]に変容します。B全四枚で二五六ページの書物ができる。

さらに驚かされるのは、〇・一㎜の紙を折って、折って、折っていくと、次第に厚くなりますよね。巨大な紙を想像して、それを一〇回折ると、二〇〇〇ページ[*6]、厚さは一〇㎝になる。一四回折ると、厚さが一m六四㎝になる。二四回折ると、厚さ一・七㎞にも膨らんでしまう。むろん、そんな大きな紙は存在しませんからあくまで計算上のことですが、こうやって考えていくと、月まで行く（約三八万四四〇〇㎞）のに何回折ればいいか？

計算すると、たった四二回だそうです。太陽まで（約一億五〇〇〇万㎞）も、五〇回折るだけで届いてしまう。そのように私たちが扱っている現実の物質は、捉え方次第で融通無碍といいますか、予想をこえて多彩に変容していく。

Ａ４一枚の紙の上に文字を刷れば、原稿用紙何枚分かを並べられる。だが日本列島を刷りこめば、たとえば一〇万分の一に縮小すれば、世界が一枚の紙に入ってしまう。全天の星座を刷ると、何億万倍の一となって、宇宙が一枚の紙に収まってしまう。

一枚の紙というのは、そのように多彩なイメージを包み込むものだということを、日常の仕事を通して、私は痛いほど実感しています。本だけでなく、紙もまた宇宙である……。

石田　一般に思想というのは、人の頭の中にあるものと思われがちです。しかし、杉浦さんのデザ

書サイズの紙が一〇四＝四〇枚切り出せる（新書の判型をB40と呼ぶのは、このことに由来する）。四〇枚の紙に裏表印刷をすると八〇ページなので、B全原紙を三枚使えば最大で二四〇ページ、四枚使えば三二〇ページの新書本を作ることができる。新書のページ数はふつう二五〇ページ程度であるが、新書のサイズと束幅上限のルールは、このような紙取りの事情にも由来する。

＊5　B全（B1）を五回折ると、B6サイズ（一二八㎜×一八二㎜）の紙が三二枚取れる。つまり裏表で六四ページ分になる。B6サイズは一般書籍や青年コミックなどに使われる。学術書などに使われる四六判（一二七㎜×一八八㎜など）も、結果的にこのサイズに近似する。

＊6　2の10乗＝一〇二四枚なので、裏表で二〇四八ページ。

イン思想とは何かということを考えたとき、むしろ本の構造が必然的に杉浦思想を作り出しているのではないかと思いました。一枚の紙を折っていくと月まで届くといった、一即二即多即一という思想は、メディアとしての本のロジックに先見的に指示されるかたちで導かれているものではないでしょうか。

それから杉浦さんはライプニッツ著作集をデザインされていますけれども、ライプニッツは中国の易経との出会いに触発されつつ、二進法の研究をしたことが知られています。そうしたことも、お話を聞きながら思い出されました。

わたしは、しばらく前に磯崎新さんと対話をする機会があったのですが、そこでも肯定と否定の間ということが話題になりました。磯崎さんは七〇〜八〇年代に、「間」という概念で西洋的パラダイムを揺らがせることを追求しました。それは、ジャック・デリダの「間」（espacement：余白、行間、間隔化）の概念と響き合うものでもありました。杉浦さんの折りたたみ＝即というロジック、本に対する思想は、磯崎さんの「間」と対応するようなものとしてあったのではないかという気がしました。受け止めて捉え返す、折り返す、という部分です。

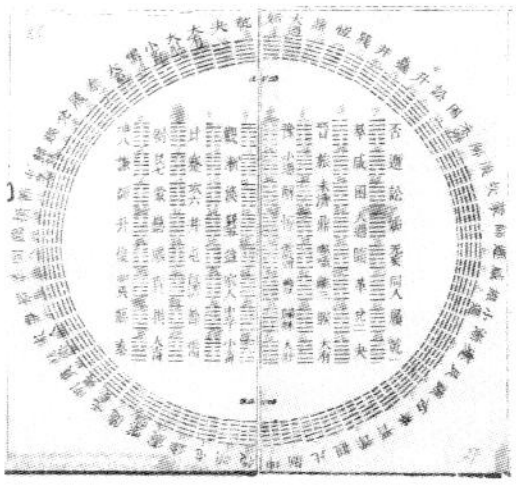

ライプニッツが所有していた易経の六十四卦の図

杉浦　非常に興味深いですね。話が膨らんで、私の思考範囲を超えてしまいそうですが（笑）、ただ私の場合、あくまで実際のものを作っている間に考えたことです。概念や手法は、体験的に少しずつ拡張してきたものです。「一即二即多即一」にしても、東洋的思考法に印刷や本作りのプロセスを重ねあわせて生まれてきた考えです。そういう意味ではまだ、じっくりと自分の仕事を振り返れていないとも感じます。

磯崎さんは毎年ごとに自らの活動を位置づけ、自己批評し、年譜をしっかりと作っていくタイプの人ですよね。僕は、五〇年溜め込んだものをいまこうして振り返って、どうやって処理するかというところで、とりあえず「即」と呼ぶしかないと、半ば諦めながら言っているような部分もあります。でも、石田先生が解釈された、受け止めて捉え返す、折り返す……という磯崎さんの手法との対比は、言われてみるとそうかなと思える部分もありそうですし、自己を捉えるもう一つのキーワードをいただいたという気がしますね。

書と縦書き——漢字の世界像を問う

阿部　文字についてはいかがでしょうか？　ここまでに語られたメディアや書物の問題、東洋と西洋の問題とも、もちろん深く関係しますが。

石田　私としては、特に「書」について議論できればと思います。韓国では表音文字のハングル、中国では簡略字体を採用していますが、そのようになってくると、書の問題は、もう日本しか問いを立てられないのではないか、と思うことがあります。書というのは、決して単なる字の書き方の練習ではありません。書は建築などにも影響を与えている、文化全体の問題だと思うのですが。

杉浦　非常に大きな問題ですね。もちろんグラフィックデザインという分野は、文字を積極的に使いこなすという活動です。しかしたとえば井上有

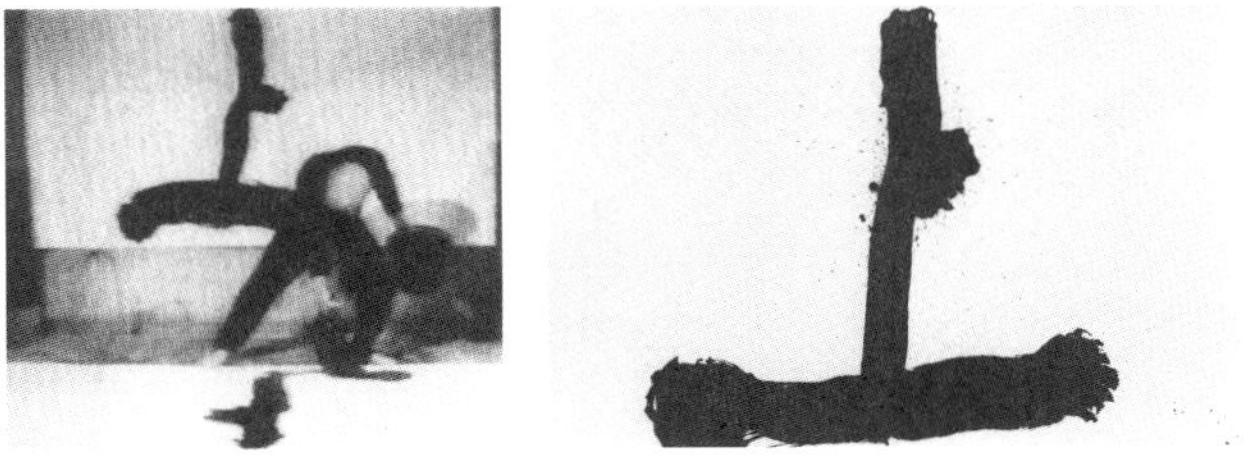

井上有一の書とそれを書く井上の体の動き（杉浦康平『かたち誕生』（NHK出版、九九頁より）

一の書などを見直すと、書とは身体運動の帰結であり、文字のかたちが生まれでる瞬間への、原点回帰なのだということがよく分かります。あるいは中国の太極拳の手の動きのように、空間に気の流れを描く行為に似る……といってもいいでしょうか。さらに楷書を草書体に変えるときのことを考えると、文字としての意味を維持しながら、一点一角の動きを辿ってひと続きの線に還元してしまう。たとえば、飛という文字の流麗な草書体を見ると、本当に飛びたつような動きへと変容していたりする。書とは、紙の上に記された動きの軌跡なのですが、これを建築空間に拡張して考えてみると、まるで一階から階段を登り何かの仕草をして、三階に行き飛び降りる……といったような、運動そのものを時空間化したものが書ではないか。中国や日本の書を見るときは、紙の上に描かれた筆跡というだけではなく、もっと時空に拡張されたものとして感じ取る必要があるし、また本来的にそのようなものであると思います。

　あるいは、今は所作について問題にしました

が、声の問題とも繫がっている。呼吸をし、声をあげながら字を書くというように、書は声をのせてその姿・形を変容させ、一点一画に響きを塗りこめている。そうした様々な意味でのインター・メディア的な広がりを内包するものが、書だと思います。

石田　漢字という文字と、書物の縦書きという問題は、いかがでしょうか？　杉浦アーキテクチャーにおいて、縦書きというのはかなり大きな位置を占めていると思うのですが。

杉浦　まったくそうですね。漢字は縦の動きが、根本的な心柱になっています。今回紹介した作品のなかでも、縦の線をテーマにしたものが多くある。たとえば『パイデイア』のフーコー特集における、表紙の項目の並べ方などがそうです。あれはすべて縦書きですが、日本の雑誌としてはありえないデザインなんです。雑誌を書店で棚差し（面陳）すると、上1／4しか見えない。だから雑誌の表紙は上1／4こそが勝負だということになる。だが私は、本の表紙を組むときは縦書きで……という手法をかなり初期から決意して行なってきた。日本語や中国語を組むときは縦組みが基本……と思って取り組んできたのです。

漢字の一文字一文字を見ていくと、縦棒、つまり垂直性の重要性が基本になっているのが分かります。柱や書といった漢字を考えてみて欲しいのですが、縦線は天と地を結ぶ垂直感覚を担っている。対する横線は、水平感覚ですね。では漢字がなぜ縦棒を重要な柱として捉えているかというと、漢字とは天から地へ、天命を記す文字だという造字法に貫かれているからでしょう。

このことの意味をあまり考えずに、今日の日本人や中国人は簡単に文字を横並びにしていますが、それは漢字が持つ神性をないがしろにしているということではないかと思います。石田先生が、この漢字や私のブックデザインに潜む垂直性というテーマに注目してくださったことを、とても嬉しく思います。

杉浦康平デザインの時代と技術

阿部卓也

一大事件とは何ぞ、全く写真だけで、活字なしに日本字を植える機械が、殆ど完成に近く、試験用の機械も既に組み立てられ、立派な成績をあげて居ることである。

——「邦文写植機殆ど完成」『印刷雑誌』第九巻二号、一九二五年

ますます本格化するニューメディア時代に対応して、豊かで美しい文字を、続く六〇年代〔一九八五年〜〕の新しい次元で、文字コミュニケーションしていきたいと思います。

——株式会社写研取締役社長 石井裕子による序文『文字に生きる〔51〜60〕』一九八五年

二五年前に活版印刷から平版印刷へと大変身をいたしました。〔中略・しかし〕タイプ清打ち・写真植字に代表されたコールドタイプは社会に浸透せず、文化になりませんでした。二五年経った現在、本当の意味で「今日は」と言える技術が華開いたのです。〔中略〕すなわち電子化システム・エレクトロニクスの技術なのです。

——大阪府印刷工業組合「第四次構造改善キックオフ大会 大会宣言」『電子化への道』一九九四年

1　なぜ杉浦康平か？

本書のタイトルは、『ハイブリッド・リーディング』である。ここで私たちの言う「ハイブリッド・リーディング」とは、大まかに「デジタル時代の読字・読書の活動」「それによって読字・読書自体が変容するような読字・読書活動」を含意している。いっぽうでこの第一部（実践編）で扱われているのは、もっぱら本がデジタルベースで製作される以前に活躍したブックデザイナー、杉浦康平である。では本書において杉浦康平の仕事を取り上げることには、どのような狙いがあるのだろうか？

すでに述べたように[*1]、本書全体を貫く理論的概念である「ハイブリッド・リーディング」と「デジタル・スタディーズ」の射程は、本来的には狭義でのデジタルに限定されるわけではなく、人間とテクノロジーの関係一般を巡っている。実際、紙の書物にあっても、それを支えたテクノロジーは決して一様ではなく、時代とともに絶えず進化し続け、われわれの読みの活動や知の姿を変容させ続けてきた。本稿では、デジタル直前のエポックにおける特権的デザイナー・杉浦康平の仕事の再検証を通じて、テクノロジーが私たちの知のあり方や知を運ぶ媒体（書物）に与える決定的影響と、それを統御しようとする人間の意味実践、そしてその両者が交錯するなかで生まれる社会状況、という普遍的な問題について考察する。またそれを通じて、杉浦康平あるいはデザインの意義一般を、デザイナーの内的な精神活動や、属人的な卓越性からのみ説明するのではなく、その実現を支えた時代的な技術および産業の絡み合いの状況のなかに配置し、歴史的な必然として読み解く、ということも試みたい。

＊1　阿部卓也「はじめに　ハイブリッド・リーディング」（本書所収）を参照。

2　光学――デザイナー杉浦康平のテクノロジー

では、デザイナー杉浦康平を支えていた技術状況とは何か？　その最大の核となるのは、書物の制作現場における「光学技術」の全面化である。一九五〇年代から現在に至るまで、デザイナーとして半世紀以上のキャリアを持つ杉浦だが、本書において紹介される（＝杉浦自身が代表作と自認する）作品群は、基本的に七〇年代から八〇年代に集中している。[*2] この時期、およびその達成を準備する前史としての五〇～六〇年代を「デザインと印刷を支えた技術」という観点から見ると、活版印刷による活字中心の体制から、写真植字（写植）を筆頭とする光学技術を中心とした体制へと、決定的な「システムの移行」が起こった期間と言える。書物の発展は、しばしば「活版印刷術からデジタル技術へ」という単純な二項で捉えられがちだが、ここに活字とデジタルを橋渡しする、書物とデザインの歴史にとって極めて重要な数十年間が存在しているのだ。

写真や映画といった光学的メディアが、一九世紀後半から二〇世紀にかけて発展、普及することで、活字中心から映像やイメージが支配する世界へと、人間の社会が決定的に変化した、というのは、メディア論における基本的な歴史の見取り図である。だが、この「活字時代の終焉」というパラダイムシフトは「イメージの時代になることで、文字や書物が世界から消滅した」ということを意味するわけではない。かといって、「活字と書物は、何も変わらなかった」ということも意味しない。実際に起こったのは、文字や書物というメディアが、必ずしも人々に明確には意識されないままに、光学という、実は本質的にまったく別の技術で生成される情報媒体へと変容していた、という事態である。次節からは、その変容の具体を簡単に整理していきたい。

＊2　さらにまた、この時期は杉浦康平だけでなく、勝井三雄、田中一光、粟津潔、永井一正といったいわゆる戦後第二世代のデザイン実践が社会的にもっとも影響力を持った、日本のグラフィックデザインの黄金時代でもある。

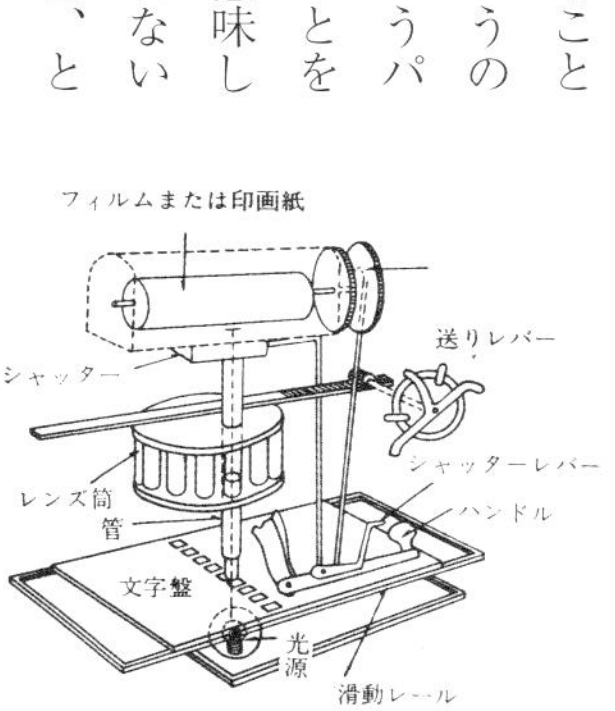

図1　初期の写植機の主な機構（原弘監修『印刷企画と制作』印刷出版研究所、一九六四年、六三頁）

3　写真植字

一九五〇年代以降に進行した文字の実現に関する最も決定的な技術的変化は、活字から写真植字（写植）への移行である。金属活字の代わりに写真技術を用い、文字を印画紙などに感光させて版下用文字を作る写植（図1）は、二〇世紀初期から世界中で基礎研究が進められていた。日本では、一九二五年に森沢信夫（のちにモリサワを創設）と石井茂吉（のちに写研を創設）が英国の「バウツリー及リー写真利用植字機」に触発され試作一号機を完成させたことが、その嚆矢である。戦前期の写植は海軍の海図や潮汐表、映画の字幕など、限定的な用途に留まっていた。だが五〇年代中盤以降、性能向上と高度経済成長による雑誌、DM、チラシ、パンフレットなどグラフィカルな印刷物の需要拡大によって急速に普及し、活字（モノタイプ）を駆逐、植字方式の主流となっていく。

「文字の形」という観点から見た写真植字のメリットは、印字が光学的な投影の結果なので、一つの文字デザイン（字母）から大小様々なサイズを得られること、変形レンズによって斜体・長体・平体といった変形も可能であること（図2）、そして金属活字と違って物理的ボディを持たないため文字の間隔をいくらでも詰めて組めることなどである。活字よりもはるかに設計コストの低い写植の書体は、質・量ともに充実を続け、写植時代に作られた書体の総数は約一三〇書体とも言われる。デジタルフォントになった現在でも、商業印刷に使われる「文字の形」の多くは、この写植文化が生んだ資産を継承したものである。

いっぽう採字機構という観点から写植を見ると、その制御を手動ではなくコンピュータでおこなう電算写植機が、六〇年代末から実用化されていく。これは「テクストそれ自体」と「文字の形」（＝書体）と「テクストをどのように組むかの情報」（＝マークアップ）が段階的に分離され、別途

図2　写植の文字変形の原理の説明。一九五五年の写研SKⅢ型のカタログ表紙（『文字に生きる』写研、一九七五年、七四頁）

＊3　オフセット印刷の普及は、歴史的には写真植字の普及に先行するものであり、また、厳密にいうとオフセット印刷という機構は、平版を使用することを含意しない（凸版や凹版もありえる）。そのうえで本稿は、「版下から光学的に得られた平版」をオフセット印刷と組み合わせることで実現した、高速・高精度な印刷システムの確立と普及が与えた社会的インパクトを問題にしている。

に操作可能になっていくプロセスである。グラフィック性の高い文字組みに使用された手動機と、大量の本文組みに使用された電算機といった住み分けはありながらも、写植機は性能向上を続ける。そして七〇年代後半から八〇年代に登場した第二世代の電算機では、マークアップ情報だけでなく、文字の形もデジタルデータとして管理され、ブラウン管（ＣＲＴ）やレーザー光の原理で像が紙に印字されるようになるなど（写真からテレビの原理へ）、何段階かの技術的ブレイクスルーによる高速・高性能化を経て、印刷業界のデフォルトは活字から写植へと、完全に移行していった。

4　平版オフセット印刷と紙

写植の普及と軌を一にするかたちで、印刷技術の次元においても重要な「光学へのシフト」が進行していた。平版オフセット印刷[*3]である。念のため確認すると、写植は印刷技術ではなく植字技術、つまり「版下の構成要素としての印字された文字テクスト」を作る技術である。写植によって作られたテクストのブロックは、そのままあるいは写真、図、罫線などのページ構成要素と貼り合わせられて（フィニッシュワーク）、清刷りされ、ようやく印刷のための版下となる。版下を印刷用の版面に変換し（製版）、紙に印刷して製本したものが私たちの手にする「書物」である。

製版方式のひとつである平版は写真技術を応用して版を作る技法だが、それは凹版や凸版と違い実際に溝を彫るわけではなく、表面に感光によって作り出された親油性の箇所（インクが載るところ）と、親水性の箇所（水で濡らしておけばインクが載らないところ）があるだけなので、凹版や凸版に比べ製版作業が極めて容易になる（図3）。

いっぽうオフセット印刷とは、インキを版から紙に直接転写するのではなく、一度ゴム板に転写

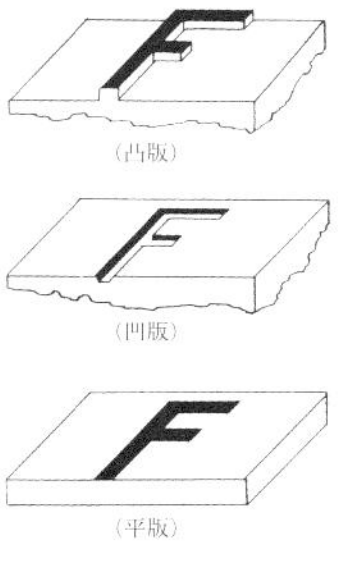

図3　版の種類と形状（原弘監修『印刷企画と制作』印刷出版研究所、一九六四年、五頁）

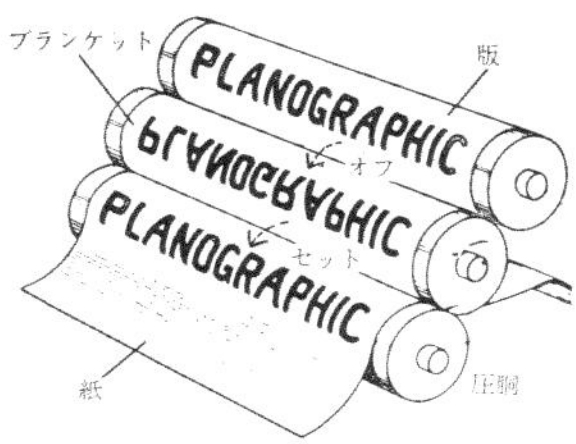

図4　オフセット印刷方式の原理（原弘監修『印刷企画と制作』印刷出版研究所、一九六四年、九頁）

し、そのゴム板を紙に接触させる印刷方式である（図4）。オフセット印刷は硬い印刷版ではなくやわらかいゴム板が紙に接触するため、版が摩耗しにくく、高速に大部数の印刷が可能で、これまで印刷に使用できなかった凹凸や風合いのある紙も使用可能になる。この平版とオフセットを組み合わせた「平版オフセット印刷」の需要が一九七〇年頃から拡大し、凸版印刷を上回って急速に増加していく（図5）。

さらに光学技術そのものではないが、紙も同時期に大きく発展を遂げている。書物に使用される印刷情報用紙、特に「ファインペーパー」や「ファンシーペーパー」と俗称される豊富な風合いや色を持つ高級な洋紙は、出版物の表現上の可能性を規定する支持体として、デザインにおいて重要な機能を担っている。しかしそのような用紙の登場は歴史上比較的新しく、たとえば「竹尾のファインペーパー」の基本が出そろうのは、六〇年代になってのことである。戦前の日本には洋紙ファインペーパーを生産する技術がなく、ファインペーパー市場には基本的に「和紙」と「西洋からの輸入紙」の二カテゴリしか存在しなかった。戦後の経済復興のなかで日清紡、王子製紙、三菱製紙といった国内の製紙企業が西洋の技術を取り込み、多数の「日本独自のファインペーパー」を安定的に量産可能になるのが五〇～六〇年代である。もちろん、凹凸のある多様な風合いを持った紙を印刷情報用紙として使うには、印刷技術が向上している必要がある。このように印刷と紙は相互に補強し合いしながら、グラフィックデザインの表現的な「可能性の条件」を拡張していったのである。

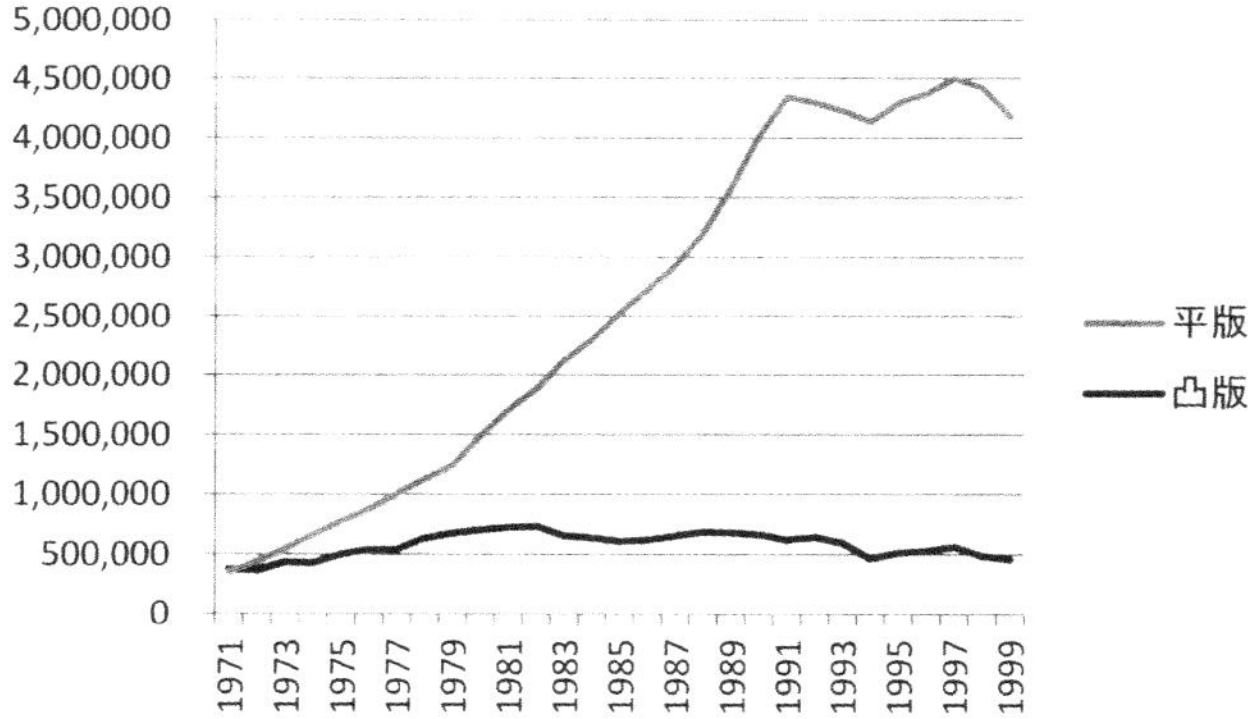

図5　通産省の統計調査による凸版印刷と平版印刷の出荷額（単位一〇〇万円）（中西秀彦『学術出版の技術変遷論考』印刷学会出版部、二〇一一年、一二三頁）

5　デザイン事務所のなかの光学技術

この時期の光学技術の発展は、デザイン実務の現場にも様々な影響を与え、デザイナーの業務内容を変化させた。簡易な暗室、デザインスコープ、コピー機などの機材が主に七〇年代以降に普及し、文字やイメージを機械的（光学的）に変形・加工させることが、個人のデザイン事務所レベルでも可能になっていくのである。

たとえば、杉浦康平事務所にもっとも長く在籍し、八〇年代後半から九〇年代までチーフを務めたデザイナーの佐藤篤司は、次のように証言する。

> 僕が杉浦事務所に入った八〇年代はじめには、引き伸ばし機とベタ焼き[＊4]の機械、それにクイックコピー[＊5]なんかがありました。図版や写植含めていろんな素材を、ミニコピーっていうネガフィルムで二階調複写して、様々な大きさに加工して使用しました。届いた写植をそのまま使うのではなく、再撮影して露光時間長めで焼いて輪郭を太らせて印象を強くするとか、そういう細かい調整作業が、杉浦デザインの質を支えていました。（佐藤篤司、本稿のための聞取り取材より）

このように、文字や像に対する操作性がデザイナーに与えられたことは、単に仕上げのこだわりが可能になったというだけではなく、本質的に重要な意味を持つ。一般に、デザイナーの仕事は、フォーマット／組版の指定や、アタリ素材を使ったレイアウトのみをおこなう方式（その場合、最終的な素材を組み上げて実際の版下を作る作業は、デザイナー以外に委ねられる）と、デザイナーが切り貼りして完成させた画面がそのまま写真撮影さ

＊4　フィルムと印画紙を密着させ、同サイズの紙焼きを作る方法。

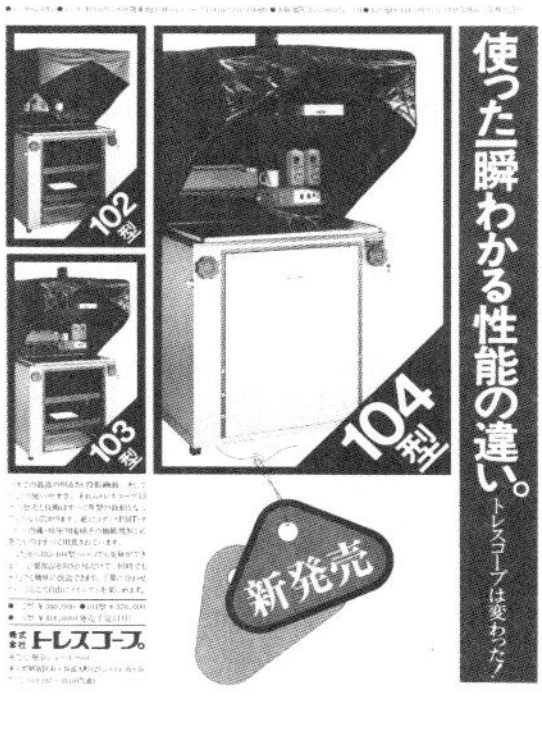

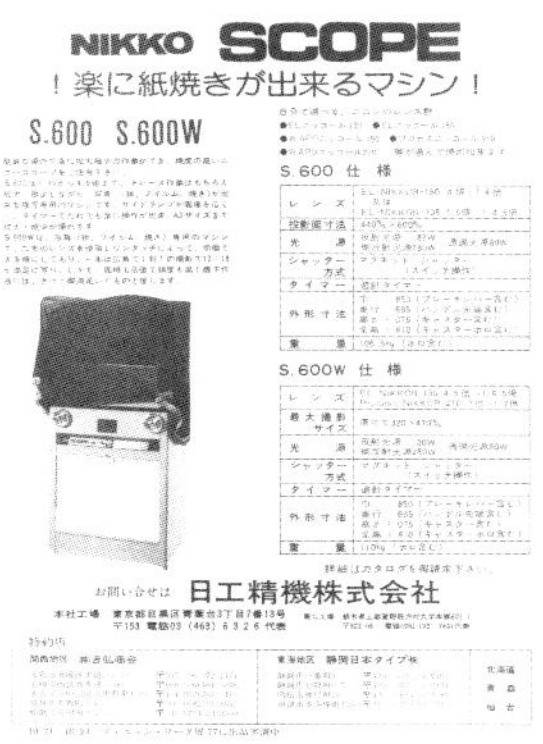

図6　七〇年代のデザイン事務所向け光学機器（隔月刊『デザイン』no.1、美術出版社、一九七七年、の広告より）

れ、清刷りや版下の元として使われていく（フィニッシュワーク）方式に大別できる。[*6] 後者に近い方式であればあるほど、デザイナーの作業が直接的に完成した印刷物のクオリティに反映されていく。したがって「デザイナーがフィニッシュワークを行なう」という業務スタイルが確立したことは、デザイナーが行使できる権利が原理的に向上したことを意味している。そしてこの時期にそのような体制が実現した理由は、平版オフセットによる写真製版の普及と並行して、イメージの編集・操作を可能にする技術的手段をデザイナーが所有できるようになったからに他ならない。

以上、五〇年代から八〇年代にかけて、印刷メディアがいかに旧来の時代と「原理的に別の技術」の産物になっていったかを、写植、製版、印刷、紙、個人事業向け光学機器の発展と、それに伴うデザイナーの必然的な権利向上、という視点から素描した。これはもちろん極めて単純化した整理である。実際の歴史は、つねに個別事例ごとの時間差と数多くの例外や混交例を伴う複雑な過程となる。またインキや製本技術の向上、グラビア印刷の展開など、まったく触れなかった重要な論点も多くある。だがここでは、そうした不備を認めた上で「大局的な状況変化のベクトル」の共有を目指した。

6 杉浦康平デザインの「思想」と「技術」

杉浦康平のデザインが持つ「創造性」や「思想的卓越性」は、このような五〇〜八〇年代のデザイン制作環境の申し子としてあり、同時代の技術と本質的に対応している。ここからは、その具体について、主要なものを確認したい。まず、杉浦康平のデザインが文字ないしタイポグラフィに対して与えた歴史的影響はいくつかあるが、もっとも決定的なものは「詰め組み」、すなわちテクス

＊5
現像液と定着液を内蔵し、フィルムではなく紙焼きから直接複製ができる機械。得られる像の品質は低いので、おもにアタリ（レイアウト用のダミー図版）に使用された。

＊6
実際には、両者が混交した様々な業務スタイルが存在する。

ト群に対してプロポーショナル（視覚形態的）な間隔の調整を導入し、日本の文字の組版に対して、新たな規範を示したことである。

杉浦本人の七五年時点での発言を確認しておこう。

> 日本におけるタイポグラフィが芽生えたのは、三〇年〔一九五五年〕から三一年にかけてである。それまでは、文字が表現主体になることはあまりなくて、絵の一部としての文字であり、それも今でいうレタリングで、一字一字デザイナーが書いたものである。〔中略〕商業美術印刷物の需要の増大にともない、それまでは素人の領域だったパンフレット類にもデザイナーの眼が向くと、段々と文字が注目されるようになった。しかも写植だと変形レンズを使えて、なんとなく風通しが良いということで、たいがい正体《せいたい》ではなく、平体とか長体とか斜体といった表現上の新しさを注目したものである。こうして、段々と活字にはない使いやすさを写植に認めるようになってくると、ドイツやスイス系のタイポグラフィの影響をも受けて、ワードとして、しまった感じをどう日本の文字にも出すかということで、つめ貼りが始まるのである。たしか、三十二年〔一九五七年〕頃だったと思うが、粟津潔や細谷〔巖〕らと日宣美展への作品公募の準備をしていた時に、字間を詰めることを始めたと記憶している。三十五年〔一九六〇年〕頃に制作したものを見ると、完全に文字を詰めてあり、それが一般的になった。活字を使わ

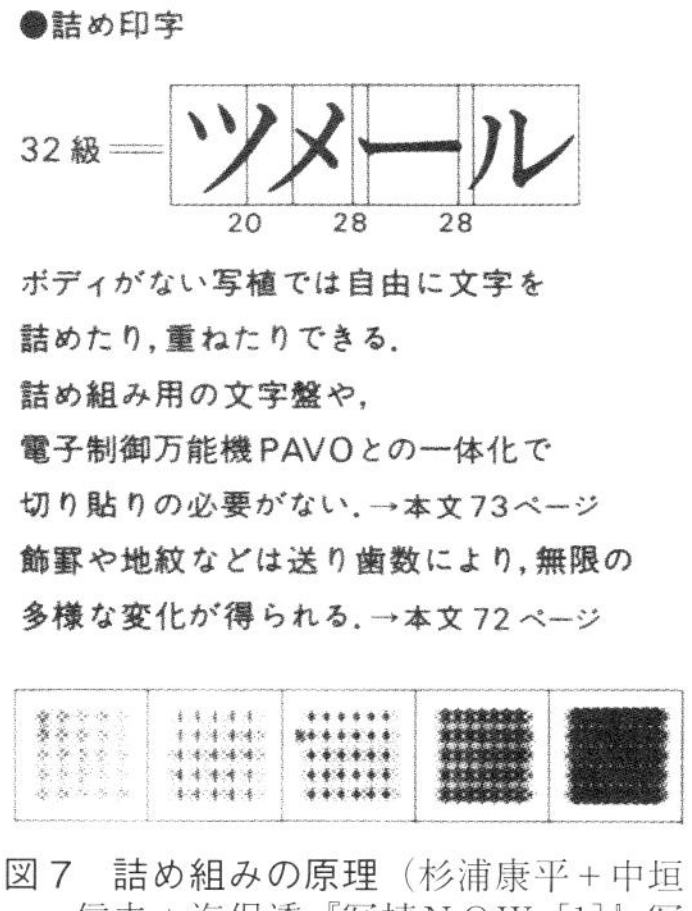
●詰め印字
32級
ツメール
20
28
28
ボディがない写植では自由に文字を
詰めたり，重ねたりできる．
詰め組み用の文字盤や，
電子制御万能機PAVOとの一体化で
切り貼りの必要がない．→本文73ページ
飾罫や地紋などは送り歯数により，無限の
多様な変化が得られる．→本文72ページ

図７　詰め組みの原理（杉浦康平＋中垣信夫＋海保透『写植ＮＯＷ［1］』写研、一九七二年、表１より）

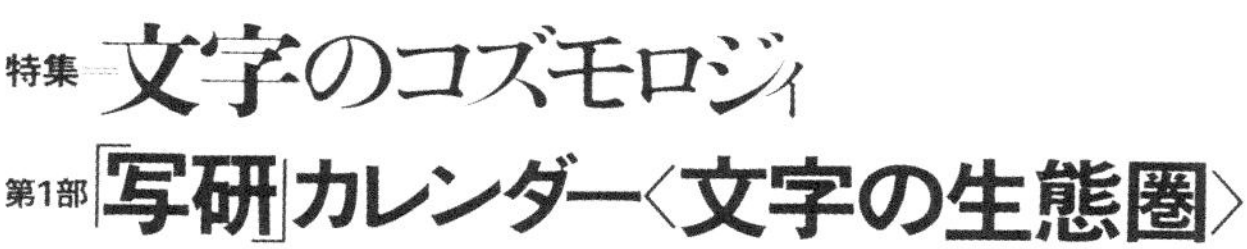
特集
文字のコズモロジィ
第1部
「写研」カレンダー〈文字の生態圏〉

図８　七〇年代の詰め組みの例（隔月刊『デザイン』no.4、美術出版社、1978年、11頁の記事タイトルより）

なくなったのもこの頃からで、書き文字にしても、その手本は写植文字になったのである。
（『文字に生きる〈写研五〇年のあゆみ〉』写研、一九七五年、七三―七四頁）

文字を図像的に捉える態度、つまり象徴記号としての文字が常に同時に孕んでいるイメージ性への自覚は、一回的な手書きのよみ／かきにおいては、デフォルトで発生するものである。また（タイポグラフィの定義そのものなので）活字の時代でも限定的には問題化されていた。だがこの時期に、手書きとも活字とも違う「複製文字における類像性」が、写植の空間的コントロールというかたちで、特権的な芸術作品のなかなどでなく、人々が日常的に受容する印刷媒体のなかでの「当たり前」として行なわれるようになったことは、人類のよみ／かきの歴史のなかで、極めて大きな意味を持っている。日本字においてその先鞭をつけたのが杉浦の仕事だったわけだが、そのようにひと文字ひと文字の字形に合わせた調整[*7]（図9）を、しかも本文をふくむ紙面全体に安定的に展開させることは、物理的ボディを持たない写植の導入があってはじめて可能になったものだった。[*8]

その他にも、杉浦が「黒い本」と総括するスミベタの白抜きによる文字表現の追求と、ネガポジ反転を活用した製版プロセスや平版オフセットに代表される印刷の品質向上は呼応関係にある。『パイデイア』（一九七二）などにおける複数の用紙を組み合わせた造本は、ファインペーパーの充実を受けての実践である。『全宇宙誌』（一九七九）でのテクストエリアをカメラ撮影した歪み加工や本文と図版の複雑な融合は、写真製版とデザイナーがフィニッシュワークを担当する造本体制なくしてありえない、等々…。この時期の杉浦ブックデザインに高い創造性があるのは、そ

＊7　正確にいうと、杉浦的な文字詰めは、ひと文字ひと文字の字形（グリフ）を単純に形状にそって詰めているというより、「語」を表象させる意識が強い。文字のなかの「意味のある単位」に焦点を当てている。

図9　杉浦康平デザイン「ストラヴィンスキー特別演奏会」ポスター（一九五九年）。日本字の詰め組みが確立している

れが当時の技術革新がもたらす可能性を全面的に受け止めたうえで、メディア論・書物論的な問いとして捉え直したものだからである。実作を通じて「技術によって書物はどう変わりうるのか?」「それでも書物であり続けるための条件とは何か?」「実は書物とは(もともと)何だったのか?」といった普遍的な問いを提出していたからこそ、特定の技術条件に根ざしていながら、今でも多くの人を触発するポテンシャルを持っているのである。

7 デザイナーが本を造る、ということ

ところで、ここまでの議論では便宜上「杉浦はブックデザイナーだ」ということ、つまり「デザイナーが本をデザインする」というあり方を、所与の前提として扱ってきた。しかし「デザイナーが本をデザインする」という態度がそもそも通時的なものではなく、六〇年代半ば以降に成立したごく新しい概念だ、という事実も確認しておきたい。本に意匠を施す「装幀(装丁・装釘)」は明治以来の伝統を持ち、主に画家によって担われてきた。だが「装幀」は基本的に外函、カバー、表紙、扉といった書籍の表面のみを装飾する行為である。それに対し、杉浦康平、粟津潔らによって六〇年代から開始された「ブックデザイン(造本)」は、デザイナーが、本文組や印刷方式など、それまで出版社や印刷会社が担っていた領域を含め、書籍全体をトータルにコントロールしている点で、装幀と本質的な差異を持つ。ではなぜ、この時代にそうした「ブックデザイン」が可能になったのだろうか。

印刷業者の実務的観点では、書籍のように大量の文字/ページ数が必要な媒体は「ページもの」と呼ばれ、ポスター、チラシ、はがきのようにページ数が少なくグラフィック性が重視されるような「端物《はもの》」とは区別されてきた。「端物」は多くの場合、広告的媒体である。五〇年代末までに

*8 ただし、詰め組み(文字の切り貼り)の実践そのものは、写植によってはじめられたわけではなく、カタカナなどを中心に、活字清刷りの時代からおこなわれていた。また写植の登場で活字が突然使われなくなったわけでもない。たとえばデザイナー中垣信夫の証言によると、杉浦事務所でも六〇年代後半までは「本文は活字でタイトルは活版清刷りの詰め貼り」あるいは「本文は活字でタイトルは写植の詰め貼り/詰め印字」というスタイルが主流で、いずれにしても印刷方式は活版というケースが多かったという。

は、写植機も急速に普及していたが、その進出分野はまだ「端物」に限られていた。そのような状況が変わるのが、六三年頃からである[*9]。本文組みを専用とする写植機が商業的に成功することで（もちろん他の技術要素の進化・変容とも連動し）、書籍のような「ページもの」印刷も、徐々に活字技術ベースから写植を中心とする光学技術ベースに移行していく。これは視点を変えると、「端物」と「ページもの」が原理的に同一の技術で制作可能になったということである。その結果、広告ポスターなど「端物」の分野で先行して導入されていたテクノロジーと制作スタイルが「ページもの」の書物にも転用可能になったことで、この時期に広告分野で活躍していたデザイナー[*10]が書物の分野に進出することが可能になり、そこに「ブックデザイナー」誕生の余地が生まれた、という整理が可能である。

写真製版が主流となり、テクストやイメージといったページ構成要素の加工にかかる時間が短縮されると、「ページもの」を含めたあらゆる印刷物の、すべてのフニッシュワークをデザイナーが担当する制作体制が可能になってくる。杉浦の「思想」の核心は「複合体としての本」、つまり単なる装幀として本の表面を飾るだけではなく、書物を立体的な構造物、質量を伴った物質として全体的に捉える態度にあるが、そのように本の本文から小口、背に至るまで、モノとしての書籍全体をデザイナーが担うというあり方は、それを許すような技術環境や産業的要請があってはじめて可能になったものなのである。

8　光学技術とアジア

七〇年代後半以降、杉浦康平のデザインはアジア性を導入したものへと大きく転回していく。本書の対談記事のなかで杉浦本人が明言しているように、このアジアへの接近は、ウルム造形大学に

＊9
写植機メーカーは、それ以前から本文組みのできる機種の開発を続けていたが、本文機が商業的に成功し普及するのは、写研「スピカ」が六三年に発売されて以降のことである。

＊10
日本のグラフィックデザインの歴史は宣伝・広告分野から始まっているため、五〇年代まではそもそも「デザイナー＝広告デザイナー」としてしか存在しえなかった。現在では「非広告系」とされる杉浦も、高島屋宣伝部出身で「日宣美展」受賞をきっかけに独立するなど、ルーツにおいては広告との関係でキャリアを立ち上げている。

＊11
キム・ソンド「極東における間メディア性の考古学試論」（本書所収）を参照。

招聘教授として赴任した際の「西洋との出会い」がもたらしたものとされている。だが同時に、このアジアへの接近もまた、当時の光学技術が可能にする表現の地平を追求するなかで、必然的に浮上するテーマだと考えることができる。写植と平版オフセットの時代において実現したのは、「文字が、イメージを複製する技術（＝写真）によって実現している」という技術水準である。このことによって、「文字と図版を原理的に同列に扱い、両者を並列的に操作対象にしていくデザイン制作」が可能になった。それ以前の活字時代の書籍においては、イメージはあくまで文字への付属物だったし、逆にポスターにおいては、レタリングのような文字はイメージに対して従属物だったのである。

そして歴史上、アジアとりわけ漢字を使用する中国、韓国、日本における文字や書物文化の特色は、文字とグラフィックの相互浸透性、「見ること」と「読むこと」の根源的な近さにこそある。キム・ソンドが整理しているように[*11]、漢字文化圏における文字体系は「書」[*12]というエクリチュールを軸に、テクストでありながらグラフィック形式でもあり、文字でありつつ身振りや祈りや宗教的な奉納物であるというような共振的な関係となっている。こうしたアジアの文字というテーマは、文字とイメージとを原理的に同一に扱える光学メディア[*13]のポテンシャルによって、この時代にはじめてデザインとして扱うことが可能になった、挑戦すべき問いとしてあったはずだ。

ところで、いま「デザインとして扱う」と書いたことの含意を補足しておきたい。杉浦の仕事がユニークなのは、書家でも芸術家でも哲学者でもなく、あくまでデザイナーとしてアジアの文字という問いに向き合ったことだ。デザイナーである以上、文字はタイポグラフィ、すなわち印刷された書物のなかで大量複製技術によって実現できる方法を通じて扱われなければならなかった。この制約を課しているからこそ、杉浦康平の実践は、手書きの書やアートや思弁とはまったく別の意義

＊12 付言すると、「書の指標性」、すなわち「運動や時間性を孕んだ痕跡としての文字」の問題は、杉浦のなかで明確に言語化され、最重要な論点とされながらも、デザイン実践としてはじゅうぶんに展開されなかったと言える。光学技術では運動や時間性を、それそのものとして書物やテクストのなかに織り込むことはできないからだ。杉浦においては、指標性は写真撮影を通じた類像的表現、瞬間的に投射された「影」として扱わざるをえなかった（たとえば「書を撮影した画集を作る」というように）。書における痕跡と時空間の問題は、デジタルのテクノロジーではじめて十全に分析し、デザインとして実践できるはずのものである。

＊13 ちなみに、この「テクストとグラフィックが同一に扱える」というメディア的ポテンシャルを引き受けた、杉浦のもう一つの「必然的な」挑戦の系譜が「ダイアグラム」である。

を持っている。なぜなら、私たちが日々の生活のなかで、もっぱらよみ／かきし、人々の意識を作り出しているのは、もはや手書きではなく、まさにそのような「大量複製技術を介して実現した産業的な文字」だからである。

9 前衛と標準

以上に概観したのが、技術との関係で整理した杉浦康平のデザインの特色と意義である。では、そのような杉浦の実践は、その後の書物や文化にどのような影響を与えたのだろうか？ 一般に前衛的な実践は、先駆的に問題を切り出して見せるいっぽうで、そのジャンルにおける凡庸で標準的な実践とは断絶した特権的例外として捉えられがちである。だが杉浦デザインの「前衛性」は、実際には「標準的・大衆的」なデザインと連続的・往還的なものだったと考えられる。

たとえば、杉浦らがはじめた「詰め組み」は、その後、日本のあらゆるデザイン分野における標準的な技法となっていく。なかでも広告分野は、書物以上に「詰め組み」を積極的に受容した。広告の文字においては、スペースの節約や視覚的な洗練が重要課題だったためである。「日本の文字への本質的な思索」から開始されたのかもしれない「詰め組み」は、こうして加速する消費社会のなかで、欲望を駆動させる基本的な構成要素ともなっていくのである。

また杉浦が七〇年代初頭から実践した、テクストとイメージを並列させ、あるいはテクストをイメージ的に扱うような新しいタイプのグラフィズム表現による紙面づくりは、それを思想ではなく技術・技法的な観点のみから捉えると、むしろ『ＰＯＰＥＹＥ』（一九七六年〜）のようなフルカラーのカタログ誌や情報誌に引き継がれたのであり、もっとも大衆的な媒体を担保した技法と連続性を持っている、という評価も可能である。

図10 杉浦康平のアジア的デザインの例（「天地悠遊 韓国伝統芸術団訪日講演」ポスター、一九八三年）

あるいは平凡社の『大百科事典』（一九八四年版）や『世界大百科事典』（一九八八年版）は、加藤周一ら戦後世代の知識人と杉浦ブックデザインが交差した日本の「人文的な」出版文化のひとつの到達点とみなされている。だが、そこでテクストと図版の大量処理を可能にしたのは当時の電算写植の進歩であり、それは同時代にガイドブック、スーパーの折り込みチラシ、時刻表、競馬新聞といった高速度な情報的印刷メディアの実現を支えた技術とひと続きのものである。このようにデザインの場合、前衛と標準は見かけ以上に連続し、線を引くことができないものとしてある。それは杉浦デザインの影響に関しても例外ではないのである。

10「光学技術」時代のデザインの終わり

最後に、「光学技術」時代のデザイン／出版文化の終焉に触れて本稿を閉じよう（それは同時に、「モダンデザイン」の終焉でもあったかもしれない）。一九八〇年代半ばに頂点を迎えた写植中心のデザイン制作体制は、そのわずか数年後の九〇年代に、デジタルという新たなシステムに呑み込まれる形で、急速に衰退していく。デザインおよび印刷環境の電子化は、七〇年代、八〇年代全体を通じて（＝コンピュータの進歩と並行して）潜在的に準備され、あるいは特定の分野では現場に導入されていたが、それがデザイン業務のメインストリームとなっていくのは、アップル社がPostScript対応プリンタＮＴＸ－Ｊを販売開始した一九八九年頃からである。この時期を「潮目」に、デザインの現場ではＤＴＰへの移行が急速に進展する。さらに九〇年代後半からゼロ年代には、印刷の現場でもＣＴＰ（デジタルデータから直接刷版を作成する技術）が普及し、フィルムによる製版プロセスが消滅していく。現在では、そもそも版を作成しないオンデマンド方式[*14]の印刷・製本もあれば、もちろん端末上で読む、いわゆる電子書籍も普及している。

*14 そこではページの一枚一枚、本の一冊一冊ごと、異なる読者に向けて内容をカスタマイズするような製本も容易になっている。それを文化的な合意として「出版物」（publication）と呼びうるかは議論があるだろうが。

写植時代に業界二位だったモリサワがデジタルフォントのプロバイダーに業態を変えて現在も堅調な業績を維持するいっぽう、シェアナンバー1を誇った写研が事実上消滅し、写研書体を用いた出版物の制作が突然できなくなるという出来事は、そのようなパラダイムシフトを象徴する事件のひとつだった。モリサワが八六年の時点でいち早くアドビと提携し、前述したPostScript対応プリンタNTX－Jに自社製のフォントを搭載するなど、デジタルへの移行を着実に進め、プロ用デジタルフォントのデファクトスタンダードの地位を確立したのに対し、高品質な書体と日本語に最適化された組版専用機によって写植時代に圧倒的シェアを誇った写研は「書体は組版のシステムと一体でこそ存在するべきもの」という公式見解でDTPフォントへの進出に消極的な姿勢をとり、現在では企業として事実上の活動休止状態にある。多くの出版関係者に望まれ続けている写研書体のデジタル化は、二〇一六年時点で未だに果たされていない。写研という巨人が、傍目には不可解なかたちで凋落したことをめぐっては、不正コピー流出のリスクを恐れたからだとも、取締役社長の石井裕子の強力な個性によるものだとも、様々なことが言われてきた。しかし、杉浦康平事務所で最初に長期スタッフを務めたデザイナーの中垣信夫（代表作『字通』『日本美術史事典』など）は、やや違った視点からこの問題を整理する。

私に言わせれば、写研は、自分たちの顧客である町々の写植屋、そこで働く人々を切り捨てられなかったのです。

写植の全盛期、光学時代の印刷業界は、製版業者、版下屋、紙焼き業者など、その周辺に様々な零細業者のエコシステムを生み出していた。とりわけ写研が販売していた組版システムの直接的顧客だったのは、写植専業者である。オフセット印刷の増大によって、すでに五〇年代末から印刷所が持つ写植機では文字組みの需要をまかないきれなくなり、そのような状況を見た印刷所のオペレーターなどが写植専業者として独立していった。写植機さえ買えば開業できたからである。七〇年時点の東京だけで、その数は二千社にのぼっていたとされる。たとえば杉浦康平事務所であれば、手動写植機の達人として知られる小野禎一が、CRT搭載写植機が普及する八〇年代中期まで主要な外注先として文字組みの品質を支えていたなど、写植専業者は当時の出版やデザインと不可分な存在だった。

写研はそうした人たちの「環境」を維持する責任を感じていた。けれどDTP時代に写植専業者が不要になることは不可避でした。結局、写研は彼らを守るため、彼らと一緒に沈んでいった。（以上、中垣信夫、本稿のための聞き取り取材より）

企業的資産が、もはや販売している組版装置にはなく、高品質な書体のみにあると判断することは、自社のシステムで暮らしていた写植業者を捨てることを意味しており、写研にはそれができなかった。いっぽう大阪のモリサワは、写研にくらべて規模が小さく、当時のデザイン環境とイコールというほど巨大な存在にはなっていなかった。ゆえに書体と組版システムを切り離し、デジタルに移行することができたというのが、中垣の整理である。

このように、わずか数年で業界全体がデジタルに呑み込まれ、再編されていく時期に、杉浦康平のデザインもまた、技術環境と本質的に結合していた実践であったがゆえの必然として、節目を迎えることになる。佐藤篤司は九〇年代の杉浦康平事務所の様子をこう述懐する。

杉浦事務所のデジタル化は九六年頃からですが、杉浦さんのタイポグラフィや印刷技術への挑戦というのは、七〇年代から八〇年代半ばまでの間で一区切りしていたと思います。九〇年代になると杉浦さん自身はアジア図像学の問題へと関心をシフトさせ、ブックデザインの冒険は、ほとんどおこなわれなくなっていきます。

九〇年代初頭にバブル経済が崩壊し、出版業界全体が徐々に不況になっていったことも関係していた、と佐藤は語る。写植の専門業者ではなく編集者が組版をする。コスト削減のために資材の経費が縮小される。様々な意味で、かつて杉浦がおこなってきた挑戦をするのが難しい時代になりつつあった。なかでも、業務における「時間性」が変わったことが大きかった、と佐藤は語る。

もともと杉浦事務所は、編集者にとって時間のかかる難しい仕事先という側面はありました。杉浦さんは惰性で右から左にこなすような人ではなかったから。僕の先輩たちを含め、スタッフは杉浦さんを催促することはできず、杉浦さんにインスピレーションが降りてくるのを待たないと作業ができなかった。けれども写植の時代は、僕らが指定したデザインを写植屋さんが文字にするのに二、三日から一週間はかかったし、写植があがってきたら、今度は編集者が文字校正をして、変更が出たら、またその都度時間をかけて修正して、というふうに、やりとりが何度も必要だった。そういう時間の中で、杉浦さんの思考は可能になっていた。ですが九〇年代になると、デジタルによってデザインや出版の業界全体が、そういう思考ができないような時間性のなかに否応なく組み込まれていったのです。（以上、佐藤篤司、本稿のための聞

き取り取材より）

以上、極めて駆け足にではあるが、杉浦康平のブックデザインの意義を「光学的メディア」と関連づけながら読み直し、杉浦の思想の多くが当時の技術環境から導かれる必然として存在している、ということを明らかにした。知を運ぶメディアとしての書物の技術的実態は、一九五〇年代から八〇年代に光学技術に導かれる形で根本的に変容していた。杉浦の仕事は、その可能性を使いこなして書物という概念の定義そのものを再考・拡張することに挑んだアナログ・メディア時代の実践だったと言える。そして、その技法が技術的本質性に根ざしているからこそ、ときに意図を超えて産業のなかに受容され、社会的なインパクトを作り出していった、ということも見た。というよりデザインの場合、そもそも知的実践と大衆産業的なあり方はテクノロジーを介して常に連続的な平面にあり、両者は往還し続けていたと考えるべきなのだ。そしてそのような時代の技術が生み出したデザイン実務者、印刷技術者、書物製作者たちの生態系が、次の技術フェイズ（デジタル）に移行したとき、瞬く間に押し流され忘却されていくありさまも、見てきたとおりである。

本稿の主眼は、属人的な「杉浦康平論」を展開することではなく、杉浦康平を通じて「アナログ時代の書物の実践と変容」をメディア論的に概観することにあった。しかし一方で、杉浦康平という一人の「人間」に注目して、この時代の様々な問題の結節点と見なす、つまり彼を「主体的な意味の担い手《デザイナー》」と設定することによってこそ、ある全体展望を得られたというのも事実である。では翻って、われわれがいま生きているデジタルの時代はどうだろうか？　おそらくそこでメディアを使いこなし解釈・判断をおこなうのは、人間ではなくコンピュータとなるだろう。そもそも特定の個人であれ集団であれ、人間を「意味の担い手」として想定することが難しいデジタルの時代に、いかにして「人間的ハイブリッド・リーディング」をデザインしていくことができるのだろうか。それは、極めて原理的な困難として、われわれの眼前に横たわっている。

謝辞　本稿の構想段階で、数多くの有益なご助言をくださった凸版印刷株式会社の樋澤明氏、武蔵野美術大学の小林昭世氏、初稿完成後に細やかに読み下し、歴史的事実の誤認などをご指摘くださった同大学の森山明子氏、歴史資料に関する問い合わせにご対応いただいた印刷博物館ライブラリーおよび紙の博物館図書室のみなさま、長時間の取材に応じてくださった中垣信夫氏、佐藤篤司氏、そして杉浦康平事務所の新保韻香氏と、杉浦康平氏に御礼申し上げます。なお、言うまでもなく本稿の誤りに関しては、すべて筆者の責任です。

Ⅱ部

［理論編］ハイブリッド・リーディングとデジタル・スタディーズ

新『人間知性新論』
〈本〉の記号論とは何か（抜粋[*1]）

石田英敬

Ⅰ 〈超-グーテンベルク〉期

いま世界では果てのない〈普遍図書館《Bibliotheca de Babel》〉（図1）が建設中で、人びとは〈顔の本《Facebook》〉によるお見合いで知り合い、〈家庭の頁《homepage》〉を単位に日々の暮らしを更新し、毎分のように文字列を〈呟き《tweet》〉合って生活している。[*2] ほとんどの日用品は〈本屋《Amazon》〉が運んでくる。本屋が運んでくるモノはすべて〈本〉として分類され、世界全体が〈机の上《desktop》〉になり、本の数は日々爆発的に増殖し世界の机の上が異様に散らかっている。

二十世紀には「グーテンベルク銀河系」のまぢかな終焉が預言されていた。だが、訪れたのは、〈超-グーテンベルク〉期である。

あらゆる生活場面で人びとは、〈本〉を読んでいる。地下鉄にのると、どの車両でも乗客は〈私本《アイホン》〉などの〈賢明本《スマートホン》〉を読んでいる。街角では、皆が古代ギリシャ人さながらに、〈私板《IPad》〉を持ち歩いて、カフェに腰をおろして、〈汝管《YouTube》〉をのぞき込んでいる。超-グーテンベルク期とは、ひとびとが寝食を忘れ、本を読むことも忘れて本を読むまでに本の文化が異常発達をとげた

＊1　ここに掲載するのは、デジタル時代における〈本〉の存在条件を問う、石田英敬「新『人間知性新論』——〈本〉の記号論とは何か」の抜粋である。紙幅の都合上、〈本〉の記号論の認識論的障害を問う第三節、ハイパーテキスト論の問題系を扱う第四節を割愛せざるをえなかった。それらを含めた全文は、石田英敬『一般記号学講義2　メディアの理論』（東京大学出版会、二〇一七年刊行予定）に収録される予定である。なお本稿執筆への藤幡正樹氏のご理解とご協力に厚く御礼申し上げる。

＊2　本稿では、記述に必要な場合に限り、「変態万葉仮名」で外来語や固有名を記している。読み方が分

〈新人類期《Anthropocene》〉なのである。

世界経済はいまハイパー出版資本主義の絶頂にある。本の生産・流通・消費こそが、この知識産業社会の基幹産業であって、消費とは、〈読者〉を生産する活動である。〈本屋〉の提供する〈金取《Kindle》〉本によって、人びとは〈読者〉になる。一度読む消費者になると、次々に読むべき本が推薦《recommendation》されて、一時間以内に、〈本〉たちが〈人工蜂《drone》〉に載せられて運ばれてくる。〈人工蜂〉は〈地球磁針《GPS》〉と連動しているから、どこまでも追いかけてくる。

〈手紙《e-mail》〉のやりとりも、これほどまでに発達した時代はなかった。地域の市役所や役場も民営化されて〈書店《Tsutaya》〉ネットワークとなり、住民票も茶《T》カードとなっている。街角のコンビニエンスストアも書店網《TSUTAYA》と一体化し、配達のために〈飛脚《Sagawa》〉が飛び交っている。会話は一四〇字に制限されて〈付け文《Twitter》〉で行なわれるので、俳人と歌人が何万人もの〈弟子たち《followers》〉の群れを従えるようになり〈俳歌壇社会〉が圧力団体として政界を牛耳っている。

いまでは全てのモノが〈本〉として分類され、相互に参照し合っている。〈モノが本になる《Internet of Things》〉時代なのだ。これをIoT——モノのインターテキスト(Intertext of Things)——と呼ぶ。本たちはじかにお互いに結び付き相互に〈読み合って〉いるのである。

ときどき街角には「ゴミハウス」と呼ばれるモノが家から溢れ出す現象が観察されるが、これなども〈本屋〉が運んでくる本が机の上から溢れ出し、さらに本と本とがIoTで呼び合って、隣の家から呼ばれて来た本たちが押し寄せて、家が破壊されて、本たちが路上へ溢れ出している例である。人びとが、〈私本〉や〈賢明本〉をあまりに熟読し、歩きながら読書にふける〈二宮金次郎〉症も広がり、ぶつかりや転倒・転落の事故も頻発している。

さまざまな本をむさぼり読む、〈本の虫〉たちが大量群棲する〈社会昆虫網《SNS》〉が発達して、〈議論

かりにくいときには原語ローマ字あるいは現代漢字と現代仮名遣いをルビで示してある。

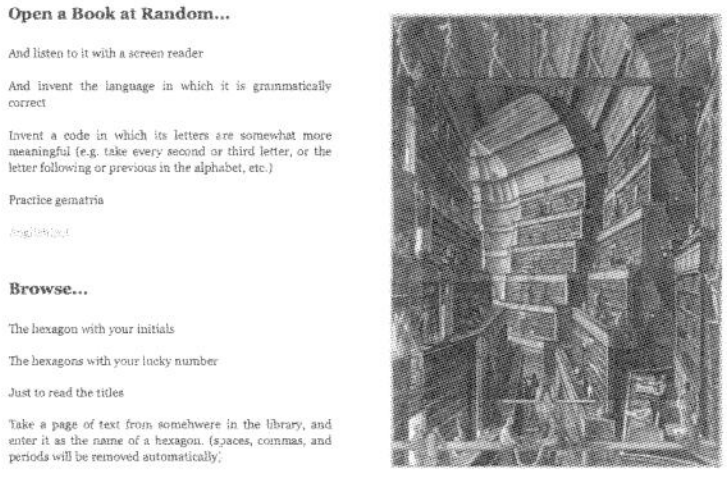

図1 Library of Babel ホルヘ・ルイス・ボルヘスの短編小説「バベルの図書館」の図書館を再現したWebサイト。部屋番号や書架を指定して配架された図書を閲覧できるほか、図書の全文検索によって任意の図書のフレーズが含まれる図書を探すこともできる。http://libraryofbabel.info/

する公衆〉が陸続と登場し、「討議型民主主義」が拡がっている。知識人たちが十八世紀に夢見ていた〈公共圏〉が遂に実現したといえる。

〈普遍図書館〉計画

〈本〉と〈頁〉と〈文〉と〈字〉と〈手紙〉と〈飛脚〉と〈本屋〉と〈モノ〉と〈図書館〉を連ねる〈隠喩連鎖《メダフォール・フィレ》〉が現実化した世界を私たちは生きている。

すべての発端は、十八世紀の哲学者による「知性の改革」計画だった。その基礎学は「普遍記号論」と呼ばれ、「計算機」が試作された。しかし二十世紀には、軍事戦略的位置づけをえて「知の暗号化」計画として推進され、暗号無線技術にもとづく「暗号論」が普遍記号論の主流となった。

二つ目の大戦後は、書斎に戻った元原爆開発者が、原爆を組み立てることができる〈勉強机《Memex》〉を自宅で組み立てることを考案した。核弾頭の到着よりも早く弾道計算を行なえる計算機が設計され、「計算とは他の手段による戦争の継続である」という抑止論が唱えられた。

この〈冷たい戦争〉の終結ののち、使用済みになった〈計算機〉の再利用のために、連邦政府は「図書館の平和利用」を唱え、世界の図書館の電算化を進める、〈普遍図書館〉計画が推進された。

二十世紀の〈普遍図書館〉計画は、ブエノスアイレスの図書館長でもあった南米の盲目の作家がフィクションとして描いた構造図をもとに、数学者と計算機学者の参加をえて具体化し、スイスの原子核研究所の物理学者たちの読書会のための超文書共有サービスとして最初の実用普遍図書館が実装された。

今では、Alphabetを名乗る図書館業務会社が世界最大の企業（図2）で、その出発点は、その名も神の摂理を帯びた神童、頁クン《Larry Page》君が、石渡大学《Stanford》の新図書館計画のために考案した、〈頁〉探しのための〈索引《indexing》〉技術の開発だった。学位論文の最初の頁に、彼は次のように書いている。

この紙でできた論文は、どうしたら、「ボクたちの図書館の全ての本の網羅的な読み方の〈索引〉をつくるために」、超文章のなかにある、「図書館閲覧者が残す、落書きや下線や書き加えや頁の折り目や鼻くそ目くそなどの読書跡などの」追加情報を利活用できるようにする大規模な実用システムを作れるかを検討したものなんだ。ボクたちが、さらに、考えようとしたのは、誰でもが何でも出版できるようになっちゃっためちゃくちゃなこの超グーテンベルク期の世界で、このでたらめな超文書の寄せ集めのなかからどのようにして自分が読みたい頁を探し出したらいいのか、超ｰ図書館における頁の探し方の問題にチャレンジしようとしたものだ[*3]。

頁クンが興した企業〈二乗百度《Google》〉の試算によると、人類が残した全書籍一億三千万点、その二割五分以上がいまでは、この普遍図書館に納入された。〈万有百科検索〉が検索できる超頁数は、三千五十五億頁で、トルストイの『戦争と平和』二億一千二百万冊分、日々刻々と更新され増殖しつづけ、頁が頁を読み合っている。

本稿の目的は、このようなかたちで建設が進む「普遍図書館」にとって〈本〉とは何か、〈記号論〉の問題にもどって考察することにある。〈本の記号論〉とは、あの南米の小説家図書館長が、かれが参照した『大英百科事典』の欠落した頁への註において、参考文献としてあげていた、ハノーヴァー公の図書館司書の〈普遍記号論〉から出発するものでなければならないだろう。

図2　Alphabet Inc.　二〇一五年に設立されたGoogleグループ企業の持ち株会社。https://abc.xyz

*3　Sergey Brin and Lawrence Page. *The Anatomy of a Large-Scale Hypertextual Web Search Engine* Computer Science Department. Stanford University. Stanford. CA 94305. http://infolab.stanford.edu/~backrub/google.html

じっさい、その図書館司書は、一六八〇年に、「結合術」から出発して、「百科全書」が、「普遍学」を体現することになる「図書館」を構想していた。

> その図書館とは、一般目録、記憶の補助、印刷物集蔵庫、最も偉大な人物たちの最も優れた思考の要諦であるべきである。私のもくろみは、図書館の書物の集積において、百科全書、すなわち三室ないし四室に集められた普遍学を揃えるということであり、ひとはそこからかつての知識の総体、および想像しうる有益なあらゆる学知についての知識を必要に応じて引き出すことができるようになる。[*4]

かれは、しかし、次のようにも警告していた。

> 私たちの学問探究から知の至福へのたいした御利益も引き出すことができぬままに無闇に好奇心を浪費しようものなら、皆学問がいやになり運命の偶然から人びとが野蛮に舞い戻ってしまうのではないかが心配です。日々増え続ける、ろくでもない膨大な恐るべき本の山はそうした方向へと大いに貢献することでありましょう。なぜなら無秩序はもはや乗り越えられないまでに達して、まもなく無限ともなっていく書き手たちの数は彼らを全面的な忘却に置き去りにされる危険に曝すことになってしまっているからなのです。[*5]

今、記号学者に求められているのは、「ろくでもない膨大な恐るべき本の山」を前にして、この〈普遍図書館〉計画の行く末を見据えることであるだろう。

＊4　G. W. Leibniz, "Einrichtung einer Bibliothek," November 1680, in Sämtliche Schriften und Briefe, Politische Schriften, Bd. IV, 3, Berlin, Akademischer Verlag, 1986, Nr. 30, p. 350（仏文原文から筆者による訳）。

＊5　G. W. Leibniz, "Préceptes pour avancer les sciences," Phil. Schriften VII, p. 160.

本稿を通じて、情報化された世界を〈本〉の隠喩として物語る道を敢えて採るのは、「無秩序はもはや乗り越えられないまでに達して」、匿名性の淵に沈もうとしている無数の人びとがいま「野蛮への舞い戻り」の坂を降りようとしているからである。

Ⅱ 〈本〉の存在論

〈笑う男〉

これから記すことになる、ある人物《MF》[*6]との架空の対話は、私が当時かかわっていた大学の新図書館計画のための仮設建物の一室で行なわれた。

大学の歴史上初めて、本を一冊も読んだことのない総長が選ばれて以来、その図書館計画は頓挫し、私は計画から完全に手を引くことを決めていたので、荷物を片付けに部屋に舞い戻っていたのである。

プレハブ棟の居室入口のドア横の洗面台には粗末な鏡がしつらえてあって、そのなかでは、晩秋の夕暮れの光のなかに、訪れてきたMの姿がぼんやりと浮かび上がっていた。ビオイ＝カサーレスの小説[*7]を作品化したこともある友人は、一冊の本を携えていた。

I 「まるで『モレル』の満ち潮の時刻だな、君がやって来たのは」と、私は冗談めかして呟いた。

M 「僕は、〈現れ〉なのかもしれない」。媒体芸術家のMは鏡のうす暗がりのなかで笑みを浮かべて応じた。

＊6 ここでは架空の人物として登場してもらっている「ＭＦ」こと「藤幡正樹」は実在している。しかし、ここでの対話はじっさいの「虚構」であり、文中の対話のいっさいの文責は「作中人物」および「作者」にある。

＊7 Adolfo Bioy Casares. *La invención de Morel*（アドルフォ・ビオイ＝カサーレス『モレルの発明』水声社、二〇〇八年）

かれが机の上においた〈本〉——それをなお「本」と呼びうるとすればだが——は、Mのこれまでの作品のすべてを収めた作品集とでもいうべきものに仕上がっていた（図3）。〈拡張読書《AR》〉技術をつかって、作品のパフォーマンスをその拡張現実の動画イメージのなかに収めている。フランスの女美学者の構想になる〈否原理的収集体《Anarchive》〉というコンセプトでつくったのだという。*8 かれ自身の全作品の収集体アルシーヴとでもいうべきだが、それ自体が新たな作品であり批評でもあって、いわば創作と収集が循環する構造体となっている。

Mの〈本〉は、バインダーで綴じられて、作品単位の〈章〉の順序を組み替えられるようになっている。どうじに、〈私板《iPad》〉をマーカーにかざすと、実際の〈作品〉の動画——それもあらたな作品——が浮かび上がる。これは紙の〈本〉なのか、〈動画〉が立ち上がる〈ヴァーチャルな本〉なのか、〈リアルな本〉と〈ヴァーチャルな本〉のあいだを、〈読み〉が循環する仕掛けになっている。

〈本〉という道具

〈私板《IPad》〉をその〈本〉にかざすと、〈紙の本〉から〈電子の本〉が立ち上がり（図4）、作品「超頁《Beyond Pages》」に「触れる」と〈頁〉が乾いた音を立ててめくられる。

——「コレはアレを殺したりはしないね」ハッハッハと笑い合うことから対話は始まった。

じっさい、この〈私板《IPad》〉と、〈紙の本〉および〈電子メディア〉や〈電子の本〉のあいだには、どのような——幾重・幾通りの——〈関係〉と〈間隙〉があるのだろう？ ARとは、凡庸な工学者の世界で信じられているような、VRが人間的な現実をたんに「拡張」するというようなことで

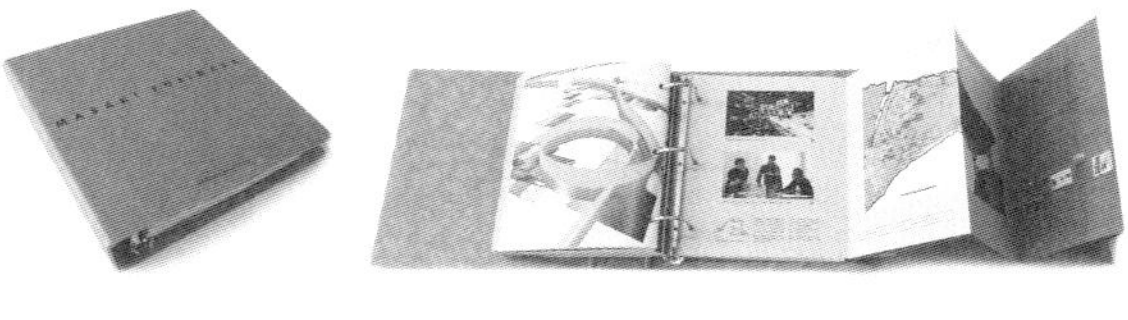
図3 藤幡正樹作品集『Anarchive n°6』

＊8 Anne-Marie Duguet. *ANARCHIVE - Archives numériques sur l'art contemporain*, http://www.anarchive.net.

はない。むしろそれは、人間的現実とはまったく異質な電子的・情報的な次元が露呈する経験だろう。電子と情報の粒子が降り注ぐその〈界面〉は、なんともざらついてこそばい表面であって、そこにいつも触れているMはだからよく呵々と笑う男である。

かれは、記号学者としての私の知識を少々買いかぶっているところがあって、いきなり本質的な問いを浴びせてくる。

M「あのイタリア記号学の巨匠のいう、〈本〉は究極の発明でそれを超えるものはないという見方には記号論的な根拠があるのかね」、と椅子に腰掛けるなり、訊ねた。

片付けていた図書館計画関係の書籍には、当然その対談本も含まれていたから[*9]、私は本の山から取り出して、該当箇所をすぐに探し出した。Mが参照したのは、「モノとしての本にはいろいろなバリエーションが起こったが、機能の点でも、シンタクスの点でも、五百年前となんら変わっていません。本は、スプーンやハンマー、車輪や鋏と同じようなものです。一度発明したら、それ以上うまく作りようがない[*10]」という箇所だった。

I　その直前のパラグラフでは、巨匠《E.C.O》は、「読みの支持体」(support de lecture)ということを言っていて、「読むための道具」は、依然として〈本〉でありつづけるか、本質的に〈本〉に似た何かでありつづけるだろうと言っている。「機能」と「シンタクス」というところが、記号学者の言葉遣いだね。「機能」は「読む」という活動のための機能ということだろう。「シンタクス」というところは、「読む」行為が結びついている他の活動や所作との連関と分節化いうことだろうね。「一度発明したら、それ以上うまく作りようがない」という箇所は、〈本〉は、読むための道具の技術進化の完成形といえる、というわけだね。そう言えるためには、読み書きと記憶をめぐって、一種、根源的な原理が、〈本〉には働いていると、巨匠は考えているように読めるが、それ以上は踏み込

図4　藤幡正樹作品集『Anarchive n°6』のAR

＊9　Umberto Eco, Jean-Philippe de Tonnac, Jean-Claude Carrière. *N'espérez pas vous débarrasser des livres*. GRASSET, 2009. 邦訳『もうすぐ絶滅するという紙の書物について』阪急コミュニケーションズ、工藤妙子訳、二〇一〇年。

＊10　原書 pp. 16-17（邦訳二四頁、訳文を一部修正）。

んでは言わない人だったね。

ところが、僕らはそこまで踏み込んでみたいね。（笑）

原理《アルケー》としての〈原−本《archi-livre》〉

I 〈本〉とは、スプーンやハンマーや鋏や車輪のような「道具」として、ヒトを補綴する補助具である。ただし、コトバやイメージを読み書き記憶し思考するという象徴活動を補綴する道具という点で、他の道具とは異なっている。五〇〇年以来変わっていないといっているからグーテンベルク活版術以来ということだろうが、紙とインクという材料でなりたつ記憶媒質としては、冊子体《codex》の本がもっとも原理的なかたちだということかな。その本を〈本〉たらしめている原理を〈原−本《Archi-livre》〉と呼ぶとすれば、その〈原−本〉作用が、人間の文化生活において、「読みの支持体としての本」の「機能」と「シンタクス」を構成しているのだ、というわけだね。

M 君の〈原−本《Archi-livre》〉というのはミステリアスな言い方だね。ミスティフィケーションでなければ。

I まあ、そうかもしれないが、クロマニョン人は「原−シネマ」を描いていたという研究[*11]もあるぐらいだから、〈文字〉の発生から、書記媒質としての〈紙〉の表面の発明へ、巻物から冊子《codex》へ、という、本の一連の進化は不可逆的で、そこには、〈本〉を生み出した〈文字化《grammatisation》〉の作用——それが〈原−本〉——が働いていると立論することもそれほど無謀ではないのだと思うのだね。

その原理を考えるためには、〈文字〉とは何か、とか、〈行〉とは、とか、〈余白〉とは、とか、〈頁〉とは、とか、そして、それらを物理的に束ねて閉じた三次元立方体としての〈本〉とは、とか、を考えていく必要がある。

M なるほど。〈原−本〉とは、本を〈本〉として生み出す生成原理のようなことだね。〈文字化〉

*11 Marc Azéma, *La Préhistoire du cinéma. Origines paléolithiques de la narration graphique et du cinématographe*, Paris, Errance, 2011.

と君がいうわけだから、〈文字〉が書かれるようになった瞬間には、論理的にいえば、必然的に、〈本〉は生まれることになっていたのだというのが〈技術進化〉の法則というわけだね。

　僕は視覚表現についてはいろいろと研究もしてきたから、ラスコーやショーヴェの洞窟壁画（図5）が描かれるようになったときには、すでに岩の表面が人工的に磨かれた〈平面〉として生み出される必要があった、というようなところから始まって、〈記号〉と〈メディア〉——つまり、記号が書き込まれる支持媒体——との関係についてはいろいろと考えてきた。〈図像〉や〈文字〉は次第に安定した〈平面〉に描かれる／書かれるようになり、視覚メディアではそれはやがては〈スクリーン〉になっていくし、〈文字〉はまっすぐに〈行〉として書かれるようになり、〈図像〉は、視野におさまるように〈矩形〉の表面を分節単位とするようになり、というように、メディアは不可逆的に〈技術進化〉を遂げていくわけだ。

I　まず、〈文字〉の発明。これについては、無数の研究があって、今整理しているこの部屋にもそれらの書籍がいっぱいちらばっている。事実史的研究は多数あるのだけど、僕は軽薄な（？）記号学者なので、それを原理として整理して考えるのが仕事だ。その原理を、ごく手短に解説すると……。
　まず、自然界に〈徴《signes》〉——原-痕跡《archi-traces》——があった。最近好んで引用する文献は、視覚認知神経学者のマーク・チャンギージーによる研究で、「文字のユニヴァーサル理論」のひとつ。[*12] 文字記号を構成する文字素の脳内情報処理は、空間認知の形態識別と対応しており、自然界を見分ける識別の徴と、文字を認知させる文字素とは緊密に相関していることが知られている。自然界の情報を読み取る脳の活動を、文字を読み取る活動へと振り向けることによって、ヒトは「ニューロン・リサイクリング」の回路を形成して文字を情報処理している。[*13]

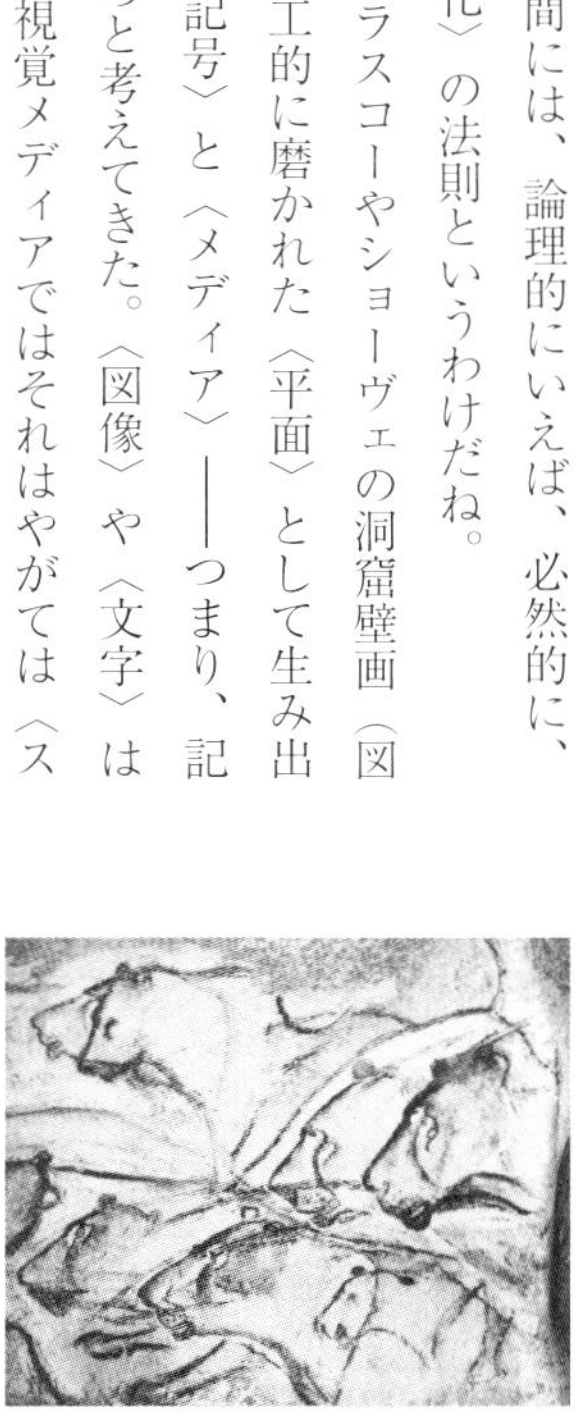

図5　ショーヴェの洞窟壁画

＊12　Mark Changizi, *The Vision Revolution: How the Latest Research Overturns Everything We Thought We Knew About Human Vision*, Benbella Books. 2010. 邦訳 マーク・チャンギージー『ひとの目、驚異の進化——四つの凄い視覚能力があるわけ』柴田裕之訳、合同出版、二〇一二年。

＊13　Stanislas Dehaene, *Reading in the Brain: The New Science of How We Read*, Viking Adult. 2009.

ここから補助線を引くと、自然界の位置関係の見分けの徴——原-文字——が転位されて〈文字〉が発明され、その文字記号が集められて記されるための物質的表面が、大脳皮質の外部化として、文字記入のための〈メディア〉として成立していく過程があったと推論される。次に、その記入表面は、次第に〈平面〉と化していったにちがいなく、しかも、ヒトの視覚意識の記憶化（＝把持）の単位にしたがって、その平面も分節化されていく。つまり、文字を集める〈矩形〉の連続へと収斂していくだろうと推理されるわけだ。これが、〈原-頁《archi-page》〉の成立の原理だね。

M　そうなのだね。そのような表面の成立と矩形単位ができることについては、知覚と記憶の問題も関与していて、ショーヴェの洞窟壁画が〈動画〉のコマ割のように描かれているように、〈文字〉という記号単位が、書記のための表面にのぼり、どのように言語や思考と連動するようになるか、その表面がいかに〈原-頁〉として組織化されていくか。それは同時に、〈脳〉の認知活動を〈手〉が〈書く／描く〉という脳の活動の〈外在化〉なわけだから、本はどのように読まれるのか、とか、文字の読まれ方、読字や読書の認知活動と記憶の組織のされ方、とか、そうした面からも、〈本〉とはいかなる対象なのか、ということが明らかにされる必要がある。〈本〉はクロマニョン人の洞窟壁画からの進化の延長上にあると捉えることが重要だね。

〈時間対象〉としての本

I　それな、それな。〈原-頁〉はスクロールの単位となって、巻物の場合には、その単位ごとに手で繰っていくわけだが、折り畳んだり、切り分けて綴じたりして、〈冊子体〉になっていく。これは、一見、空間化の理論に見えるけれど、同時に、時間化の理論でもある。

アイトラッカーでヒトがどのように文字を読むかを検証すると、行きつ戻りつ、眼球のサッケー

＊14
Edmund Husserl, *Vorlesungen zur Phänomenologie des inneren Zeitbewußtseins.*

＊15
Alan Baddeley, *Working Memory, Thought, and Action,* Oxford University Press, 2007

＊16
Peter Mendelsund, *What we see when we read* Vintage, 2014. 邦訳『本を読んでいるとき何が起きているのか』細谷由依子訳、フィルムアート社、二〇一五年。

ド運動によって意味単位を読み取りながら〈記憶〉に送り込んでいることがわかる（図6）。サッケード運動を繰り返して眼球が文字を情報処理していくあいだに、ヒトの意識の方では、現象学的にいえば、現在時における〈予持〉、〈過去把持〉、さらに〈記憶化〉、という、〈意識の流れ〉にしたがって、〈時間対象〉として本を〈内的時間意識〉の経験をとおして〈読む意識〉を構成していく。[*14] 認知心理学のタームをつかうなら、〈短期記憶〉で現在読んでいる文を処理して、〈長期記憶〉の方へ送り込んでいく。[*15] いずれにしても、本を〈時間対象〉として、内的時間意識をとおして、捉えていく。これが、〈本を読む〉というヒトの活動だね。

　文字列は、決してリニアにのみ読み下されるのではなく、もう一度もどったり、先の展開を予持したり、頁をもどって長期記憶を呼び戻したり、あるいは、本を外部から俯瞰することで、自身の記憶形成を俯瞰したり、という行程を繰り返していくわけで、それは、目の読む活動と頁をくる手の活動が協働することで、成り立っているわけだ。

　西洋の本のように横書きの本を例にとると、今読んでいる頁が〈現在〉の頁、これまで読んできた左側の頁の厚みが〈過去〉、右側の厚みが〈未来〉、〈現在〉の頁でも、今読んでいる数行なりパラグラフに相当する時間の拡がりが、〈原印象〉、〈過去把持〉、〈予持〉という〈現在時の意識〉を構成している。[*16] 現象学的にいえば、このような時間意識の拡がりとして〈本〉は読者の手で頁を繰られていくわけだね。この時間性は、右、左、正面というように、空間性とも連動していて、まさしく〈思考〉と〈記憶〉の〈方向付け〉の道具だというわけだね。イタリア記号学の巨匠がいうように、これこそ一度発明されたら、それ以上はうまく作りようがない。

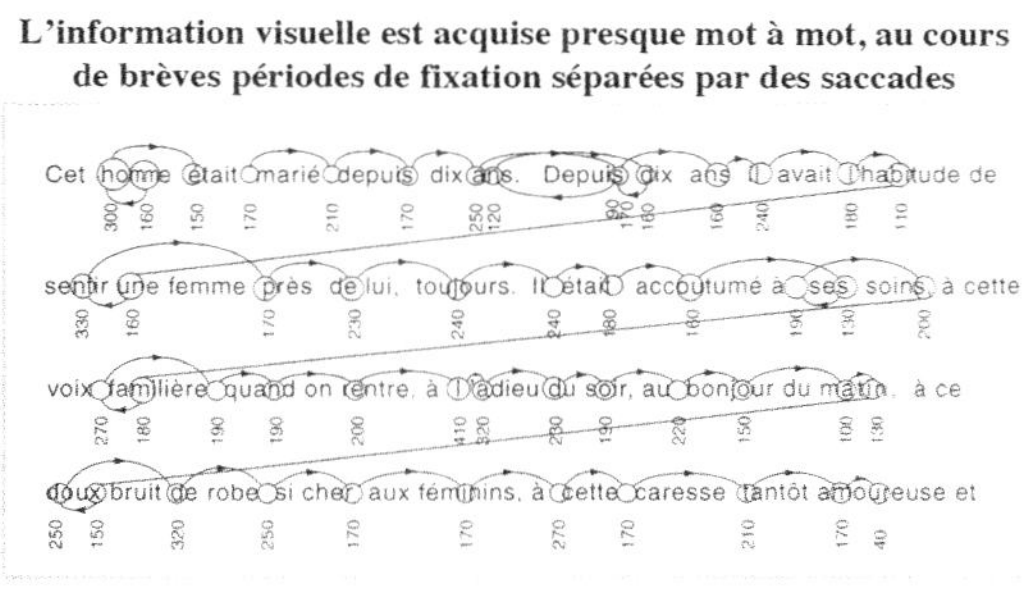

図6　頁の文章を読む眼球サッケード運動を捉えた図（Stanislas Dehaene Mécanismes cérébraux de la lecture. cours au Collège de France. 二〇〇七年四月二六日アクセス https://www.college-de-france.fr/media/stanislas-dehaene/UPL8013777634469931481_Cours_1.pdf）

〈アーキテクチュア〉、〈アーカイヴ〉、〈アルケー〉

M　また、〈章〉とか、〈目次〉や〈索引〉とか、という具合に、〈本〉の内部の構築性《architecture》、つまり〈構造体としての本〉について考えたりする必要もあるだろうね。その辺は、〈本の歴史〉ということになるのかな。

I　それに、〈アーカイヴ《原理的収集庫》〉もその延長上にある、ということになると思う。

洞窟絵画があり、それは動画の〈コマ〉の分節化からなり、次に〈文字〉の発生があり、文字は記入しやすい〈表面〉を求め、その表面が視覚単位として〈矩形〉となり、やがて羊皮紙や紙を得て〈頁〉となり、さらに、その頁という記憶単位を束ねて綴じた〈本〉となり、さらに、その構築性の延長上に、〈図書館〉や〈アーカイヴ《原理的収集庫》〉が構築され、という具合に〈アーキテクチュア〉が組み上がっていく。

君の〈否原理的収集体《Anarchive》〉が、この〈原－本《Archi-livre》〉の作用とどんな関係にあるのか、そこに僕は興味を惹かれるね。

M　君もよく知っているように、〈アーカイヴ《原理的収集庫》〉については、さんざん議論が起こされてきているからね。あの禿頭先生《Foucault》とか、誰彼先生《Derrida》とか。*17 ギリシャ語のArcheが、起源であると同時に方向付け、統制の原理を意味する言葉であったとすれば、〈原－本〉は、その始まりや原初的把持とかかわっている。Anarchive は Archive の統御原理からの逸脱、離脱だろうかね。その離脱作用——誰彼先生《Derrida》の用語でいえば「差延《différance》」——を、電子が担うのか、紙が担うのか、とか、そういう一連の問いがぼくの〈否原理的収集体《Anarchive》〉の実験からは引き出されてくるね。禿頭先生《Foucault》なら、〈本〉の「アルケオロジー」と「アナルケオロジー」の問題と言っただろうかね。

I　君の〈否原理的収集体《Anarchive》〉の場合、バインダーが可動的な〈アルケー（統御）〉の役割を果たし

＊17
Michel Foucault. *L'archéologie du savoir*. Gallimard. 1969; Jacques Derrida. *Mal d'archive: une impression freudienne*, Galilée. 1995.

ているね。バインダーが〈アルケー〉だとすると、それぞれの作品に対応する冊子《fascicule》は、それに従うようでいて、その原理と〈戯れる〉ようにして組み替わる。そして、さらに紙の〈頁〉からは〈イメージ〉が〈アナモルフォーズ〉のように立ち上がる。じつに精妙な仕掛けだね、この〈本〉は。

M　バインダーが〈アルケー〉というのもなるほど、と。今までの全作品の〈記憶〉を紙の文章も動画イメージも含めて〈バインド〉（束ねて）しているわけだからね。で、イタリアの巨匠の言葉に戻ると、〈読む〉という「機能」は、まず、〈紙の本〉を読む・めくる・本の背や腹をいじる、もどって読み返す。閉じて、本棚や書庫にしまう、また再び、あるとき取り出す、など、いくつもの動作の「シンタクス」をつくることで成立している。

I　この〈本〉では、そのシンタクスと並行して、〈並行統辞《parataxe》〉をつくるのが、電子メディアのセミオーシスで、〈私板《IPad》〉をとおして動画を読む、指で私板をいじる——これらは、ヒトが〈読む〉わけだね。他方、〈私板〉自身が〈マーカー〉を〈読む〉という〈読み〉もここには働いている。そして、私板が〈マーカー〉を読み始めると、私板は次々に動画を勝手に〈読ん〉じゃう。その〈読み〉をとおしてヒトに〈読ませ〉ちゃう。

　そこから、意外なことなんだが、〈技術的対象〉として本をとらえ返せば、紙の〈本〉も〈読ませ〉ている、ということがいまさらのように、浮かび上がってくる。僕たちは普段、紙の本を〈読んでいる〉と思っているんだが、実は、紙の本に〈読ませられ〉ている、というレヴェルがあるわけだ。〈読む意識〉が〈受動綜合〉されているわけだ。

　電子の〈本〉による紙の本の拡張というのは〈原-本〉の〈読ませる〉活動を〈拡張〉している（図7）ということが分かってくるわけだ。そこが、電子メディアの道具性・代補性ということの核心なんだね。

図7　藤幡正樹「ルスカの部屋」（2004）

Ⅲ 〈本〉の記号論

〔略〕

Ⅳ 電子の〈文字〉と〈文字空間〉

〔略〕

Ⅴ 「AR」の部屋

I 君の「留守家《ルスカ》の部屋」のレーザー光線ビームのようなコンピュータの光速度の電子の明滅によって、僕たちの時空間はスキャンされるようになってきている（図7）。君の「超頁《Beyond Pages》」が示したように、本は、電子的な「超頁」と重ね書きされうるようになってきている（図8）。君の『モレルのパノラマ』が示したように、表象も記号列に置き換えれば内からも外からも見ることができる帯に替えることができる（図9）。君の『生きてる叫び《Voices of aliveness》』みたいに、時空のなかの〈生の叫び〉を彫刻化することもできるようになった（図10）。

M そんなふうに、「ハイパーテキスト」は、「ハイパーメディア」化へと進み、ここにまた、図書

図8 藤幡正樹「Beyond Pages」（1995）

図9 藤幡正樹「モレルのパノラマ」（2003）

館化した世界にとって巨大な問題系が現われたわけだね。僕の〈本ではない本《Anarchive n°6》〉は、じつは、この問題を考えてもらう取組みなんだね。〈AR〉という技術をことさらに選んだのは実はそこなのだね。

I 『襞、ライプニッツとバロック』を書いた度忩男《Gilles Deleuze》のいうように、バロックの時代の〈モナドの部屋〉は二階建てになっていて、地階では、質料の襞が、形として上階へと登っていくという構造になっている。[*18] 地階が、質料とか身体や本能とかのレヴェル、上階が形相と精神のレヴェルと考えればいい。つまり、知覚−表象系の部屋は地階で、上階は意識−思考系の部屋と、まあ考えればいい。

M 来仏尼陀師《Leibniz》と度忩男《Gilles Deleuze》は、〈本〉や〈読書室 cabinet de lecture〉もモナドとしてとらえていて、これを今の時代に移すとすれば、それらすべてはデジタル建築と化していると考えてみよう。

I で、ここでの思考実験は、この君のARの〈本とは言えないかもしれない本〉を、〈未来の本〉と仮定して、その〈モナド〉の延長上で、宇宙と同値となった〈普遍図書館〉を映し出してみようという〈モナドロジーの試み〉なんだ。

そこで、この〈AR本〉を〈未来〉の本と仮定して、そこから補助線を引くと、その延長上で、いまの時代の〈モナドの部屋〉を構想することができるとおもう。

いまでは、この世のすべてのエレメントは、ルクレティウスの原子のように、デジタルな電子粒子となって流れている。そして、君の「留守家《ルスカ》の部屋」のレーザービームのような電子の明滅によって、僕たちの時空間はリアルタイムでスキャンされて〈像〉がつくられている。その像のつくられ方は、もはや、人間の目を通したものとは限らなくて、君の「モレルのパノラマ」のように、僕たちがいま見ている三六〇度の四方のパノラマを同時に外側からも見ることができてしまうし、君

*18
Gilles Deleuze *Le pli, Leibniz et le baroque*, Minuit 1988

図10 藤幡正樹「Voices of Aliveness」(2012)

のヴァーチャルな体を「無分別な鏡《Unreflexive Mirror》」（図11）に映し出してみることもできてしまうし、喜怒哀楽の「生の叫び《Voices of aliveness》」を実世界時間の彫刻の中に標本化することもできてしまう。これらすべての知覚と表象が可能になったのは、痕跡がデジタル化して、プログラムをとおして変換し、高速レンダリングできるようになったからだよね。つまり、計算マシンによって、僕たちの感性的経験をつかさどる知覚・表象器官のデジタルな補綴が可能になって、僕たちの感性的経験の成立条件が変容した。

　これを石田の「記号の正逆ピラミッド」の図式（図12）で解説すると、「逆ピラミッド」の部分が、このデジタルな補綴＝前定立《prosthesis》を担当しているわけだよね。[19] パースのシンボル・アイコン・インデックスという〈記号のピラミッド〉に対して、プログラム・デジタル・アナログという〈情報の逆ピラミッド〉がつねに界面をつくっているのが情報化した世界における記号生活だという図式だね。これが、われわれの時代のモナドのメディア・コンディションということになる。

M　そうだね、来仏尼陀《Leibniz》師の時代には、これがバロック様式でできていたから、光学装置がメディア基盤をつくっていたわけだね。度忘男《Gilles Deleuze》がデッサンしているようにね（図13）。知覚を表象に変える感覚器官の補助具としては、カメラオブスキュラとかレンズを使った遠近法とか鏡によるアナモルフォーズとかが基本技術になっていた。バロックの家には、地階の小さな孔から光が透過して五感に知覚されて表象に換えられていた。

I　ところで、そうした〈身体〉の部分を地階だとすると、そこから間接光として採光された光が、階上の〈心〉の方へ昇っていく。そこには「幕」が張られていて、その幕には生得的な「襞」が……というのが、ライプニッツの持論だったよね。『人間知性新論』のこの箇所だね。[20]

〔略〕

M　そう、まさしく、この〈モナドの部屋〉の地階から、膜が張られた上階へと「物事の形質の印

図11　藤幡正樹「無分別な鏡」(2005)

＊19　石田英敬『大人のためのメディア論講義』ちくま新書、二〇一六年、一二九頁。

＊20　ライプニッツ『人間知性新論』米山優訳、みすず書房、一九八七年、一一三―一一四頁。

象に由来する」「襞」が及んでいくというわけだね。ぼくの〈AR本〉にもどると、マーカーをとおして〈私板〉《IPad》が読み込んでいた「像」が、折り畳まれた〈本〉の「襞」のなかに取り込まれていくという、そういうプロセスを考えればいいのかな。

I　そうだね。石田の図式でいうと、そこは、「正ピラミッド」の部分で、マーカーという指示子《index》からはじまって、像《icon》から文字《letter》へと読み込まれていく過程だと理解することができるね。つまり、この君の〈AR本〉がその内部に潜めている、〈モナド構造〉があって、ハイパーメディアからハイパーテキスト、さらに電子の本から紙の本へと、連続的に、〈読み〉のプロセス——それをパースであれば「解釈作用」と呼んだだろう——を成り立たせているわけだ。

M　なるほど、君のいうAugmented Readingの意味がよく分かった。ハイパーメディア、ハイパーテキスト、電子の本、紙の本を貫いて、読みのセミオーシスを成り立たせるのが〈AR本〉というわけだね。

　本が折り畳まれているということが、記憶の襞をつくる仕掛けだということだったけれど、たしかに、本は読み込めば読み込むほど、よれよれになるほど、皺つまり襞が重ねられていって、何度も読まれるということは、それだけ固有な襞がつけられていくということだということはわかった。これは、電子のハイパーテキストに置き換えると、鉄人《Ted Nelson》がいうように、それぞれの文書の読みの回がそれぞれ固有のヴァージョンであって、読みこむほどに、あるいは注釈をつけ、あるいは関連ドキュメントとリンクを重ね、あるいは上書きされるなどして、ハイパーテキストも読みの層と道筋を多数化していくということを意味しているね。そのように襞を重ねることで、モナドは明るさを増していく、と。ま、こういうわけだね。

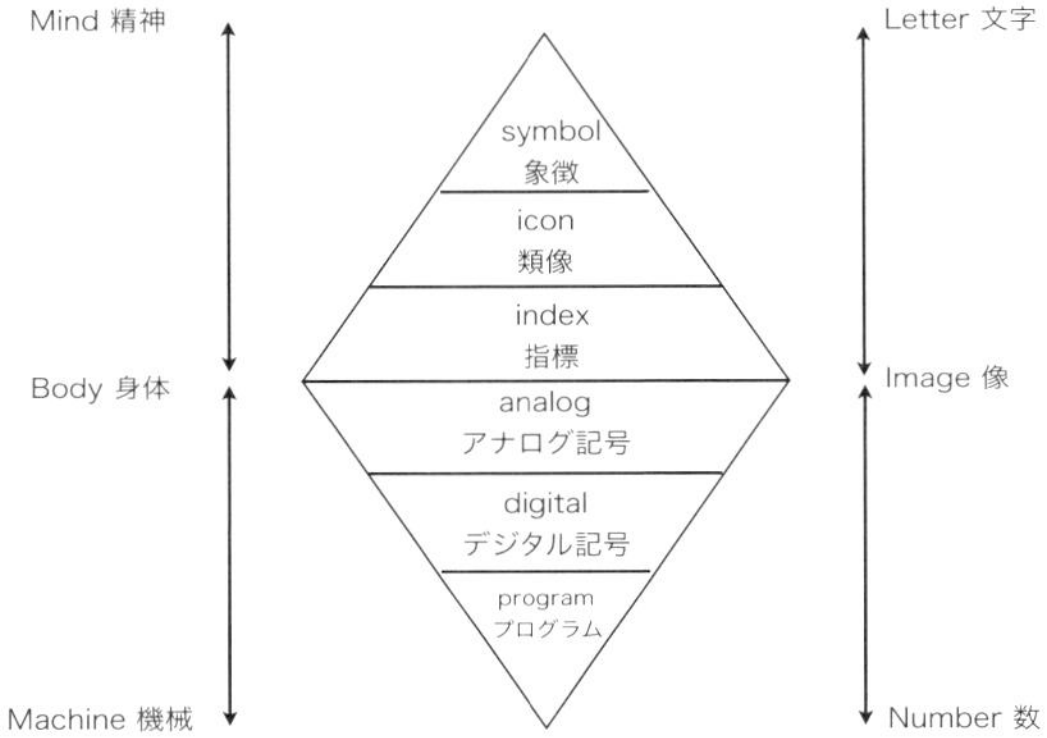

図12　「記号のピラミッド」と「記号の逆ピラミッド」　象徴・類像・指標からなる「記号のピラミッド」に対して、デジタル・メディアにおいてはアナログ記号・デジタル記号・プログラムの三つの階層からなる情報記号の組成が界面をつくり、精神と機械が身体を界面に、また文字と数が像を界面に、向き合う構造となることを示している（石田前掲書、一二九頁）。

I　そうなんだね。だから、君の〈AR本〉から外挿すると見えてくる、〈モナドの部屋〉のイメージがこれではっきりしてきたと思う。フィラレート、つまり、ロックは、心は何も書かれていない石板（タブラ・ラサ）のようなものだと捉えていた。〈私板《iPad》〉には何でも映し出すことができる、という経験論の立場だね。ところが、テオフィルの考えでは、その部屋が「人間知性」の装置になるためには、そこには「生得的」および「新たな襞」が折り畳まれている必要がある。〈私板《iPad》〉に任意の像やテキストを受けとっているだけでは、「人間知性」にはまだ不足しているというわけだよね。

M　だから襞が必要である。あるいは、尼爾森鉄人《Ted Nelson》の「上都《Xanadu》」計画のように、双方向的なリンクによるハイパーテキストの複襞化《complex》が求められる。[*21] そのとき、はじめて、〈モナドの部屋〉が見えてくる。

I　ところが、ぼくたちの〈私板《iPad》〉はまだ、スレート状で、そこから、「黙示録の四騎士GAFA」の支配が進んでいるわけだ。書物が解体され、頁にバラバラにされたあげく、図書館も百科事典も書物も区別がつかなくなり、数理統計的にデータ処理される情報の流れに人びとが押し流されて、サーチエンジンを手がかりに誘導されていく。そんな世界に行き着いてしまったのが、この〈普遍図書館化された世界〉なんだ。

M　で、どうすればいいかだが。君に考えはあるの？

I　先日亡くなったあのイタリア記号学の巨匠は、マッキントッシュというのはプロテスタントだ、という有名な喩えを残した人でもあるんだね。〈私板〉がスレート状で、その表面にいろいろな書き込みをシステムの方ができるとすると、それは、あのフィラレートの立場を具体化するためのインタフェースだと思えてくる。つまり、ジョン・ロックの「心はタブラ・ラサされた石板であ

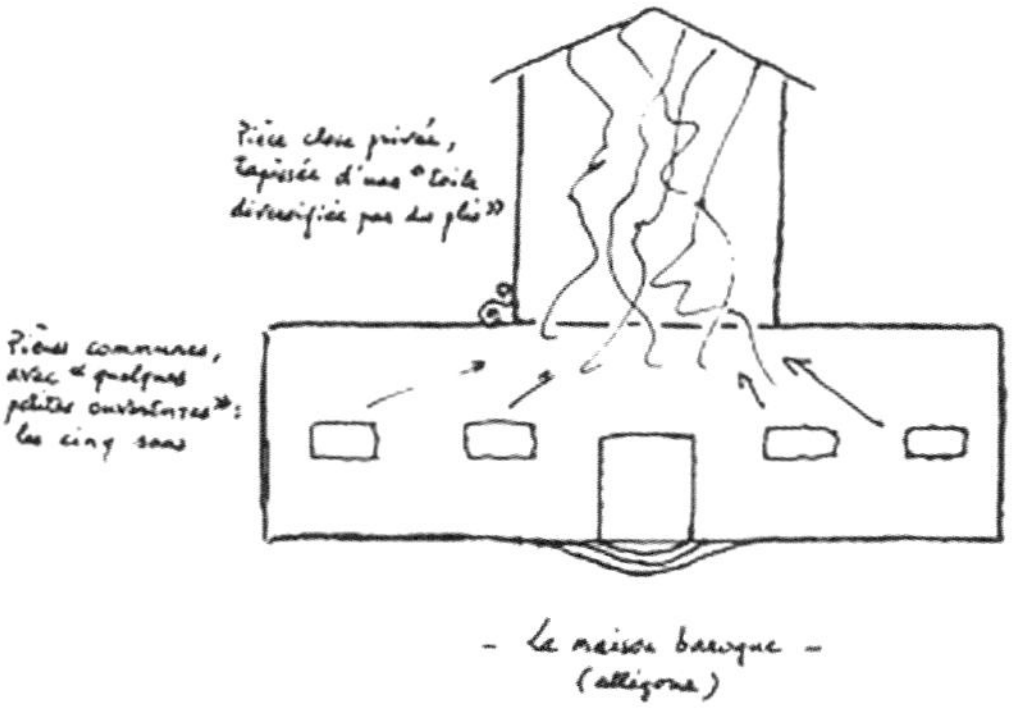

図13　ドゥルーズ「バロックの家」による「モナド」のアレゴリー（Gilles Deleuze Le pli. Leibniz et le baroque. Minuit 1988, p.7）

*21　PROJECT XANADU http://xanadu.com

る」というね、その伝統の延長上で今日の〈普遍図書館化《WWW》〉は起こっていないだろうか。もし心が〈心の装置〉を通してタブラ・ラサ可能で、システムの方が書き込み可能だとしたら、現在の〈普遍図書館計画《WWW》〉は、全体主義に向かっている可能性が高いね。

他方で、テオフィルの立場はモナドロジー的なもので、心は石板ではなくて、〈襞をたたえた幕〉であるという立場だったよね。ぼくたちの対話でも語られてきたように、〈心の襞〉との界面を作りうるのは、タブララサ可能な平板な石板よりは、いつも折り畳まれ、しわくちゃになるまで襞を蓄えることができる〈紙〉なのだと思うね。それで、君のAR本が示しているように、〈私板〉との界面には、やはり当面のあいだは、〈紙の本の頁〉が来なければいけないと思うね。それが、君が〈拡張読書《Augmented Reading》〉装置としてこの〈本〉をつくった狙いだったのではないかな。これからの〈本〉は、〈紙の本〉を〈電子の本〉で拡張する〈拡張された読書《Augmented Reading》〉のための本である。電子時代の〈本〉はそのような〈心の襞〉の補助具でなくてはならない、と。それこそ、新しい時代に〈人間知性の改革〉へと導く道だと、ぼくは思うね。

器官学《オルガノロジー》、薬方学《ファルマコロジー》、デジタル・スタディーズ

ベルナール・スティグレール
（西兼志訳）

石田英敬氏、キム・ソンド氏と、デジタル・スタディーズ、グラマトロジー、そして、文字化の関係について議論し、痕跡、原-痕跡、原-エクリチュール——この問題は、ジャック・デリダが問うたものですが、おそらくはデリダを超えて行くことにもなるでしょう——についての新たな展開としてのデジタル・スタディーズの問題を提起する機会を頂けてとてもうれしく思います。

発表のタイトルは「器官学《オルガノロジー》（organologie）、薬方学《ファルマコロジー》（pharmacologie）、デジタル・スタディーズ」としました。ここでわたしが述べたいと考えているのは、なぜ、痕跡の問題、なかでもデジタルな痕跡の問題に取り組むには器官学から出発しなければならず、またなぜ、このような器官学は必然的にまた薬方学でもあるのか、ということです。

ご存じのように、ファルマコンの問いを立てたのはデリダです。そしてそれはまず、読むことの問いとしてでした。それは一方で、読むこと=書くこと（エクリチュール）であり、他方で、読むことはつねに読むことの代補であり、代補の論理だという主張でした。そして、それは痕跡一般に当てはまることです。

その意味で、私たちが今日、ここで、読むという実践を、デジタルな痕跡の時代に、石田英敬氏

が「ハイブリッド・リーディング」と呼んでいるものとして検討しながら、デジタル・スタディーズについて議論するのは偶然ではありません。

私たちもＩＲＩ〔ポンピドゥーセンター・リサーチ＆イノベーション研究所〕で、参加的アノテーションとして、このような問題に取り組んでいます。もし時間があるなら（おそらく、討議で改め触れることになるでしょうが）、痕跡の概念が、デリダでは『声と現象』で、フッサールの『論理学研究』の批判的な読解に由来するものであることを確認したいと思います。

そこで、デリダは、フッサールの第一次過去把持と第二次過去把持の対立関係を斥けています。第一次過去把持とは、いまここで経過していく時間流において私が把持しているものであり、このような過去把持を保持し蓄積していくことで、時間の知覚も含めて、知覚の時間を構制するものです。それに対して、第二次過去把持とは、これらの第一次過去把持が過去のものとなったときに、記憶において残存するもののことです。

私自身はデリダに従って、これら二つの過去把持を対立させない道を選びました。より正確にいえば、デリダを拡張し、第一次過去把持とは、私の記憶を構制する第二次過去把持によってかたちづくられた選択基準による第一次的な選択だと考えています。

こうして、たとえば、いま、私がしているように、誰かが話しているとき、それを聞いている人たちはすべて違ったことを聞き取っているのであり、その意味で、言っていることを解釈しているわけです。こういう次第であるのは、聞いている人はすべて、隣の人とは異なった記憶を持っているからにほかなりません。

こうして、厳密な意味でデリダ的な道からは離れることになりました。一方では、対立させないということは、区別しなくなるということではないと主張し、そうすることで、第一次的なものと第二次的なものの差異を曖昧にするのではなく、むしろ明確にしました。他方では、第一次過去把持と第二次過去把持が分節されるとき、第三次過去把持、すなわち、人工的な複製と、時間の反復すなわち空間化とを可能にする非生物的な痕跡も考慮に入れねばならなくなることを示そうとしました。そして、最後に、それぞれの第三次過去把持を、文字化のプロセスに照らし合わして分析しました。このプロセスによって、壁画とともに後期旧石器時代に始まる現生人類の歴史が幕開けますが、それは人類の進化が新たな段階に達するたびに、第一次過去把持と第二次過去把持のあいだの組合わせ——すなわちまた、未来予持、予期、先取りのような前方投射——を変容させるものです。

私は『技術と時間3——映画の時間と〈難-存在〉の問題』[*1]で、第一次・第二次・第三次の過去把持、そして、そこで形成される未来予持の働きが、カントの『純粋理性批判』の初版で描き出された三つの想像力の総合をなすものだと主張しました。さらに、カントのいう「図式機能」が第三次過去把持によって条件づけられているとも主張しました。カントによれば、経験は、直観の所与からなっており、その所与を悟性が概念の下に取り集めます。そして、カントが直観の多様性と呼ぶものの、概念の下での統一を可能にするのが、図式です。私は、この図式が、第三次過去把持として考えるべき代補だと考えたのです。カントのいう理性は、目的の支配をなす予期の地平をかたちづくっています。しかし、カントでは、この目的は、自律として考えられた理性が生み出すものなのですが、未来予持の可能性を条件づける第三次過去把持の図式機能は考慮されていません。

IRI、そして、デジタル・スタディーズ・ネットワークにおいて、私たちは、デジタル技術によって、知の実践のみならず、知の対象がまったく配置換えされると考えています。というのも、デジタル技術は第三次過去把持として、新たな図式機能を構制するからです。デジタルの第三次過

*1 ベルナール・スティグレール『技術と時間3——映画の時間と〈難-存在〉の問題』法政大学出版局、二〇一三年。

去把持によって、第一次過去把持（カントが「直観の所与」と呼んだもの）と第二次過去把持（悟性の概念が形成される条件）の組合わせ――この組合わせが、合理的（すなわち、理性の存立として無限に前方投射可能）な未来予持の前方投射の条件です――が根本的に変容されるのです。より正確にいえば、デジタルの第三次過去把持によって、悟性の分析的な力を自動化することと同時に、直観の所与をシミュレートし、それに取って替わることが可能になります。こうして、デジタルの第三次過去把持は、根本的に新しい基礎の上に、理性を構制する解釈的な総合の問いを立てることになるのです。

このように、極めて「思弁的に」探求しているわけですが、それと同時に、私たちはそれを「器官学的に」、すなわち、直観、悟性、理性のために新しいツールを作ることによって、具体化し、実験することも試みています。これらの道具のなかで、ハイブリッド・リーディングのツールは、私たちがもっとも注目しているものです。

＊

デジタル・スタディーズの研究プログラムは、同時代的なさまざまな展望と響き合ったものです。そのなかには、もちろん、デヴィッド・ベリーが、デジタル技術によって生み出される人文科学におけるコンピュータ的転回を論じながら提示するデジタル・ヒューマニティーズも含まれます。

しかしながら、デジタル・スタディーズを、デジタルの第三次過去把持についての研究だけではなく、器官学的・薬方学的アプローチとしても定義するかぎりにおいて、人類学における比較的最近の研究が切り開いた展望にも連なるものと私たちは考えています。たとえば、それは、マーリン・ドナルドやキム・ステレルニー、マイケル・トマセロらの研究、あるいは、*The New Scientist* 誌の最近の論文が問うていた問いなどのことです。

もちろん、デジタル・スタディーズ・ネットワークのメンバーたちの研究、たとえば、デヴィッド・ベイツの自動化やサイバネティックスの歴史を再評価する研究や、ウォーレン・サックのソフトウェア・スタディーズについての研究にも依拠しています。

*

デジタル技術は、シモン・ノラとアラン・マンクが一九七八年にすでに述べたように、西洋の古典古代時代の文字の誕生に比肩する知的・考古学的な変動をなすものです。

精神の生が本質的に外在化、すなわち、表現の条件——それはまた、書き込みの条件でもあるわけですが——から構制されているのだとすれば、技術的な外在性、そして、それが逆に引き起こす内在化のプロセスのデジタル技術による進展は、精神の新たな時代、精神の新たな生、デジタル技術という新たな文字によって可能になる新たな精神を構制することになるでしょう。それは、アラン・チューリングによれば、精神そのものを全体として考え直さねばならなくするものです。

IRIとデジタル・スタディーズ・ネットワークでは、器官学および薬方学の観点から、次のように考えています。

1 ルロワ＝グーランのいう、手、そして、足、すなわち、二足歩行によって始まる技術的外在化は、今日では、アレン・ブキャナンが言うように、「エンハンスメント」のことなわけですが、外在化はつねに、精神の生の萎縮を引き起こす可能性があるものです。

2 アカデミックな制度や公的な権力の役割は、有害なファルマコンが治癒的なものとなるような治療実践を育てることにあります。そのために、現在、デジタル技術というこの時代のファルマコンに対して、それが治癒的、すなわち、さまざまな知を破壊するのではなく、新たな知を導くようにするために、なしうる、そして、なすべきケアについて、あらゆるかたちの知――実践知、生活知、理論知――の誕生において、ルロワ＝グーランの描き出す外在化のプロセス――それは「技術的生」（ここでは、この言葉を、カンギレーム的な意味で使っています）を特徴づけるものです――が果たした役割を検討する必要があります。

このプロセスはつねに、有毒なものを生み出し、治療的な対策――法や教育、規律、自己の技術など――がなければ、〈必然的に〉有益さよりも有害さをもたらすと考えています。

この有毒さはつねに脅威ですが、アレン・ブキャナンはその著作のタイトルに反して原理的にそれを取り逃しています。逆に、ニコラス・カーがその著作で考えるのを放棄したのは、ファルマコンの潜在的な有益さです。かれは、それをもはや信じていないのです。

私としては、このような不信が、脳と技術の関係について、すなわち、有機的（organique）な現実から、器官のあいだの関係を根本的に変更する、私が器官学的と呼ぶ現実へと人間を移行させるものについての認識論的な誤りから生じたものであることを明らかにしたいと思います。

＊

私がここで擁護する薬方学の観点は、新しいものではありません。いくつかの点では、プラトンによるものであり、それは、エリック・ハヴロックが一九六三年に、ウォルター・オングが一九八二年に、メアリアン・ウルフが二〇〇八年に、ニコラス・カーが二〇一一年に、そして、もちろんジャック・デリダが『テル・ケル』誌で一九六八年に触れているとおりです。しかし、デリダにおいても、有益な薬方学は存在していません。

このような十全に引き受けられた、すなわち、ファルマコンの有毒性と同時に治癒効果を二つながらに還元不可能な原理とする薬方学は、現代のファルマコンの治療実践たろうとするなら、私たちのいう知の器官学を前提にしています。そして、この知の器官学自体は、一般器官学を前提にしています。

私は三十年近く前に、先に触れた外在化のプロセス、特に、アウストラロピテクスとネアンデルタール人のあいだにおける脳の皮質化のプロセスとしてルロワ゠グーランが描き、概念化したものからジョルジュ・カンギレームが技術的生と呼んだものの一般器官学の原理の素描を試みました。そこでは大脳新皮質の拡大と石器の進化を対置し、二百万年のあいだに技術進化は生物学的な淘汰の圧力から解放され、いわば、技術論理的（technologique）な淘汰の道へと踏み出したことを示しています。

たしかに、ルロワ゠グーランは、ダーウィン的な観点を放棄せねばならないとまでは言っていません。一九六五年といえば、分子生物学の全盛期であり、そのような観点を主張するのは困難でしょう。しかしながら、カンギレームは、一九四三年に次のように書いたとき、このような観点を見てとっていたのです。

人間が、変化できる唯一の種であることが今や明らかになっている。人間の自然な器官が、長期的に、これらの器官の力を増幅した、そして、増幅する人工の器官の影響を示す可能性があると想定することは馬鹿げたことだろうか？

一般器官学は、生存競争と自然淘汰から生じた生命には還元不可能だという点で、技術的生が新たなかたちの生をなすと考えるものです。技術的生は人工的な淘汰、すなわち、技術的で社会的な淘汰の基準を導入します。それは、みずからを変化させ、それによって直接に、その環境を変化させることができる生のことです。そして、フロイトのいう心的装置――アリストテレスが知性的霊魂と呼んだものの近代的な名称――が形成されるのは、このような人工的な淘汰の基準を内在化することによってです。

エレーヌ・ミアレのスティーヴン・ホーキング博士についての最近の著作[*2]は、このような生物の人工化がどの程度までその知性化の条件であるかを示しています。ホーキング博士は、巨大な道具的な、すなわち、器官学的な集合の指揮者のようなものなのです。ミアレの著作の英語版のサブタイトル（*Stephen Hawking and the Anthropology of the Knowing Subject*）を確認しておきましょう。そこで問題になっているのは、「認知」（cognition）ではなく、「knowledge」すなわち「知」（savoir）であり、「知を有する人間」（knowing subject）の人類学を練り上げることなのです。

ニコラス・カーがその『ネット・バカ――インターネットがわたしたちの脳にしていること』[*3]（*The Shallows: What the Internet Is Doing to Our Brains*）ではっきりとは見てとっていないように思われるのは、この認知の問いから知の問いへの移行です。カーは、プラトンやエリック・ハヴロック、ウォルター・オング、メアリアン・ウルフに言及しながら、紀元前五世紀のアテネで、すぐれて人工的な知の器官である文字という人工物が、当時の知の器官学的な基底材であり、アテネの知性的な環境をなしており、プラトンが内的記憶（anamnēsis）と呼んだ記憶を破壊するもののよ

＊2 エレーヌ・ミアレ『ホーキング Inc.』柏書房、二〇一四年。

＊3 ニコラス・G・カー『ネット・バカ――インターネットがわたしたちの脳にしていること』青土社、二〇一〇年。

うに思われていたことを確認しています。

カーはこの点を強調してから、ハヴロックとオングの観点を取り上げ、ディープ・アテンションが――かれは、このディープ・アテンションを、深さを必然的に破壊してしまうと考えているデジタルのファルマコンから守ろうとしているわけですが――オングが言ったように、文字によって可能になったものであることを示します。

オングによれば、プラトンの哲学的な意味で分析的な思考が可能だったのは、文字が精神的なプロセスに対して持つようになった効果によってのみのことであった。[*4]

ディープ・リーディングとディープ・アテンションは、記憶技術の獲得によって条件づけられた歴史的な知性的獲得です。文字を備えた脳――メアリアン・ウルフが問題にしている知性的な脳であり、ウォルター・オングのいう「文字的精神」(literate mind)を基礎づける「読む脳」(reading brain)――は文字の技術的な内在化によって構制されるのであり、それによって脳の有機構成が深いレベルで再配置されるのです。それは、メアリアン・ウルフをはじめとして、スタニスラス・ドゥアンヌやレフ・ヴィゴツキーが示していることです。

カーに従うなら、記憶を技術的に外在化するアルファベットによって可能になることが、もうひとつの技術的外在化、すなわち、デジタル技術によっては不可能になるというわけです。こうして、カーは、電子的記憶は、有機体の記憶を破壊する可能性しかないということを原理としてしまいます。

＊4　同上。

極めて変化の大きい生物学的・科学的・電気的・遺伝的信号によって統御されている人間の記憶のあらゆる側面には、実際上、無限の段階がある。それに対して、コンピューターの記憶は、0と1という単純な二進法のかたちを取り、それが、開いているか閉じているかだけで、そのあいだのない固定された回路によって処理されるのだ。[*5]

このような見方は、合理的な知的活動が形成される際に文字が果たした役割についてカーが擁護している観点とまったく矛盾しています。あたかも、紙やパピルス、羊皮紙、大理石に刻まれた文字は、脳という器官に収められた生きた記憶と変わるところがないかのようです（すでにタモス王が、テウトに対して反論していた主張です）。

ここでカーが取り逃しているのは、心的装置が、脳に起源を有しながらも、脳には還元されず、脳だけではなく、社会、すなわち、この脳が関係を持つその他の脳にも存在する象徴的装置を経るものだということです。これらの脳のあいだの関係が結合的で対話的な環境をかたちづくっており、この環境のなかで、心的装置、すなわち、心的個体化の潜勢力は配置されるのです。ここで、「これらの脳のあいだ」という表現が意味するのは、あらゆる技術的生を条件づける人工的な記憶のメディアのなかに、あるいは、その上にある、ということです。

心的個体化は、ジルベール・シモンドンが教えるように、そのままで、集団的個体化でもあります。それはなによりまず、心的個体化がつねに、横断個体化への参加だからです。カーは、「生物学的」記憶が技術的記憶とまったく異なったかたちで有機構成されていると主張し、この有機的ではなく、器官学的なまったく異なった有機構成が、〈有機的記憶を脱有機構成し、そして、もはや有機的にではなく器官学的に再有機構成することで〉、有機的記憶に何ものかをもたらす可能性が

＊5　同上。

あることを排除しているわけです。そうすることで、

1 カーは、ディープ・アテンションの形成において文字で記された記憶について述べたことに矛盾しています。

2 外的すなわち技術的記憶と、内的すなわち生物的記憶が、起源からして、無関係だと前提しています。

しかし、そうではなく、有機的な生きた記憶から区別せねばならないのは、器官学的な生きた記憶——たとえば、ハヴロックやオング、ウルフらが描き出している記憶——なのです。この器官学的な記憶とは、外的記憶の基底材から構制された痕跡を内在化するものです。

技術的生において、有機的なもの一般、なかでも、脳という有機的なものは、心的・技術的・集団的という三重の個体化のプロセスを通して、器官学的なものによって再有機構成されます。

＊

これらの一般的な考察から、私たちは次のような提起をしたいと思います。

まず第一に、知とは、横断個体化の回路です。そして、この横断個体化の回路が、情報だけでなく、知を生み出すのは、その知が向けられた個体たちがこの回路を内在化し、この社会的な器官学に応じて、脳という有機的なものを配置し直そうとするときです。つまり、このような横断個体化の回路を、シナプスの回路として内在化し、そしてその回路が単に社会的な個体

化のプロセスだけではなく、心的個体化のプロセスをも構制するときなのです。
これは、社会的な個体化でもないような心的個体化は存在しないというシモンドンの議論が脳において表現されたものです。それはまた、ヴィゴツキーの考えを表現したものでもあります。

第二に、このような再‐有機構成は、不完全で有害となる可能性もあるものです。有機的なものへと向かう退行的な脱有機構成を引き起こし、心的個体の脱個体化を惹起し、心的装置の一部をショートカットする自動反復を生み出し、招き寄せることもありうるのです。それは、ニューロ・マーケティングや神経経済学の大きな課題のひとつなのですが、この点について、これ以上論じる時間はありません。この脱個体化は、経済的・政治的課題です。

第三に、心的個体化と、技術的個体化に媒介された集団的個体化の関係の問題は、オングが文字について示したように、分析的という意味で、カテゴリー化（範疇化）の問題として現われてきます。

カテゴリー化は哲学では、『国家』以来、プラトンが「分離」（chorismos）と示したもののアプリオリな領域から考えられてきました。弁証論がその科学であり、このカテゴリー化に続いて、アリストテレスのカテゴリー表が生み出されました。それが今度は、いわゆる形式論理学へと至り、カントやフッサールの意味での超越論的論理学を構制することになります。
この超越論的論理学は、ソクラテスが『メノン』のアポリアに対して、メノンの奴隷に図形の面積を計算させ、内的記憶の概念によって与えた答えを二千年後に表わしたものです。これは、内的記憶の問いであり、『パイドロス』では、外的記憶には還元できないと主張されることになります。しかしながら、内的記憶は、外的記憶を起源とする横断的個体化の回路の内在化を前提しているのです。それは、プラトンが見逃したことですが、逆に、フッサールが一九三六年に『幾何学の起源』において発見するものです。

＊

今日、カテゴリー化の問題については、ティム・バーナズ・リーが「哲学的エンジニアリング」として検討しています。

このような文脈において、カテゴリー化の問題は、アノテーションの問題から構想されねばならないと考えます。そして、カテゴリー化を行なうコンセプター（concepteur）――概念化することとは、カテゴリー化することです――は実のところ、広い意味でのインデキシング、アノテーションを安定化させているのだと原理的に提起します。それを行なうのは、ヒュームが連合と連合的な前方投射のプロセス――外的記憶という過去把持（フッサールの第一次過去把持と第二次過去把持という概念をふまえて、私が「第三次過去把持」と呼ぶもの、すなわち、記憶技術の基底材が実現する人工的な過去把持）を通して、歴史的に安定化された連合と交差するプロセス――、そして、集団的記憶として描き出したプロセスを通して、記憶において構制されるカテゴリーを生み出し、前方投射しながらのことです。そして、集団的記憶は、いわゆるアカデミックな学問分野の世界、そして、シモンドンのいう横断個体的なもの、すなわち、意味作用を形成する横断個体化の回路によって構制されるものです。

思考とは、個別言語的な、すなわち、心的個体がみずからの過去把持の蓄積から生み出すカテゴリー化のプロセスを、外的記憶の痕跡と分節するもののことです。心的個体とは、新たな横断個体化のプロセスを形成するために構制される横断的個体化の回路と調整するもののことなのです。

＊

ＩＲＩで私たちは、二年前からこれらのテーマについて、厳密で、〈集団的に前方投射された〉カテゴリー化に資するアノテーション技術のプロトタイプを開発することを目指して、セミナーを始めています。

私たちは、デジタル技術に対する器官学的なアプローチが、理論的であると同時に実践的、すなわち実験的なアプローチとしてしか生まれえないと考えています。この場合の実験は、参加的な研究と私たちが呼ぶものからしか生まれてきません。

こうして、いま、私たちは、アノテーションやインデキシング、編集、ソーシャル・ネットワーキングのツールをめぐる研究を進めています。、より正確に述べるならば、論争の器官学を構制するツールです。それは、ソーシャル・ウェブを介したカテゴリー化を、演算的な、純粋に演算的な規則に従って自動化可能で分析可能なセマンティック・ウェブから生まれるものと結びつけられるようにするものです。

私たちは、これら二つを結びつけることのみが未来を構制するのだと考えています。しかし、それは、アノテーションを行なう人たちや論争を行なう共同体のために道具を構制することを前提しています。それらの道具こそが、検索エンジンや、検索エンジンによって処理や分析、評価されうるようなデジタルのデータベースにおいて、ネゲントロピーを再構築するのです。私たちはこれを、グーグルがこの十年にわたって実践してきたモデルに対する代案とならねばならないものだと考えています。これからは、グーグルは、エリック・シュミット〔グーグルの元CEO〕宛の公開書簡で述べられているように、シュプリンガー・グループのオーナーにとってさえも脅威となるでしょう。

そしてまた、私たちは、アカデミックな共同体こそがこのようなアノテーションのプロセスを生み出し、今日、いわゆるオープン・ソースに数えられるすべてのものや、ソーシャル・イノベーションなどに開かれた論争の空間を生み出すものでなければならないと考えているのです。

極東における間メディア性の考古学試論——人類学・記号論・認識論のいくつかの基本原理[*1]

キム・ソンド
（西兼志訳）

Ⅰ　序

本稿は、間メディア性の考古学、ハイパーメディアの記号論、文字の先史学をめぐって、この十年間行なってきた研究の総体に基づいたものである。これらの研究にはつぎの二つの目的があった。ひとつは、パロール、イメージ、文字の間メディア性についての記号間の力動関係を見定め、理解することである。もうひとつは、技術のミクロ宇宙と文化のマクロ宇宙のあいだで織りなされ、エクリチュールというメディアにおいて配置される複合的な関係の人類学的な次元を検証することである。

研究のあり方や対象が複数にわたり混成的な分野があるとすれば、それはエクリチュールの理論にほかならない。それゆえ、本稿は、本質的に、かたちによって、そして、かたちのあいだで行なわれるコミュニケーションの媒介作用を対象とすることになる。エクリチュールという問題系に含まれたこれらの最重要の問いを立てることでまず、言語学や人類学のようなさまざまな分野で明らかになっているカテゴリーや立場の理論的前提を精緻に検証することにしたい。

＊1　このテクストは、わたしがエクリチュールとグラフィズムをテーマにこの十年ほど取り組んできた発表済み論考の、暫定的な要約である。とりわけ前半部分は、二〇一三年にヘルメス社より刊行されたテクストを若干修正したものである。

続いては、エクリチュールという総称に含まれる研究領域の多次元的な性格を明らかにするために、認識論・記号論・考古学からなる三重の展望において、広い意味での文字をめぐる統合的な問題系を構築することを試みる。ここで強調しておかねばならないが、本稿は、そのタイトルが示しているように、文字の間メディア性というパラダイムの予備的（序説的）な段階にあると考えられるべきものである。

そして、最後に、本稿の認識論的な正当性や基礎をなしているのが、ソシュールから、アンドレ・ルロワ゠グーラン、マルセル・コーエン、ロラン・バルト、アンヌ・マリー゠クリスタンを経て、ジャック・デリダへと至る、エクリチュールやメディア、技術をめぐるフランス的な観念の系譜であることも強調しておきたい。わたしとしては、この学際的な研究が、現代のグラマトロジーの閉域を超え行く探求領域を開くことに寄与しうることを願っている。

II　識論的・方法論的基礎

1　文化的な間メディア性をめぐる進化論的歴史から考古学まで

エクリチュールの間メディア性というパラダイムを探求するには、まず第一に、一方では、エクリチュールとその基底材、他方で、社会・政治的空間、すなわち、社会的に使用され、通時的に伝達されるエクリチュールというメディアの経済的な流通のあいだの、複合的な関係を明らかにできる適切な観点をいくつか構築する必要がある。さらに、単に、あるメディアの体制から別のメディアの体制への変換や進化というレベルで考えるのを避け、間メディア的・間文化的な関係の観点から問いを深めていくのが賢明だと思われる。エクリチュールの間メディア性という研究領域の基礎となるのは、間メディア性の比較という観点から選ばれたエクリチュールの場、すなわち、エクリチュールが歴史・文化的、それゆえ必然的に関係論的で間文化的な文脈において生み出される場である。この基礎から、物質的な記号論を備え、記号的な対象の意味と形式のあいだで社会的に結ばれる相互関係を視野に入れながら、物質的な形式の制度化を考察することも必要になる。

それゆえ、研究対象に対して、反省・批判の確実なレベルに身をおけるようにしてくれるある種の穏健な比較歴史主義を用いるのが賢明だろう。このように認識論的に距離をとることで、さまざまな文化空間において、エクリチュールというメディアをめぐって与えられる要素をより緻密に解釈することを通して、文字論の民族中心主義に陥るのを避けることができる。それと同時に、探求すべき領域の広さのために、これらの要素が今後の研究の歩みについての一里塚、今後行なうべき構築の第一案でしかないと考えることにもなる。

これらの要素は、次のようにまとめることができるものである――

・文字の物質性――「知的な道具であるエクリチュールは、また同時に、物質的な出来事でもある」
・文字との身体的な関わり
・要請される文化モデルの複数性と相対性
・エクリチュールという基底材の間メディア性
・エクリチュールの社会空間と政治経済

ここで強調しておかねばならないが、このようなパラダイムにおけるエクリチュールの真の歴史は、文化的・イデオロギー的交流の力動関係にあるこれらの要素の複合的なネットワークを含むものでなければならない。極東の文明における漢字の文化史からひとつの例を挙げてみよう。漢字文化圏の共存関係と相互依存関係を見れば、グラフィックアートのあらゆる作品における、テクストとイメージのあいだの極めて緊密な関係――明示的なこともあれば、潜在的なこともある――が見て取られる。漢字の表意文字的な性質はそのままで、グラフィックな表現の形式と意味のあいだの新しい関係を突きつけているのだ。漢字文明において、イメージは何よりまず、見られると同時に、読まれるものなのである。同じ原理に従って、書かれたテクストは、共発生的で平行した運動によって読まれ、見られるものである。別言すれば、イメージへのアプローチには、読むことの解釈学的モデルが含まれ、読むことへのアプローチには、凝視的な面もあるわけだ。この記号論的な緩やかな浸透現象は、漢字文明の三つの国で、絵画や詩、書、写本、碑文、印刷本などのさまざまなメディアや対象において現われている。しかし、全体的なレベルで驚くべき一貫性が現われてくるのは、読むことと見ることの極端な近さゆえなのである。このグラフィックな近さが、間メディア的な移行関係――そこには、あるメディアから他のメディアへの翻訳関係の多様な表現が含まれている――において実現しているのである。

2　エクリチュールの存在論的・認識論的ステータス――言語学、記号論、哲学

いうまでもなく、エクリチュールは、この概念の意味の広がりと異質さによってだけでも、特定の学問分野とのみ結びついたカテゴリーとして理解してはならない。

このような意味論的・認識論的な複雑さにおいて、エクリチュールは、複合的で社会化された対象、つまり、物質性、記号論的組織化、そして、社会的な使用のされ方において定義される対象と考えねばならないものである。別言すれば、ここではエクリチュールを、言語学者が通常考えるような、口語的なものに資する道具としてではなく、「物質的で視覚的で、言語的な現実から構制さ

れた表現・コミュニケーションの手段として」理解しているわけである。

実際、テクストの構制において、グラフィック性と物質性は、鍵となる二つの要素である。しかし、エクリチュールのグラフィックで視覚的で身体的な次元を考慮することで、歴史や文化を通して表現される社会的・イデオロギー的な変異についての批判的な考察が必要になる。書かれたものについてのこのような文化的・歴史的な厚みが、エクリチュールの間メディア性という概念によって招き寄せられることになるのだ。

また、他方で、言語学や文字学において、エクリチュールの外延について、排他的な考え方と包括的な立場とのあいだで論争があった。現代の文字学の進化論的な基礎づけは、イギリスの人類学者アイザック・テイラーによるものである。テイラーは、エクリチュールの進化図式を五段階――絵文字、表語文字、表語音節文字、音節文字、表音文字――で示したのだった。続いて、現代の文字学を創設したイグナス・ゲルブは、エクリチュールの単方向進化説、すなわち、あらゆるエクリチュールは段階的に進化の歩みを辿るのであり、中間段階を飛ばして最終段階に直接、到達することはできないことを示したのだった。このような進化の頂点にあるのは、表音文字による音声化である。このようなエクリチュールの進化論的な図式化はまた、マルセル・コーエンの大著に見られるものでもある。現代の文字学のもうひとつの認識論的な基礎は、音声中心主義なのだ。アメリカのすぐれた言語学者であるレナード・ブルームフィールドによれば、真のエクリチュールの主な機能は、音声を書き写すことにある。この音声中心主義は、ウォルター・オングやジャック・グディ、マイケル・クランシーのようなエクリチュールの主だった理論家たちにおいても同様に明らかなものだ。この進化論的図式によれば、神聖文字や表意文字はもっとも低い段階に置かれ、無文字社会は、このような発展段階からはそもそも排除されることになる。

このようななか、ロイ・ハリスは、進化論的な一般理論を、進化論的幻想と断じ、痛烈に批判したのだった。ハリスによれば、エクリチュールの本質は、話された言語のグラフィカルな反映ということにではなく、記号論的に自律した思考の表象体系ということにこそある。記号論的な観点からすれば、エクリチュールは、無限の表現手段であり、口語的コミュニケーションよりずっと強力な道具である。記号論がエクリチュールの研究にもたらしうるのは、この力の深い理由を測定する可能性である。

このようなアプローチはたとえば、スクリーン上に書かれたものについての記号論の特異な位置を証明するものであり、また同時に、エクリチュールに関する人文諸科学の交差点としての、エクリチュールの人類学という、より一般的な問題系に目を向けるようにするものでもある。

音声中心主義についていえば、ソシュールが『一般言語学講義』で表明した態度（「言語は、エクリチュールと独立した口語的伝統を有している」）のせいで、エクリチュールの問題系が考慮されなくなったと考えざるをえない。デリダがまさに明らかにしたのは、ソシュールに端を発する現代言語学が、西洋の形而上学から受け継いだ音声中心主義とロゴス中心主義と不可分だということである。長くなるが、ソシュールの音声中心主義についての、デリダの主張の肝要な箇所を引用しておこう。

ソシュールが形而上学のあらゆる伝統に従いつつ、見ることなく見、考慮に入れることができないながらも知っていたのは、エクリチュールのある種のモデルが（原理的な不誠実さ、事実的な不十分さ、絶えざる簒奪は別にして）、ラングのシステムの代理表象の道具や技術として必然的だが、仮のものとして課されたということである。そして、スタイルは独自のものだとしても、あまりに根本的でさえあった、この運動によってこそ、記号や技術、表象、言語といった諸概念は考えられるようになったのである。表音的－アルファベット的エクリチュールと結びついたラングのシステムは、存在を現前性と規定するロゴス中心主義的形而上学が生み出された場である。このロゴス中心主義、充実したパロールのこの時代はつねに、エクリチュールの起源とステータスに関するあらゆる自由な考察、自然なエクリチュールという神話や隠喩に支えられた技術論理や技術史でないエクリチュールについてのあらゆる科学を括弧に入れ、宙づりにし、抑圧したのだ。[*2]

しかしながら、このような限定的な見方は、エクリチュールの役割が単に、口語的言語活動を多かれ少なかれ正確に転記することではなく、「人類の知性に関わる装備において新たな段階を記すグラフィック性一般の展開」こそが本質なのだと主張する文字思想のいくつかの学派によって斥けられてきた。グディやルロワ＝グーランはともに、グラフィックな前方投射によって、文字の記号作用の空間の多次元的な構造化が可能になったと主張している。グディは、表やリスト、定型表現がつくられるようになったのは、エクリチュールの誕生によるものでしかありえず、口語から書かれたテクストへの移行が、グラフィックな性質のかたちの操作によって、思考の認知的な変容を生じさせたことを明らかにしたのち、ソシュール的な言語学の前提――つまり、エクリチュールはパロールを再現するという前提――を修正する必要を強調している。というのも、

エクリチュールは、言語的な実践をいくつかの点で明らかに変容するからである。この事実に然るべき注意を払わないとすれば、それはひとつには、言語学者による、ラングと、口語的

＊2
Jacques Derrida, *De la grammatologie*, Paris, Minuit, 1967, p. 63-64

なコミュニケーションに属したパロールという二分法がどこででも受け入れられているからにほかならない。しかし、書かれたもののほうはどうなっているのか？　それは単なる記録の技術なのだろうか？　書かれたものの記号論は単に、話されたものの記号論の物質的な分身なのだろうか？　二元性ではなく三元性、すなわち、単なるかたちの配置ではなく、ベクトルによる力の表現が存在するのではないだろうか？[*3]

＊3 Jack Goody, *La raison graphique*. Paris, Minuit, 1979, p. 143.

グディは、書かれたものの知性的テクノロジーとしての次元と、それが思考や記憶に示唆している、あるいは、突きつけている論理を強調している。この点について、ルロワ＝グーランは、二つの根本的な発見を示している。それは、音声言語─グラフィック性という二重性と、グラフィックな象徴の音声的な象徴に対するある種の独立性である。ルロワ＝グーランによれば、グラフィックなイメージには、音声化や線形化、そして、思考の抽象化を生み出した、表音文字には欠けている次元上の自由がある。

グラフィックな象徴表現は、どんなものであっても、音声的な言語活動に対して、ある種の独立性を有している。その内容は、音声的な言語活動が時間という単一の次元で表現しているものを、空間の三次元性において表現している。エクリチュールの獲得とはまさに、線形的な装置を用いることで、グラフィックな表現が音声的な表現に完全に従属するようにすることであったのだ。[*4]

＊4 André Leroi-Gourhan, *Le geste et la parole*, Paris, Albin Michel, 1964, p. 270-271.

しかし、言語活動とグラフィックな表現の結びつきは、従属関係ではなく、連係関係なのであり、ルロワ=グーランに従えば、単一の言語装置に親しむことで、表音文字以前のグラフィック性の結果である多次元的な表現様式を考えることが難しくなるのだ。デリダは、ルロワ=グーランの神話文字という概念に言及しながら、驚くべき洞察力をもって、多次元的な構造の歴史的な必然性を明らかにしている。

今日、思考すべく与えられているのは、線や書物の形式によって書かれえないものである。もっとも、そろばんを使って現代数学を教えるようなまねをするとでもいうのであれば話は別だが。このような不適合は、現代のものではないが、今日では、かつてなく露呈している。多次元性や脱線形化した時間性に近づくことは、「神話文字」への単なる退行なのではない。それどころか、それによって、線型モデルに従った、あらゆる合理性が神話文字のもうひとつの形式、もうひとつの時代として現れるのだ。[*5]

*5 J. Derrida, *op. cit.*, p. 130.

3 パロール、身ぶり、イメージ——間メディア性の考古学

デリダの先見の明のある発言を概念的に理解するには、偉大な先史時代研究家であるアンドレ・ルロワ=グーランの中心となる考えを紹介し、神話と身ぶり、エクリチュールの関係についての考察を進めることが必要になる。ルロワ=グーランが考えようとしているのは、人類の発達において ホモ・サピエンスとともに登場した中心的な事実の進展、すなわち、思考を物質的な象徴として表現する能力についてである。このなかで、かれが注目しているのは、グラフィック性の誕生である。脊椎動物の二極的な技術性は、ヒトにおいては、二組の機能上のカップリング——すなわち、道具-手と顔-言語活動——が形成されることにおいて頂点に達する。この二極性によって、手と

顔の運動的な機能は、一方では、物質的活動の道具、他方では、音声的象徴として思考を形成するプロセスにおける決定的な要因となったのだ。

ここで重要なのは、グラフィック性が現実を再現することから始まったわけではないことである。最初のグラフィック性は、具象的なかたちよりむしろ、リズムを表わしていたのだ。さらに、幾何学の考古学の観点からすると、抽象的・幾何学的な形象や記号が大量に存在するという魅力的な事実に直面することになる。第一段階にあるのは、動物を想起するような一般的な思考である。続いては、幾何学的な形象（点、線、面、立体）が、象徴や、象徴の抽象化として思考の領域に加わってくる。ここで鍵になるのは、次々と抽象化がなされることのきっかけとなる想起である。しかし、認識可能な形象のほかにも、四角や三角、台形などの多くの幾何学的な記号が共存しているのも確かめられる。記号と意味のあいだの二項的な参照関係が存在していないため、認識可能な形象とは逆に、記号としての形象は「意味される側のモノとはまったく独立しており、精神の人工的な創造物であり、後に、形象をそのものとして研究することへと至る道を用意している」のだ。こうして、旧石器時代の人類が初めて、形象一般の基本的な要素である表象の表面を発明したと結論づけられるわけである。

起源において、具象芸術は、今日、「芸術作品」と考えられているものによって、言語活動と直接に結びついていたのであり、エクリチュールとも密接に結びついていたのである。それは、現実を複製したものではなく、象徴的に転位したものだったのだ。具象芸術は言語活動と不可分で、音声化とグラフィックな表現の等価性から生まれるのである。具象芸術の大部分は、絵文字 - 表意文字性と呼ばれるものによって説明される。しかし、先に強調したように、今日でも、言語活動とグラフィックな表現の関係は、従属関係よりむしろ、連係関係から生じるものである。イメージには、エクリチュールにつねに欠けている次元上の自由がある。イメージは、神話の暗唱で頂点に達する音声言語的なプロセスを暗示することもあるが、しかし、このプロセスに縛りつけられているわけではない。その文脈は、語り手とともに消失する。それによって、線形的なエクリチュールを有さない体系において、象徴が横溢することが説明される。アンドレ・ルロワ=グーランはこのようなエクリチュールを、音声的なものに基礎をもった多次元的な構築物として、神話文字と名付けている。しかし、農耕民族たちが線形的エクリチュールというグラフィックな体系を発明したのであった。神話文字は実のところすでに表意文字である。このような表意文字が絵文字に先行しているのであり、旧石器時代の芸術は表意文字的なのだ。具象的なグラフィックな表象の登場とともに、平行関係は改めて確立される。手は目とともに言語活動を有しているのであり、顔は、聞くことと結びついた固有の言語活動を有しているわけである。

空間において書かれ、音声化された線形的な言語活動は、時間において音声的で線形的な話された言語活動に完全に従属するようになる。農耕民族の思考は、円形のオムパロス――それを中心にして、天空は回転し、それを基点として距離は秩序を与えられる――をまず参照することから、時間と空間において展開する。エクリチュールには、イメージを締め付け、象徴を厳格に線形化する傾向があるのだ。

エクリチュール一般の起源、すなわち、グラフィック性一般の誕生についてのフランス的な見解の系譜において、無名ではないにしても、よくは知られていないもうひとりの研究者、マルセル・ジュスの議論に触れておきたい。実のところ、ジュスは、エクリチュールの起源が人間の身ぶりの本源性に基づいているとする、極めて示唆に富む研究プログラムを残してくれている。ジュスによれば、身ぶり文字（mimogramme）は、「相互行為的身ぶり素」（mimème interactionnel）に起源を有した第一のエクリチュールをなすものである。それに対して、厳密な意味でのエクリチュールは何千年もの摩滅によって本来の具象性を失い、身体や手だけでなく、喉や口、書くという身ぶりが劣化したことによって、もはや本源的な身ぶり文字的な表現の貧しい「文字の壊死」(algébrose)でしかないのだ。

われわれが書いているのは、αすなわち牛、βすなわち家などといったたぐいのものである。われわれは、いまだ、それと知らずに、身ぶり文字の残余を使用している。わたしが、「文字の壊死」と呼ぶのは、これである。「抽象的」と言うだろうか? いや、壊死したのだ。「抽象的なもの」が「文字の壊死」によるものであることを把握しないなら、わたしよりよくわかっていることにはならないだろう。われわれのエクリチュールは、あらゆるものをミイラ化し、生との交流を失わせたのだ。この点に疑いの余地はない。[*6]

実際、エクリチュールが身ぶりに起源を有することは、漢字の具象的な語源にも見て取られることである。たとえば、「犠牲」の観念は、右手で神に肉を捧げる身ぶりによって表わされる。抽象的な観念を、人間の身ぶりによって具象的に表現することは、ジュスの中国人の弟子による、漢字の具象的な語源の例示の詳細な分析が明らかにしていることである。

つまるところ、存在と行動は、感性的な現実におけるカテゴリーによって、すなわち、それぞれが固有のニュアンスと特徴的な細部によって表わされている。このことが漢字の具象性の第一の側面、すなわち、純粋にグラフィックな側面である。[*7]

＊6
Marcel Jousse, *Anthropologie du geste*, Paris, Editions du Resma, 1969, p. 97–98.

＊7
Tcheng-Ming Tchang, *L'écriture chinoise et le geste humain*, Shanghai et Paris, Librairie Orientaliste, 1937, p. 187.

同様の文脈において、マヤ人のエクリチュールの形而上学と神話学は、ジュスやルロワ＝グーランの見解と一致している。マヤ人はマヤ文字を神秘的な経験の中心とし、表音文字に、思考を固定化し、世界の神話を偽の透明さに還元してしまう危険を見てとっていた。意味が判然としないのならば、エクリチュールは謎でなければならないというわけだ。

〔マヤ人において〕ロゴスはミュートスと決して分かれていなかった。文字的理性は、ギリシアで生じたのとは違って、神話的でありつづけたのだ。〔…〕マヤの文字にイメージが存在していることは、神話――沈黙の言語において、神話のまさに基礎にあるもの、すなわち、情動を表現しているこの物言わぬ神話――が残した痕跡なのである。イメージに立ち止まることは、言葉に早計に向かうのではなく、情動へと（改めて）至る道を閉ざさない必要と結びついているのだ。[*8]

謎の背後にあるのは、明瞭な答えでなく、判然としない記号なのだ。[*9]

III 極東における間メディア性の考古学

1 予備的考察

間メディア性は、歴史的かつ認識論的に複雑な問題系であり、一義的に定義することはできない。この概念は、メディアについてのドイツの歴史家や理論家たちによって生み出され、先導され

＊8 Anne Zali & Annie Berthier (dir.), *L'aventure des écritures*, vol.1, Paris, Bibliothèque nationale de France, 1997, p. 61.

＊9 *Ibid.*, p. 62.

てきたとはいえ、決して近年のメディアに限定されるものではなく、人間の言語の誕生にまで遡るものである。

実際、この数十年来見受けられるのは、間メディア性についての研究が増加しているものの、混成的な状況にあるということである。間メディア性とは、なによりもまず、あらゆる時代、あらゆる地域の記号的・メディア的実践のハイブリッド化によって特徴づけられる歴史横断的な現実のことなのであり、このような運動、生成の力動をめぐる意識や経験を指すものでもある。またさらに、「変形的」「言説的」「総合的」「メディア横断的」「存在論的」などさまざまな形容詞が付けられることで、意味的な混乱が生じてもいる。このような混乱した状況においては、間メディア性のひとつの考え方を明確に特定し、それによって、現象の総体を規定しようとするより、他のアプローチから区別することで、この考え方の有効性を画定するほうが合理的で理論的であろう。

ここからは、言語活動のメディア（エクリチュール、イメージ）、その物質的・歴史的な次元に焦点を絞り、極東のメディアや間記号的な言語活動の例を挙げながら、筆者なりの間メディア性をめぐる問題系を提示することにしたい。より正確にいえば、十五世紀の多次元的テクストや舞踏パフォーマンスといった韓国のエクリチュールの間メディア性、江戸時代と朝鮮王国時代の挿絵入りの書籍の伝統、書・詩・絵画の記号的な一体性という三つの例について考察することにしたい。続いては、極東における視覚的・文字的言語活動の間メディア性という問題系の素描を試みることにしたい（この問題系については、近い将来、さらに論じるつもりだ）。このような観点において、間メディア性は、エクリチュールからイメージにいたる言語活動メディアの歴史を、その技術的・物質的な形式を通して、再考することを可能にする新たなアプローチと考えられるだろう。

2 極東の諸伝統におけるテクストとイメージの間メディア性

(1) 未開拓の研究分野

先に言ったように、多様なメディア——挿絵本、風景画、韓国の文字の間メディア性——から選んださまざまな例を提示しながら、極東の諸伝統における、読まれるものと見られるものの間メディア性の歴史の構築を試みることにしたい。このような研究は、書物や出版、視覚芸術、そして、エクリチュールの歴史にまたがる複合的で学際的なテーマ系に属するものであるため、広大なこの文明圏の間メディア性の歴史の序説にすぎないものである。

極東のグラフィック性のメディア融合の歴史において、印刷術についての文化史を、純粋に技術的な次元を超えて、比較的な観点から辿り直すことが必要なのは言うまでもない。筆者の知る限り、間メディア的な歴史の進展と基本的な構造を扱う総合的な研究は、いまだ存在していない。しかし、中国や日本の場合、書物の歴史や、古い挿絵本の分野における個々の研究を挙げることはできる。ここでは、日本における書物の歴史については注目すべき総論が存在していると指摘するだけにとどめておく。

(2) 読まれるものと見られるものの融合と統一性の美学

極東における間メディア性の文化史に関わる途方もない問題系を明らかにすることに取り組む際にまず必要になるのは、中国・韓国・日本の三国における漢字をめぐる比較歴史学である。漢字は、文字によるコミュニケーション共同体だけでなく、国境を越えて共通した美学の確立の一因になったものである。漢字の文化的・芸術的な共通の規則を維持しながら、それぞれの国が、互いに伝達し受容することによる相互的な影響を通して、独自の様式と個々のスタイルを発展させてきた。この漢字というメディアの特殊性によって、この地域では、極めて高度な書、紙、墨といったさまざまなエクリチュールの道具が開発されてきた。この地域で生み出された詩や芸術の理論の、テクストによる証明のことも忘れてはならない。中国の文明や思想が、漢字をめぐる記号的実践のモデルを生み出したのだとしても、単なる二次的な変容を超えた、文化的な潮流の基礎にある文化的な解釈の変形的で再創造的なあり方を見てとらねばならない。私見では、真の漢字の歴史は、発信者と受信者という図式に単純化することなく、文化的・イデオロギー的な交流の力動関係にある、複合的な文化的ネットワークを含むものでなければならない。

この節では、エクリチュールとイメージの歴史、その物質的な特徴について、考察のためのいくつかの基本原理を提供することを目指している。筆者は、八世紀の仏教の経典の最初の木版刷りから、風景画や書の長い歴史を経て、現代の挿絵本にいたる、歴史・文化・メディアの広大な領域にまたがる、このテーマの途方もなさを認識している。極東における言語活動のメディアの歴史が、書かれたものとイメージ、そして、印刷術、紙、墨についての技術的な歴史を含まねばならないのは言うまでもない。しかしながら、この節で、極東のエクリチュール、イメージ、書物の記号的・物質的な側面の総体を扱うなどと主張するつもりはない。そうではなく、控えめに、極めて豊かなこれらの側面に、比較的新しい光——間メディア性についてのわたしの観点——を投げかけようとするのみである。

3　間メディア性の三つのケース

(1)　挿絵本の伝統

極東における挿絵本の伝統について、間メディア性の観点から比較歴史学的な研究を行なうことは、記号論・メディオロジーの興味深いテーマとなるだろうが、そのような研究はいまだ存在していない。ここではただ、日本の絵本と韓国の十六世紀の挿絵入りのテクストを紹介してみたい。

個々の例を紹介する前に、この地域における挿絵本の誕生の文化的文脈について、いくつかの基本的な概念を確かめておく必要があるだろう。中国や韓国、日本において、近代以前に印刷された文献の大部分は挿絵本であった。中国の挿絵本の全盛期は、明代であり、十六世紀末から十七世紀にかけて、もっとも多くのフィクションが出版されたのであった。このような飛躍的発展の理由は、次のような言葉によってもっとも明らかになるだろう。

口語で書かれ、都市の読者層に向けた小説や戯曲は、このような新しい状況の恩恵を受けた最初のものである。それらの出版物は多くの場合、木版刷りのイラストによって飾られていた。それゆえ、俗語文学の発展は、出版一般の発達に促されたものであるが、それが挿絵を入れる手段として版画が急激な発達を遂げた一因になったのであった。そして、逆に、木版の挿絵を入れることが、このジャンルの文学の発展を押し進める要因となったのである。[*10]

今日では、書物は、読むためのものだという前提がある。しかし、極東における書物の誕生において、最初期の書物は宗教的な奉納物として考えられていたのであって、決して読書のためのものではなかった。このような伝統は、なかでも、高句麗時代の装飾本に表われている。仏教の神聖な文字を転写することは写経、そして、書写を行なう僧侶は写経僧と呼ばれる。本来、写経は、仏陀の教えを伝えることを意図したものであった。「写」という漢字には、「書く」と「複製する」という二つの意味がある。仏教の経典を書くという神聖な振舞いは、それを書くそれぞれの者の精神

＊10
Hiromitsu Kobayashi, "Les illustrations du roman Au bord de l'eau: essor de l'édition et diffusion de la peinture à la peinture à la fin des Ming," in *Du pinceau à la typographie : regards japonais sur l'écriture et le livre*, textes réunis et présentés par Claire-Akkio Brisset et Pascal Griolet, Christophe Marquet et Marianne Simon-Oikawa, Paris, Ecole française d'Extrême-Orient, 2006, p. 175.

に、その内容を定着させるという意味合いがある。写経は、極度の精神的な集中力をもって行なわれるのであり、仏陀の経験をさせる深い振舞いのひとつとして考えられているのだ。高句麗時代は、仏教のもっとも洗練された経典が、さまざまなかたちやもの——巻物、木版画、金や漆を使った碑文など——として生み出された時代であった。それを行なったのは、宮廷や官僚たちで、国家や先祖、皇族の繁栄を祈念してのことであった。

ここで根本的に重要なのは、この地域では古代から、民衆自身が経典を書写したり、みずからの信仰を象徴する行為として、書写をする僧侶たちへのお供え代わりに、経典の印刷を資金的に支えていたことである。そして、これらの装飾本を寄付したり、神聖な場所に儀礼に従って供えたのだった。しかしながら、印刷や出版はあくまで、寺院に限られた活動であった。付け加えておくと、中国、日本、韓国の最初の木版刷りの書物は八世紀に生み出されたもので、すべて寺院で発見されている。日本に関していえば、現存しているもっとも古い木版は七六四年から七七〇年にかけてのもので、奈良の法隆寺に保存されている。中国における印刷術の誕生の日付については、六世紀から八世紀まで諸説ある。

この節を終えるにあたり、韓国のケースについて、李氏朝鮮時代に印刷されたもっとも有名な挿絵本である『三綱行實圖』（図1）を紹介しておきたい。これは、儒教道徳の基本を教えるためのものであった。主題は、民衆の王に対する忠誠や、親に対する子どもの愛、夫に対する妻の無限の敬意である。英雄となる人物を選び出し、挿絵と文字による説明から構成されている。表裏が基本的な単位となっており、表が挿絵で、裏が説明となっている。この挿絵本には二つの版があり、ひとつは、挿絵の頁と中国語の説明からなっており、もうひとつは、挿絵のある頁と中国語の説明の頁の上部に韓国語訳が付け加えられている。このように、この書物の構成は、視覚的メディアと書

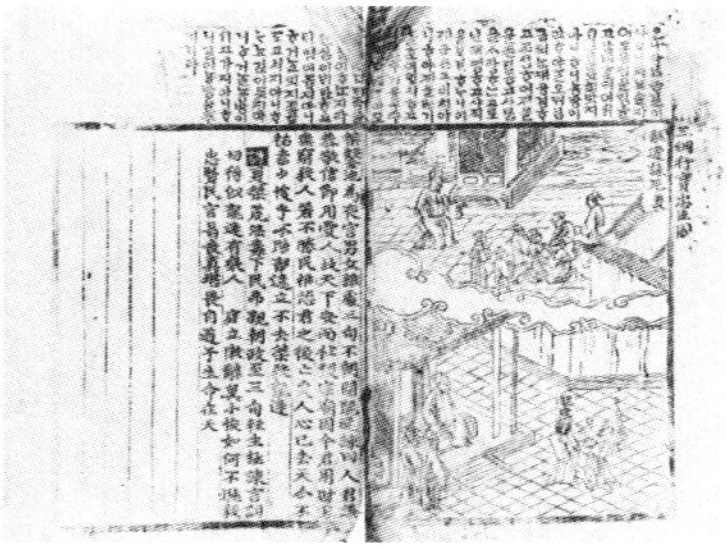

図1 『三綱行實圖』

記的メディアの二つを組み合わせ、中国と韓国の二つの異なったエクリチュールの併置によって、間メディア性と内メディア性の注目すべき例となっている。イメージとテクストのあいだの間メディア的なあり方や、挿絵のある頁の造形的・物語的構成については、詳細な記号論的研究が必要だろう。しかし、三〇頁ほどの挿絵のある頁だけからでも、多次元的な表象の興味深い特徴を見いだすことができる。つまり、複数のシーンが併列されている同じひとつのページが複数の物語の語りの展開を表わしているのだ。挿絵は、テクストで語られている物語のもっとも顕著な要素を表わしているのだが、二つのメディアは相補的な関係性にある、すなわち、テクストによる説明がなければ、物語をイメージで理解することは実際上、不可能なのである。

(2) エクリチュール、書、建築——間メディア性の問い

極東で四千年もの歴史を有する書の文化的・精神的重要性は、異論を差し挟む余地のないところである。書は、極東の視覚芸術のなかで重要なもののひとつと考えられている。より広い観点でいえば、極東の文明の本質そのものなのだ。というのも、漢字は、韓国や日本、ヴェトナムを含む一体的な地域に及ぶものだからである。極東の書の記号論的な本質を理解するには、この文明圏で練り上げられたエクリチュールとグラフィック性についての考え方を知っておかねばならない。実際、書は、漢字が話し言葉の単なる基底材とは考えられえないという、文字論的な特異性と本質的に結びついているのである。

このような文脈において、漢字のシステムが、この極東の文明をなす民族に対して、人類学的・形而上学的次元で決定的な影響力を有していることは強調しておいてよいだろう。「漢字のシステムは、中国人の考え方、感じ方、そして、生の秘密に到達する方法を、後戻りできないかたちで規

定したのだった」[11]。この文明圏においては、グラフィックな規則としての漢字が、コミュニケーションや意味作用の記号間の関係の体系の、独立で形式的な構造をなしていたのだ。ハングルが漢字から誕生しながらも、純粋に音声的なシステムを参照するものであり、漢字における意味での、真の書法を作りあげたのではないかという、諸説ある問いについては、わたしはここでは単に一言触れるだけにとどめたい。この絶えず蒸し返される熱い論議とは別に、中国的な美学の原理をハングルでの表記に応用した書の作品を提示したい。このような実践によって、この作品の作者は、伝統的な書法を再発明し、新たな生命を吹き込んでいるのである。

また、この漢字文明において、都市は、人間と宇宙の関係を表わす秘密の記号システムとしてのエクリチュールである。文字の構成自体が、ある要素を別の要素のなかに組み込むものであり、意味を別の意味のなかで意味するものである。

エクリチュールと建築、都市に共通する特徴には、次のような本質的な点が表われている。

・　宇宙と人間の世界の基本原理の体系的な象徴化
・　象徴的要素の意味的単位への構制
・　線形的論理とは異質の基本法則に従った、これらの単位の構造化
・　リズムの交代を原理としたフラクタルな記号論的宇宙の生成

たとえば、紫禁城の大きな特徴となっているのも、空虚と充溢の交代である。それは、ひとつの巨大な漢字なのだ（図2）。中国の皇帝の宮殿建築は、宮殿のリズミカルな展開を秩序化する線対称性と、門の連続とに基づいている。

建築は、別の書かれた記号へとさらに分割される書かれた記号、漢字のなかの漢字なのであ

＊11
François Cheng. *Et le souffle devient signe*, Paris, L'Iconoclaste, 2001, p. 12

り、より大きな漢字、すなわち、紫禁城、そして、北京の都市の広がりに組み込まれているのだ。*12

正方形と長方形の一連のモチーフが、画定された形態の埋め込みと併置——それは、建築と同時に漢字の特徴である——による一種のフラクタル性をなしているわけである。

〔中略〕

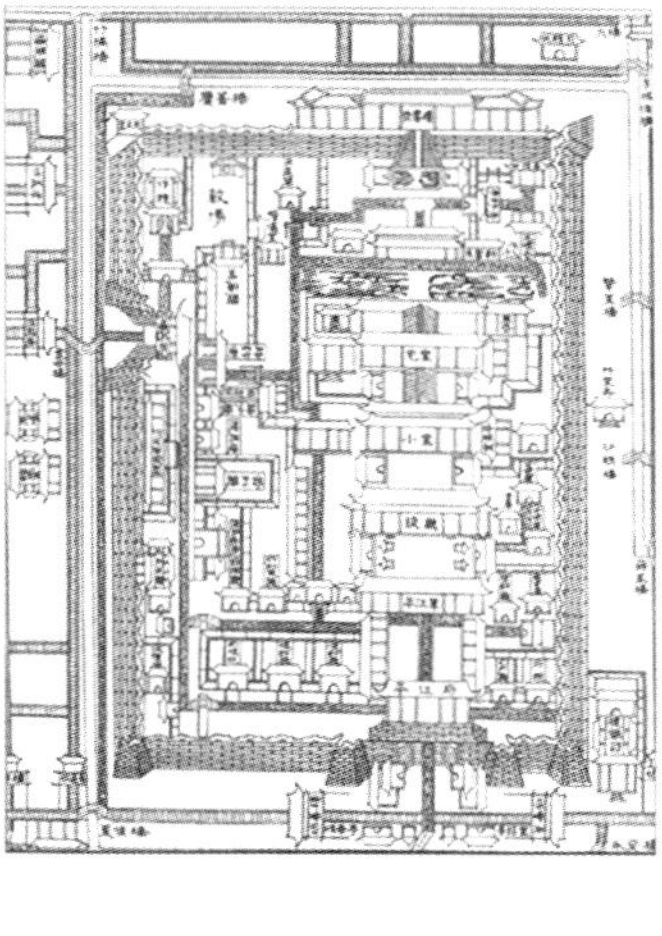

図2　漢字としての紫禁城

(3)　ハングルの間メディア性

間メディア性の三つ目のケースは、ハングルから示したいと思う。ここで問題にしたいのは、多くの文字の歴史家たちに認められているこの文字の独自性、すなわち、音を発する際の発声器官の形態に基づいて構築されていることではない。そうではなく、次のことを確認したい。——ある母音についていえば、すべてが三つの基本的な特徴、すなわち、地を象徴化する水平の線、天を表わす点、そして、天と地の結びつきを保証する人間を表わす垂直の線によるものである。こうして、ハングルは二四（もともとは二八）の基本的な文字から成り立っている。子音はㄱ ㄴ ㄷ ㄹ ㅁ ㅂ ㅅ ㅇ ㅈ ㅊ ㅋ ㅌ ㅍ ㅎの一四個で、母音はㅏ ㅑ ㅓ ㅕ ㅗ ㅛ ㅜ ㅠ ㅡ ㅣの一〇個だ。子音は重ねられることがあり（ㄲ ㄸ、ㅃ、ㅆ、ㅉなど）、母音も組み合わせられることがある（ㅐ ㅔ、ㅚなど）。ハングルの発明は、世宗大王によって制定された一四四三年に遡るが、実際に施行されたのは、一四四六年の十月九日からのことである。もともとは訓民正音という名称で、一九九七年十月九日にユネスコによって世界遺産に登録された。

*12　*Ibid.* p. 96.

音素－文字素についての現在の研究の潮流は、言語的パラダイムと定義しうるものである。しかし、わたしはここで、ハングルについて別のアプローチ、すなわち、間メディア性というパラダイムを提案したいと思う。このパラダイムは、比較的、未開拓のものだが、ハングルの変容において実現される内メディア性・間メディア性の側面を考察するものである。

まず最初は、この新しく発明された文字が、漢字とともに印刷されている例（図3）であり、十五世紀に印刷されたテクストからのものである。グラフィックな観点からすると、これらの二つのまったく異なったエクリチュール──一方は、表意文字であり、他方は純粋に表音的な文字である──の浸透は、美学的・形式的に驚くべきものに思われる。このテクストが、世宗大王と、かれが創設した集賢殿が発明した文字の音韻論的・文字論的原理を明らかにすべく出版されたことを確認しておこう。

このような二つの異なったエクリチュールの共存は、間メディア性のサブカテゴリーである内メディア性と定義できるものである。しかし、もうひとつの『月印千江之曲』という仏典（図4）の紙面構成を見てみよう。これは、韓国で十三世紀に発明された金属活字で印刷されたテクストである。この新しい技術が新しい文字に極めて洗練されたかたちで適用されているのが見て取られる。金属活字で印刷されたテクストの詩的なタイトルは、ヨーロッパにおける印刷術の登場に対する反応と対照をなすものである。ヨーロッパで、新しい印刷術は、古い社会システムと伝統的な生産様式を破壊し、新しい近代的な社会を構築する勇敢な戦士と考えられたのであった。しかし、韓国の銅製活字をめぐるイメージはまったく異なっている。つまり、この新しい技術の導入にともなう社会－政治的な対立は存在していないのだ。活字が鋳造された銅は、鐘を鋳造したのと同じもので、安らかな祈りを示唆している。このような側面は、極東における印刷術の歴史に共通する特徴であ

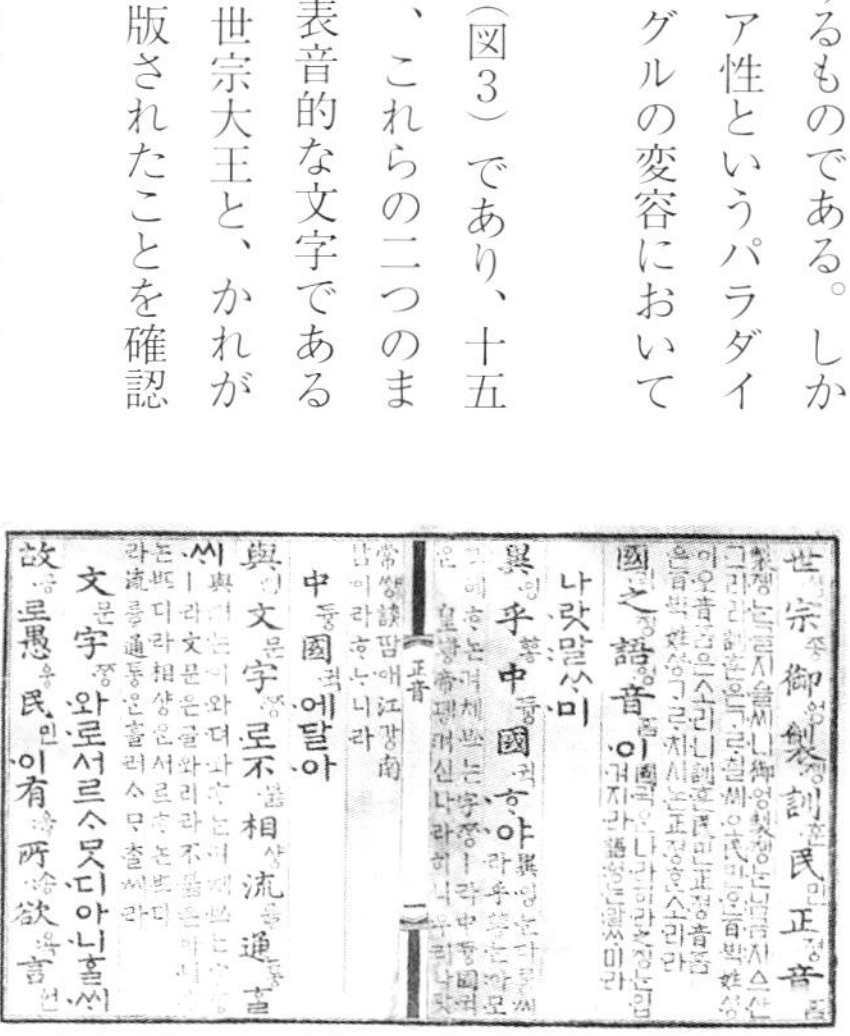
世宗御製訓民正音

나랏말ᄊᆞ미

國之語音이

異乎中國ᄒᆞ야

中國에달아

與文字로不相流通ᄒᆞᆯᄊᆡ

文字와로서르ᄉᆞᄆᆞᆺ디아니ᄒᆞᆯᄊᆡ

故로愚民이有所欲言

図3　世宗大王による漢字と訓民正音が併記された印刷物

る。つまり、印刷術の展開に見いだされるのは、商業的ではなく、宗教的な動機づけなのだ。さらに韓国では、極東の他の国々と同様に、知識を生産する手段、たとえば、書物の複製は、国家によって統制されていたのであった。この点に関して、ある優れた研究者は次のように説明している。

> 印刷術の中国での誕生から二十世紀にいたるまでの進展の長い歴史の全体において、最初の印刷が神聖な経典あるいは世界三大宗教のひとつの神聖な芸術に由来しないような言語や国はほとんど存在していない。中国は仏教の絵画や経典を印刷することから始め、日本は、神聖な仏典以外のものが印刷されるようになるまでに六世紀にもわたって印刷を行ない、書物の印刷を極めて高度な完成の域にまで高めたのだった。*13

「月印千江之曲」という名称が意味しているのは、月が千の川面に等しく映し出されるように、ひとつのものがあらゆる自然に等しく映し出されることである。つまり、「西洋の活字は何ものかのために戦う戦士のようなものであったが、それと対照的に、韓国の活字は、千の川面に映る月影のようなものだった」わけである。それは同時にまた、仏教の経典を出版し、仏陀への奉納のメタファーともなっている。グーテンベルク聖書の登場とほぼ同時期に、李氏朝鮮の世宗大王は、王子であった世祖に仏教の経典を印刷させ、王女の魂を鎮めるように命じたのだった。これらのテクストでは、ハングルと漢字が組み合わされた高度な活版印刷術が確認される。

ハングルを活用したもうひとつの例として、舞踏作品を挙げてみたい。人間の身体の美しいシルエットによって、子音と母音を形象的に構築し造形しているこの作品は、舞踏の言語が表わしてい

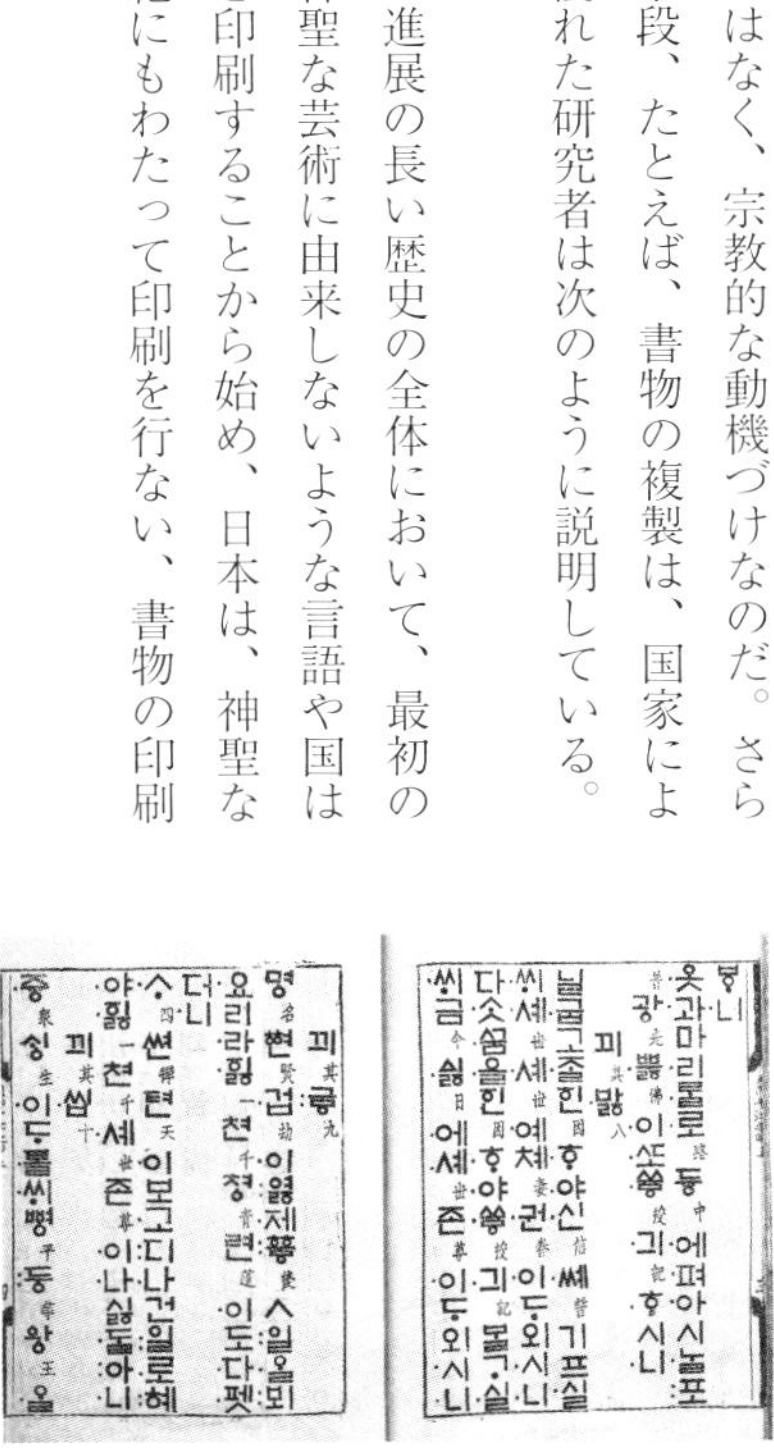

図4 『月印千江之曲』

*13 Thomas Francis Carter, *The invention of printing in China*, New York, Columbia University Press, 1925, p. 17.

るシニフィアンと、身体的な形象化に含まれた概念、すなわち、シニフィエの記号的な統一を表現している。

　この文字的な形象化は、人体のプロポーションとバランスに適合している。この適合こそが、ハングルの造形的な独自性を証明するものなのであった。

　この作品の作者は、動きや、書のパフォーマンス、さまざまなジャンルの音楽、そして、建築によって、ハイパーメディア性・多メディア性を導入している。実際、この舞踏で用いられているもの――身体、衣裳、動き、光など――は、ハングルを表現する要素、構造、実践を動員するかたちで配置されている。文字というメディアを喚起することは、観る者の心に表われる主観的あるいは暗示的な連想によってではなく、文字の形象化を直接参照することでなされている。別言すれば、想像上の正方形と類像的に結びつけられたダンサーが実現している、それぞれの文字の画が明瞭に示しているのは、メディア的なシステムとしての文字であり、パフォーマンスの全体を、文字を間メディア的に参照しているのだ。一連の場面の全体は、第一に類像的・指標的に、そして、第二に、文字の表現モードを象徴的に拡張することによって、文字との関係において構制されたものとなっている。

　また、ハングル舞踏は、文字の静止状態を四四人のダンサーの運動によって完成するものであり、観客は生命を持ち運動するエクリチュールを観ているわけである。厳密な意味での動画（＝魂を吹き込まれたイメージ）あるいは生きた絵画なのだ。一言でいえば、この作品は、間メディア性のひとつの典型例となっている。しかしまた、ハングルのモティーフの翻案と、舞踏とエクリチュールという二つのメディアの共存に関わっているという点で、メディア的な転位と融合を示してもいる。

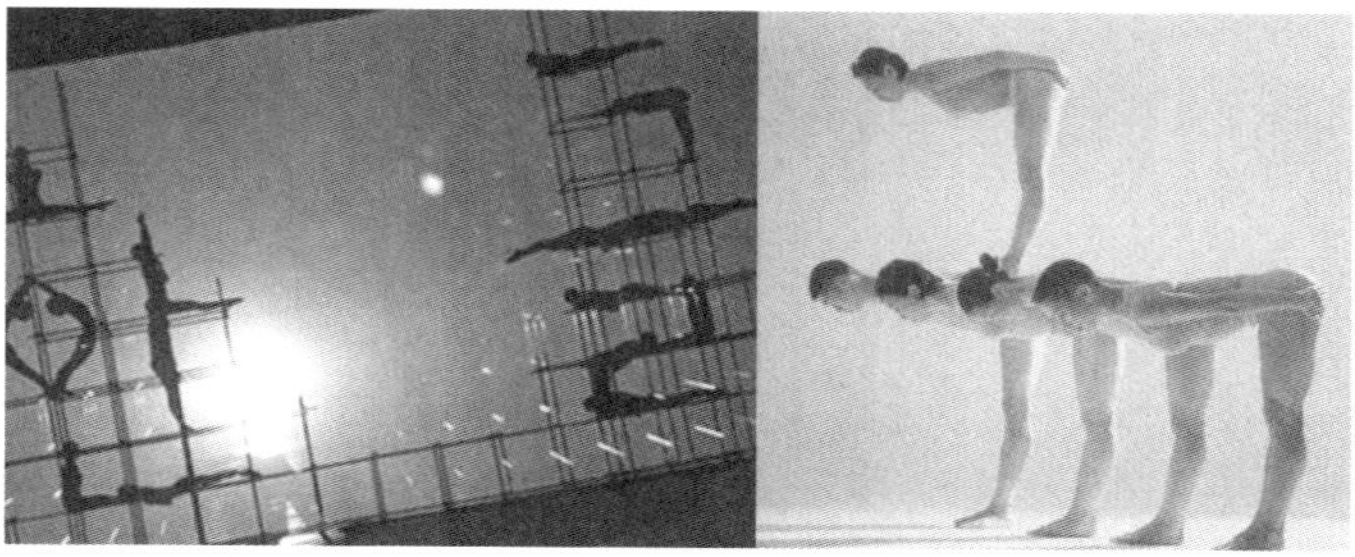

図5　ハングルを形象化した舞踏作品

Ⅳ 展望

本稿が試みたのは、エクリチュール全般をめぐる一般的な問題系を提示し、その概念の主要な基本原理を提供することであった。一般的かつ個別的なエクリチュール概念の理解のされ方を区別した後、認識論・記号論・先史学の三つからなる観点を提案した。これらの学問分野の交差するところで、エクリチュールの一般的で、拡張され、複合的な概念化を展開することが可能になった。それは、文化的な条件であり、存在論的なカテゴリー——つまり、メディアの歴史を通じてつねに見られる普遍的な事実でありプロセス——であるエクリチュールの間メディア性というパラダイムにたどりつくものであった。コミュニケーションの形式について三つの基本原理を確認することで、エクリチュールについての複合的な概念化をめぐる、以上の学際的な研究と総合を締めくくることにしたい。

・エクリチュールをめぐるあらゆる問いは、エクリチュールというメディアの物質性、身体性、文化的・イデオロギー的複合性、そして、政治経済についての理解を前提にしていること。
・言語学、文学、記号論といった異なった分野におけるさまざまな立場から、現代の言語学が示している進化論的で音声中心的な限定的な考え方を批判することが欠かせないこと。
・エクリチュールの記号論的自律性は、グラフィック性一般の誕生をめぐる先史学的な証拠を参照することで証明されること。

「かくこと」をめぐって——記号・メディア・技術

西 兼志

1 記号（学）からメディア（学）へ

ソシュール流の記号学で、文字は話し言葉を代理表象するだけの似姿でしかないとされる。デリダの文字学＝グラマトロジーは、このような音声中心主義を批判することで提出されたが、それは、その現象学批判でも同様である。そこでは、記号（学）は文字（学）の優位を明らかにするための踏み台でしかなかったわけである。

この文字学が開いた地平を、改めて記号の観点から捉え返したのがメディア学＝メディオロジーである。メディオロジーは、記号の学のもうひとつの系譜であるパースの記号論に依拠することで、文字を記号として位置づけ直し、メディア学の地平を開いたのだ。そこでは、文字は第一のメディアとされ、『パイドロス』のエジプトの場面におけるタモス王の文字批判も、「テレコミュニケーションの禁止」と解釈されることになる。

このメディア学の基礎となるのが「記号のピラミッド[*1]」である。このピラミッドは、チャールズ・サンダース・パースに由来する記号の三分類に基づき、上から、象徴、類像、指標の三つの次元から構成されている。

ピラミッドの頂点に位置する象徴の次元は、指示対象と記号の関係について恣意性と有契性（コ

＊1 ダニエル・ブーニュー『コミュニケーション学講義——メディオロジーから情報社会へ』書籍工房早山、二〇一〇年、六〇頁（Daniel Bougnoux, *Introduction aux sciences de la communication*, La Découverte, 1998, p. 36）。

ード）によって定義されるものである。言語、とくにアルファベットのような文字が位置づけられるのもこの次元であり、ソシュールに端を発する記号学で前提にされているものである。恣意的でコードに基づいた象徴記号は、まさにそれゆえに、特定の文脈を越え、「いつでもどこでも」理解されうるという利点を備えている。その反面、使いこなすには時間と労力が必要で、ヒトが誕生してから、この次元に達するのは長い時間を経た後のことでしかない。

これに対して、ピラミッドの基層にあるのが指標の次元である。この次元は、「接触」（contact）という直接的関係性によって特徴づけられる。たとえば、煙はその元である火がまさにそこにあること、足跡はそれを残した存在者がまさにそこにいたことを示す指標記号である。この記号はあらゆるコミュニケーションの基層であり、記号作用を支えるものである。「接触」はまた、ローマン・ヤコブソンが定式化したコミュニケーションの「六機能図式」で、「交話的」と呼ばれる、コミュニケーションにおける関係設立機能に関わるものでもある。交話的コミュニケーションとは、たとえば、電話で使う「もしもし」という発話や、挨拶一般のことであり、なんらかの内容、メッセージを伝えるに先立ってまず、関係性を打ち立てるものである。この意味で、指標記号は、象徴記号が、特定の文脈から離脱し、脱文脈的に＝「いつでもどこでも」通用するのに対し、対象および他者との直接的な関係性＝「接触」によって規定され、「いま、ここ」の文脈から離脱することがない。逆にいえば、特定の文脈に埋め込まれ、文脈そのものを打ち立てるものである。

これらの象徴と指標のあいだにある類像の次元はイメージ（絵）一般に関わり、「類似性」によって特徴づけられる。この次元は、象徴、指標両者の利点を兼ね備えた特有の有効性──「類像的有効性」（efficacité iconique）──を持っている。つまり、象徴と同じく特定の文脈から離脱しうると同時に、指標記号のような直接的な訴求力を有しているわけである。

図１　記号のピラミッド

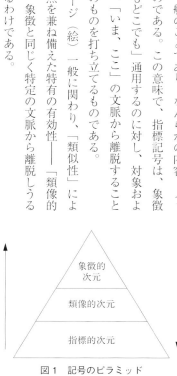

記号のピラミッドで、これら三つの次元は、あくまで指標、類像、象徴の順番で積み上げられるものであり、ピラミッドの脇には上下両方向のベクトルが添えられている。

パースでは、一次性、二次性、三次性によっても規定されることで、類像、指標、象徴の順にあるのだが、記号のピラミッドの基層にあるのは、あくまで指標であり、その上に、類像、象徴が重ねられるかたちになっている。この並べ替えは、まったく大胆な身振りなのだが、「パースが予見したものではない」と一言添えられているだけである。

まず、下向きのベクトルは、複製技術としてのメディアの進展を表わしている。グーテンベルクの銀河系を誕生させた活版印刷は、ピラミッドの頂点に位置する象徴記号を複製する技術であり、十九世紀以降に発明された写真、映画、ラジオ、テレビなどのアナログ技術は類像記号の次元に関わる技術である。このなかで、テレビという記号技術は、映像をともなったリアルタイム――「生」＝live あるいは direct――のメディアとして、出来事と視聴者のあいだに「現前性」＝「いま、ここにあること」を構築する点で、指標的次元に接している。そして、デジタル技術は、位置情報技術にしろ、バイオテクノロジーにしろ、単独性を担保する「いま、ここ」という一回的なものまでをも把捉することになる。つまり、記号の複製技術としてのメディアは、象徴から指標へと下降するベクトルに従って、技術化する帯域を精密化しながら拡張していくわけである。

それに対して、上向きのベクトルは、ヒト化のプロセスが指標、類像、象徴をこの順で獲得していくことを表わしている。個体発生という個人の成長のレベルでいえば、誕生してまもなくの生は、触覚的コミュニケーションに満ちている。それが、成長するにつれ、絵を描く類像の次元を経て、文字を学び象徴の次元に達する。近代化を押し進めてきた公教育が目指したのも、生まれながらの口語的世界から、試験による選抜を経て、文字の世界へアクセスしていくというかたちで、ピラミッドを上昇していくことである。

この意味で、指標、類像、象徴はこの順で並べられていなければならないわけである。

この記号のピラミッドの観点から、文字はどのように位置づけられるか。たとえば、先にも言ったように、アルファベットのような表音文字は、文字と音声のあいだの関係が恣意的なものであり、象徴の次元にある。それに対して、漢字のような象形文字は、表わされる対象を象ったものとして、類像の次元にあるものである。そして、接触によって定義される指標の次元は、記号活動を下支えするものとして、文字そのものよりむしろ、書くという身ぶりに関わるものである。

このような文字のあり方を明らかにしているのが、石川九楊による「筆蝕」の議論である。

2　記号としての文字／文字としての記号

「筆蝕」とは、「筆記具の尖端と紙との関係に生じる劇《ドラマ》」であり、これらの対象が「触」れることと、それによって生み出された痕跡＝「蝕」によって定義される。そこで問題にされているのは、「文字」よりむしろ、「書く」ことそのものである。石川によれば、「書く」こととは、あくまで「かく」ことなのであり、「「欠く、掻く、描く、書く、画く」表出〔…〕人間が道具を手にして、自然などの対象に働きかけ、傷をつけるなど、これを減算的《マイナス》に変形するという方法」[*2]のことである。文字は、「書く」ものであるわけだが、漢字のような象形文字は、「画く」「描く」ものである。さらに、「かく」が、「掻く」あるいは「欠く」でもあることは、文字が、道具を介して働きかけ、「触れる」ことで、対象を「蝕み」、痕跡を残すものだということである。

そして、これらの「かく」の諸様相は、記号のピラミッドの三つの層に正確に対応している。つまり、文字を「書く」は象徴の次元、形象を「描く」「画く」は類像の次元、そして、痕跡を残す

＊2 石川九楊『筆蝕の構造――書くことの現象学』ちくま学芸文庫、一九九二年、三二頁。

「欠く」「掻く」は指標の次元に位置づけられるわけである。

「筆蝕」に基づいた文字論が記号のピラミッドに正確に対応していることからわかるのは、文字が記号学にとって十全な対象だということである。

さらには、文字こそが記号なのであり、文字を記号の観点から考えるのではなく、文字の観点から記号を考えねばならないということである。デリダの文字学が明らかにしていたのも、文字を下位に置く音声中心主義自体が、アルファベットという文字の体系によって規定されたものだということであった。同様に、記号は、文字のように、三つの層を備えているのであり、「かくこと」において、痕跡を残す「掻く」「欠く」がもっとも根本的であったように、指標記号こそが、もっとも原初的な記号として、ピラミッドの基層に位置づけられねばならないのである。

以上のように、メディア学は、文字学のインパクトを受け止め、ソシュールではなくパースを参照することで、記号の概念を、イメージに関わる類像の次元から、接触によって規定される指標の次元にまで拡張した。それは記号がそのただ中で作用するコミュニケーション──「実践」──の軸と、記号作用を支えるモノ──「技術」──の軸の交わるところでメディアを捉えるものであるが、その中心となるのが、第一のメディアとしての文字なのである。

このようなメディア学による拡張を、文字を第一の技術とすることで徹底化し、技術学の地平を開いたのが、ベルナール・スティグレールである。

3　技術としての文字／文字としての技術

この技術学の要石となるのは、「文字化」(grammatisation)の概念である。

この概念を提出した言語学者のシルヴァン・オールーは、「エクリチュールの発明は、人類のもっとも重要なテクノロジー革命のひとつである」とし、言語に関する知とテクノロジーの関係についての考察を押し進めた。その議論によれば、「文字化」は、文字の誕生に関する「狭義の文字化」(scripturisation)と、二〇世紀半ば以降に進展する「自動化」(automatisation)とともに、言語の客体化の歴史で画期をなすものである。なかでも、『文字化のテクノロジー革命』[*3]では、エクリチュールの発明と同様の重要さを有するとされる、近代における俗語の辞書や文法書の出版による「文字化」が論じられている。

スティグレールは、この「文字化」の概念を一般化し、時間的な流れの空間的な単位への分節化=離散化と定式化する。そして、この観点から、アナログ、デジタルのテクノロジーが捉え返されることになる。それはたとえば、写真の連続として運動を記録する「映画」という複製技術であり、さらにそれを二項対立の信号として記録することで、複製を完璧なものとするデジタル技術、あるいは、遺伝情報を解析し、操作可能にするバイオテクノロジーである。

この意味で、あらゆる技術は文字的なものなのだが、「文字」を主題とすることで提出されたのが、「正定立」(ortho-thèse)の概念である。

この概念が論じられるのは、主著シリーズ『技術と時間』の第二巻『方向喪失』[*4]においてである。第一巻の『エピメテウスの過失』の課題は、プラトンやアンドレ・ルロワ=グーランを参照しながら人間論理=人類学との対決から技術論理を取り出すことであった。その中心となるのが「前定立」(prothèse)であり、「後成系統発生」という、モノが有する独自の力動を表わす概念であった。

これに続く第二巻における課題は、フッサール現象学にとっての試金石たる内的時間意識から、写真、映画というアナログ・メディアを経て、人工知能やバイオテクノロジーという現代のテクノ

＊3
Sylvain Auroux, *La révolution technologique de la grammatisation : introduction à l'histoire des sciences du langage*, Mardaga, 1994.

＊4
ベルナール・スティグレール『技術と時間2――方向喪失(ディスオリエンテーション)』法政大学出版局、二〇一〇年。

ロジーとの対決である。そこで問われるのは、「アーカイブ」を囲い込むことで利益を確保しようとするメディア産業であれ、遺伝という生物的記憶をめぐって覇権争いを繰り広げるバイオテクノロジーであれ、「記憶の産業化」という問題である。

しかし、この進展は、「外」から、あるいは、「後」から記憶を襲うものではない。というのも、記憶が「過去把持の有限性」を本性とし――「不可欠の欠失」――、起源的に補助されたものであるかぎり、記憶は技術と不可分のものだからである――それは、ルロワ＝グーランの人類学の検討から明らかにされたように、技術がヒト化のプロセスと不可分なのと同様である。

このような技術学の地平から、文字のステータスが再検討されるわけだが、それは、デリダの「グラマトロジー」とともに、しかしそれに抗してである。グラマトロジーは、エクリチュールをいまだパロールとの対で考えており、そのかぎりで形而上学の内にとどまっている。この批判は、次のようなかたちで表明されている。

ここで必要なのは、アルファベットの本源的に音声的な理解を放棄し、その正-書法的性格に特権を与えることである。〔…〕哲学は、正-書法をつねに音声-論理から理解してきた。それは哲学が、公正さ（真理の厳密さ、「精神指導」の規則の正しさ）を、自己に現前する声、すなわち〈誰〉の上に築いてきたからである。われわれは、この自己現前が〈何〉の技術-論理の正確さの効果からしか存在しないと主張する。[*5]

音声中心主義の批判／文字の優位の言明は、グラマトロジーに沿ったものである。しかし、最後の一節に表われているように、この批判／言明は、「技術-論理」(techno-logie)の地平からなさ

＊5　同上、一八頁。

れており、その地平から、グラマトロジーが捉え返されることになる。次の一節は、この点を決定的に表わしている。

> 表音的と呼ばれる正書法的エクリチュールの本質的現象は、声の記録の正確さよりもまず、声の記録の正確さである。問題は、声よりまず正確さなのだ。[*6]

技術-論理にとって、文字は、声との関係においてではなく、正確な記録、すなわち、「正-定立」のひとつとして考えられるべきものなのだ。視聴覚的なものであれ、生物学的なものであれ、モノに定着された記憶は「プログラム」――「前-定立」としての「文字」――なのであり、グラマトロジー（grammatologie）を一般化=脱構築する「プロ-グラム学=プロ-グラマトロジー」(pro-grammatologie）が提出されることになる。

この一般化=脱構築の梃子となるのが、写真という正確な記録技術である。

> 同様に、写真も正確な記録である。それゆえ、われわれは、バルトが『明るい部屋』で提起した写真の現象学から始めて、エクリチュールの問いに回帰するという、逆説的に思われるかもしれない決断をした。写真は「音声中心主義」の誘惑から遠ざけてくれるだろう。[*7]

文字も写真も、正確な記録、「正定立的媒体」であり、このような記録は、異なった場所・時間においても同一性を維持する。それによって、多様な解釈が可能になるのであり、解釈の多様性を経ながらも同一性が維持される、すなわち、「差延的同一化」が実現される。

＊6　同上、一九頁。

＊7　同上、一九頁。

このように、スティグレールの技術論理は、「正定立」の概念によって、文字概念を更新し、グラマトロジーを一般化、脱構築するわけだが、この議論において、バルトの写真論は、パースの記号論が記号概念を拡張し、メディア学への道を開いたのと同様、文字学を技術学へと一般化する道を開くものなのである。

こうして問題にされるのは、空間化、対象化＝モノ化（objectivation）するものとしての文字、すなわち、文字による「外在化」である。

それに対して、『技術と時間』第三巻[*8]で問われるのは、文字のもうひとつの側面、「内在化」、そして、外在化／内在化の関係性である。

4 文字と「図式」

『映画の時間と〈難-存在〉の問題』は、カントの批判哲学との対決から、「新しい批判」[*9]を展開するものである。その鍵となるのが「図式機能」をめぐる問題である。ホルクハイマーとアドルノが文化産業を批判するのも、それがこの機能を簒奪するからなのであった。

カントの図式機能においては、感覚的な雑多さを予め基本的な概念に関係づける働きは、まだ主体に期待されていたのだが、今やその働きは産業の手によって主体から取り上げられてしまう。顧客への第一のサービスとして図式機能を促進するのは、今や産業である。[*10]

この批判理論に対して、スティグレールは、「図式機能」が自明視されている点を批判し、そこから、そもそも文化産業による図式機能の簒奪が可能であったのは、なぜなのかを問う。そうし

*8 ベルナール・スティグレール『技術と時間3——映画の時間と〈難-存在〉の問題』法政大学出版局、二〇一三年。

*9 「デリダによるその脱構築と同様、プラトンにおける外部記憶の問題の射程を評価し直すことが、哲学による政治経済批判の新たなプロジェクトの基礎とならねばならない。この新しい批判においては、技術が中心的な賭金となる〔…〕。」（Bernard Stiegler, *Pour une nouvelle critique de l'économie politique*, 2009, p. 52）

*10 マックス・ホルクハイマー、テオドール・アドルノ『啓蒙の弁証法』岩波文庫、二〇〇七年、二五九頁。

て、『純粋理性批判』にまで遡り、批判のやり直し、「新しい批判」が目指される。

カントにおいて、「図式」とは、「或る概念にその形象を提供する構想力の普遍的な手続きについての表象」であり、それが志向するのは、個別的な形象ではなく、あくまで感性の規定における統一である。その点で、「図式」は「形象」と峻別される。たとえば、概念としての「三角形」は、実際に描かれた個々の「形象」とは異なっているが、それらの形象を「三角形」という概念のもとに包摂するのが、「三角形」の「図式」である。数に関しても同様で、数の「図式」は、概念としての数と、その具体的な「形象」――「5」であれ、「五」、「V」、「……」であれ――とを媒介している。このように、構想力の「図式」は、「或る種の普遍的概念にかなって私たちの直観を規定する規則」なのである。

この「図式」についてスティグレールが主張するのは、それが「形象」のような具体的な対象イメージや身振りなしにはありえないということである。

千のような数字が、それを対象とする意識にとって「ある種の概念に」適合した方法として、像なしに可能なのはどの程度までか？

答えは明らかだ。まったく可能でないのだ。実際、数字は何らかのかたちでつねに、数え、対象化することを唯一可能にする第三次過去把持能力を前提しているのである（子供の指でもあれば、呪術師の身体、おはじき、算盤、あるいは文字数次式のエクリチュールでもありうる）[*11]。

「図式」は、具体的な「形象」から派生してきたのであり、「形象」や身体的な操作、すなわち、

＊11　B・スティグレール、前掲書、九〇頁。

外的なものを内在化、精神化したものなのである。カントにおいても、「図式」が悟性の概念と感性の直観を媒介できるのは、感性的なものと起源をともにし「同種的」なものだからなのだとされていた。

一方ではカテゴリー、他方では現象と同種的な第三のものがなければならないということである。媒介の働きをするこの表象は、純粋であって（あらゆる経験的なものを含まず）、しかも一方では知性的であるとともに、他方では感性的でなければならない。そうしたものが超越論的図式にほかならないのである。*12

このような同種性の両義性あるいは曖昧さを解決するのが、外在化と内在化の力動なのである。そもそも文化産業が「図式」を簒奪できるのも、「図式」が外的なものを内在化したものだからであり、このような「図式」に働きかけることで、文化産業は、われわれの外からではなく、内からその力を行使しうるのである。

そして、この内在化／外在化の力動を表わすのが、技術哲学者のジルベール・シモンドンから採用し、スティグレールがその技術学の中心概念のひとつとする「横断伝導」（transduction）である。

それら（＝像と図式）が共創発的、つまり、横断伝導的関係にあると提起する。像と図式は、後成系統発生構造によって条件づけられた歴史的プロセスを構制する同じ現実の二つの側面なのだ。この構造が指しているのは、意識の環境を形成する第三次過去把持の一般システム、つ

*12 イマヌエル・カント『純粋理性批判（上）』平凡社ライブラリー、二〇〇五年、三三八頁。

まり、過ぎ去った、そして、過ぎ去りゆく意識の時間を世界歴史性として空間化する世界である。[*13]

横断伝導的関係は、関係づけられる項の一方が他方なしでは存在しない、関係項を構成する関係ともされるが、内在化と外在化が一挙になされるプロセスを指すものである。それはまた、「鏡像関係」ということもできるだろう――主体と鏡像の関係はまさに横断伝導的なものである。

このような「図式機能」の批判から明らかになるのは、スティグレールのカント読解が、批判哲学を完成した体系としてではなく、力動的なプロセスにおいて捉えるもの、発生論的なものだということである。それは、「図式」についてだけでなく、第一批判の二つの版の差異の読解として、特に、三つの総合の位置づけについてなされており、批判、スティグレールによる「新しい批判」だけでなく、カント自身による批判の批判、自己－批判が、書物という文字を複製する技術によって可能になったものであることを、行為遂行的に証している。

この文字を介した批判－再批判はまさに、「意識の環境を形成する第三次過去把持の一般システム」の二つの側面であり、この批判－再批判、書くこと－読むことは、外在化－内在化のプロセスとしてある。

批判は分析し総合する。しかし、そうしうるのは、操作――ここでは時間、つまり、第三次的物質化を通して、第一次と第二次の過去把持の働きを操作すること――できるかぎりのことでしかない。[*14]

＊13　B・スティグレール、前掲書、九六頁。

＊14　同上、八六頁。

そしてそれは、文字が、「像」でありかつ「図式」、個別的でありかつそれらをとりまとめる、あるいは、「掻く・掻く」ものでありかつ、「書く」もの、指標的なものかつ象徴的なものであるからにほかならない。

この点をさらに明らかにしてくれるのが、「ハビトゥス」(habitus)の概念である。実のところ、これらの概念は密接に関係しており、それを導入することで、両概念、そして、スティグレールの主張をより明確にすることができるだろう。

5 文字・図式・「ハビトゥス」

この概念は、社会学者のピエール・ブルデューが「実践」を解明するために用いたことで知られているが、マルセル・モースからの借用であることもあり、現在では、社会学の概念と考えられがちである。しかし、アリストテレスの「ヘクシス」(hexis)を翻訳したものであり、社会学に限定されるものではない。実際、エドムント・フッサールやモーリス・メルロ＝ポンティの現象学においても、重要な役割を果たしている。

アリストテレスの倫理学において、「ヘクシス＝状態」は、「エネルゲイア＝活動」が積み重ねられることで生じるものであり、それゆえ、年少のときに身についた習慣はその後の人生を強く方向づけるとされる。つまり、蓄積の結果としてある現在における状態なわけだが、しかし、けっして固定し静的なものではない。むしろ、プロセスにおけるひとつの状態である。

この点は、この概念が「echein＝持つ」という動詞の現在形から派生したものであることにもよるが、同じ動詞の過去分詞から派生した「図式」と比較することでより明らかになるだろう。

エミール・バンヴェニストは、「リズム」の語源を検討するなかで、このことばがギリシア語では、現在のように規則的な運動ではなく、むしろ「かたち、形式」を意味しており、その点で、「図式」と同様に扱われていたことを指摘する。しかし、「リズム」が、動きがあり、流動的で、一定していないものがある瞬間にとる「かたち」を指すのに対して、「図式」は、「固定し、いわばモノとして実現され、置かれた「かたち」」のことであった点で大きく異なっていたと言う。[*15] 「図式」がこのように静的なものであるのに対して、「ヘクシス」はあくまで、力動的なものであり、プロセスなのである。

そして、このような含意は、それを翻訳した「ハビトゥス」にも受け継がれることになる。このことばも、ラテン語で「持つ」を意味する「habere」の過去分詞から派生してきたものであり、その点では、「図式」に対応している。しかしまた、「ヘクシス」の訳語として、それを特徴づけるものであったプロセスとしての側面も有している。

現象学で強調されるのも、この側面である。

たとえば、フッサールの死後、公刊された『経験と判断』では、「前述語的(受容的)経験」から、「述語思考と悟性対象」を経て、「一般対象性の構成と一般判断の形式」へと、別言すれば、「ドクサ」から「エピステーメ」、あるいは、個別的なものから一般的なものへと抽象化、高精度化を遂げていく意識のあり様が描き出されている。この発生論的現象学が明らかにしようとしているのは、科学や学問における、普遍的に妥当する述語的判断が前述語的判断、そして生活世界から生まれ、そこに根ざしているということである。そして、「ハビトゥス=習慣」が言及されるのは、この前述語的判断について詳述されるときである。

「ある対象の知覚という」体験そのものは、そのなかで構成された対象とともに「わすれられ

*15 Emile Benveniste, *Problèmes de linguistique générale*, tome 1, Gallimard, 1976, p. 333.

る」かもしれないが、といっても、それはあとかたもなくきえうせるのではなく、たんに潜在的なものになるだけである。そこに構成されたものは、習慣として所有されていて、いつでもあらたにじっさいに連想的によびおこされる。[*16]

習慣は、体験の痕跡が沈殿していくことで形成されるものであり、それが、「恒常的な成果」となり、より高次な判断がなされる際にも、その前提として維持されているわけである。メルロ＝ポンティも、このように蓄積されてきた潜在的な知を「ハビトゥス」と呼んでいる。

意識は物的世界のなかに自己投射して身体をもつようになる――あたかも意識が文化的世界のなかに自己を投射して慣例（habitus）をもつように。それというのも、意識が意識たりうるのは、自然の絶対的過去なり、己の個人的過去なりに与えられている意味とかかり合うことによってのみだからであり、あらゆる生きられた経験というものは、われわれの慣例の一般性にせよ、あるいはわれわれの〈身体機能〉の一般性にせよ、とにかくあるひとつの一般性へと向かうものだからである。[*17]

身体が意識をモノのあいだに定位させるように、「ハビトゥス」は意識を文化のなかに定位させるわけである。意識を文化の世界に位置づける「ハビトゥス」は、個の実存と、個を超えた本質、すなわち、個別的なものと一般的なものとを媒介するわけだが、それによって、個体が新たな環境に適応することを可能にするものでもある。

この点に関して、メルロ＝ポンティは、「習慣」（habitude）と「慣習」（coutume）を対照させる

＊16 エドムント・フッサール『経験と判断』河出書房新社、一九七五年。

＊17 モーリス・メルロ＝ポンティ『知覚の現象学1』みすず書房、一九六七年、二三二頁。

ことで論じている。それによれば、「慣習」は、文化のレベルで、生物的な本能のように固定されたものであり、個体はその力に受動的に従うほかない。それに対して、「習慣」は、新たな環境に臨んで、みずからを組み換えていくことができるものである。

習慣とは、あたらしい道具を自分に付加することによってわれわれの世界内存在を膨張させること、ないしは実存のあり方を変えることの能力の表現である。[*18]

たとえば、盲人が杖を使うようになるとき、その杖は、盲人にとって、向かい合った外的対象ではなく、身体の一部として、世界と関わるための媒介となる。習慣とは、個体が、新しい道具を取り込むこと、身につけ、わがものにすることで、みずからを変容させていく能力なのである。そして、このように習慣を理解することで、身体は、習慣が具現化したものとみなされることになる。

この自己の身体はといえば、これは始元的な習慣であって、他の一切の習慣を条件づけ、それらを了解できるものとする習慣である。[*19]

ここには、「もろもろの「状態＝ヘクシス」は、それに類似的な「活動＝エネルゲイア」から生ずる」としていたアリストテレスの「ヘクシス」からの直接の影響を見てとることができるだろう。習慣は、けっして固定したものではなく、あくまでプロセスにおけるひとつの状態なのである。

このような哲学における「ヘクシス」に端を発する「ハビトゥス」論の系譜の検討からわかるの

＊18 同上、二四一頁。

＊19 同上、一六二頁。

は、まず、「図式」概念と密接な関係にあることである――それゆえ、「図式」を検討するにあたって、「ハビトゥス」概念を導入する必然性があったわけである。また、「図式」が固定した静的なものであるのに対して、「ハビトゥス」は動的で、プロセスとしての側面を含意していることである。

ブルデューにおける「ハビトゥス」概念もこのような系譜に位置づけられるものである。ブルデューがこの概念を用いるのは、「実践論」(praxéologique)と称する立場から「実践」を解明するためであったが、この立場は、実践を外的な規範の単なる実行とする「構造主義的」な立場と、個々人の生きた経験、すなわち、内的なものの表現とする「現象学的」な立場を二つながらに乗り越えるものとして提出されたのであった。この第三の立場から、実践は、規範が内在化されるプロセスとしてと同時に、その内在化された規範が外在化されるプロセスとして理解されねばならないとされる。この内在化と外在化の弁証法によって、「指揮者の組織化する活動の結果ではないにもかかわらず、集団的に編成(orchestrer)される」。こうして、この実践論は、静的な構造主義を動体化するものとされ、後に「発生論的構造主義」と称されることになる。

このような「諸実践のエコノミーについての一般科学[20]」とされるブルデューの実践論の核にあるのが、「ハビトゥス」なのである。この概念は次のように定義されている。

> 永続的な傾向性の体系、構造化する構造として機能するよう前もって定められ、構造化された構造[21]

「構造化する」と同時に「構造化された」という二重性は、内在化と外在化のそれに対応したものにほかならず、ブルデューの概念が、これまでみてきた哲学における系譜に連なるものであるこ

*20 Pierre Bourdieu, *Esquisse d'une theorie de la pratique*, Seuil, Points Essais, 2000, p. 375.

*21 *Ibid*., p. 175.

郵 便 は が き

恐縮ですが、
切手をお貼り
下さい。

1 0 1 - 0 0 5 1

（受取人）

東京都千代田区
神田神保町二―一〇

新曜社営業部行

通
信
欄

通信用カード

■このはがきを，小社への通信または小社刊行書の御注文に御利用下さい。このはがきを御利用になれば，より早く，より確実に御入手できると存じます。
■お名前は早速，読者名簿に登録，折にふれて新刊のお知らせ・配本の御案内などをさしあげたいと存じます。

お読み下さった本の書名

通 信 欄

新規購入申込書 お買いつけの小売書店名を必ず御記入下さい。

(書名)	(定価) ¥	(部数) 部
(書名)	(定価) ¥	(部数) 部

(ふりがな)
ご 氏 名　　　　ご職業　（　　歳）

〒　　Tel.
ご 住 所

e-mail アドレス

ご指定書店名	取次	この欄は書店又は当社で記入します。
書店の住 所		

とを証している。

以上のような、「ハビトゥス」を導入しての「図式」の検討から明らかになるのは、スティグレールによる「図式」概念の批判が、このような哲学的、現象学的な「ハビトゥス」論の系譜に連なるものだということである。いわば、「図式」を、「ヘクシス」＝「ハビトゥス」として捉え返すものなのだ。もっとも、意識や身体などの個別的な次元を超え、それを下支えし、独自の力動を有する、すなわち後成系統発生において世代を刻んでいく技術の次元、モノの次元を中心に据える点で根本的に異なっている。「ハビトゥス」にしろ、「図式」にしろ、技術－論理のひとつの側面として捉え返されるべきものなのである。

この地点から、スティグレールによる技術－論理の観点からの文字論を改めて検討し、文字とは何かを考えてみることにしよう。

6　「ハビトゥス」の「タイムカプセル」

文字は、「正定立」、すなわち、正確な記録として、「意識の環境を形成する第三次過去把持の一般システム」をなすものであった。モノに定着された、すなわち、「外在化」された意識・記憶として、みずから生きたわけではない過去への接近、そして、未来への継承を可能にするのだ。こうして形成された環境を取り込むのが「内在化」である。この側面は、「図式機能」の批判において問題にされていた。それによれば、悟性と感性を媒介する「図式」は、「形像」に由来し、それを内在化、精神化したものなのであった。そして、この外在化と内在化を一挙に捉えるのが、「横断伝導」である。そこで前景化してきたのが、プロセスとしてあることであり、文字に関していえば、「文字」そのものよりむしろ「書くこと」、あるいは「かくこと」である。「かくこと」は、筆触の議論が明らかにしていたように、「掻く＝欠くこと」として、モノのうえに痕跡を残すと同時に、「書くこと」として概念を表出するものである。あるいは、「かくこと」の諸様相が、記号のピラミッドの三つの層に正確に対応していたことを思い出すなら、「かくこと」、なかでも、象形文字である漢字のような文字を「かくこと」は、かたちをなぞることで、指標の次元で、モノと接触すると同時に、象徴の次元で、コードに従うことで、実現されるものである。文字とは、このような横断伝導的関係の痕跡なのだ。

そして、「かくこと」はこの痕跡を再活性化することでもある。別言すれば、「かくこと」の共時的な側面だけでなく、通時的な側面も問わねばならないのだ。「図式機能」の批判においては、認識が問題になっているかぎりで、前者の側面が前景化してくるが、あくまで「歴史的プロセス」、あるいは「第三次過去把持の一般システム」が問題になっているのであり、その意味で、後者の側面も看過できない。そして、この点は、学の発生を問う『幾何学の起源』のフッサールでも、再生産を問うブルデューでも顕在化してくるものである。

先に見た石川九楊も、「マンガ表現論」を提唱する夏目房之介の次の一節を引きながら、「かくこと」の通時的な側面を強調している。

> 具体的に手塚の線をなぞってもらわないと、ここでいおうとすることはわかりにくいかもしれない。
>
> 線をなぞるとき、筋肉のつきかたやら、ある種の惰性によって、描きやすい方向とそうでない方向がある。簡単にいえば、ペンで下から上に線を画くというのはむずかしい。それをこま

＊22 夏目房之介『手塚治虫はどこにいる』ちくま文庫、一九九二年、八

かに模写してたどってゆくと、どこで無理しながら一生懸命描いているかがわかる。どこで力を抜き、ペンを流しているかも、ほぼわかるのである。

また、その人によって得意な線の走りかたや、その場所がある。服のしわがとても気持ち良さそうに描かれているとか、逆に走っている足が描きにくそうだとか、そういうことが模写してみると（マンガを描いている人ならとりわけ）よくわかるはずである。[*22]

石川によれば、この模写についての詳細な記述は、「立派な書論であり臨書論[*23]」なわけだが、「かくこと」が痕跡の再活性化にほかならないことをよく表わしている。[*24]つまり、模写＝臨書の身振りは、対象である原画＝原書を解明すると同時に、そこに保存された身振りを再活性化し、みずからのものとしていくものなのであり、その発見のプロセスを、まさにそこで、かたちをなぞり、運動を再現することで、痕跡を残しながら実現しているのだ。

この点は、書道を題材にした、河合克敏の『とめはねっ！　鈴里高校書道部[*25]』のある場面がよく表わしている。この作品は、鎌倉にある「鈴里高校」の廃部間際であった書道部を、偶然入部した新入生たちが立て直し、全国トップレベルにまで押し上げていく青春物語である。ここで取り上げるのは、主人公たちが修学旅行で訪れた京都で、地元の高校に通い、全国一位になったこともあるライバルの案内で美術館を訪れる場面である。主人公たちは、間近に迫った書道大会に、かなの臨書を出品するため、その手本となる作品を探している。そこで、かなの書を得意とするライバルに、なぜ、かなの書にこだわるのかを問いただす。それに対する彼女の答えを描いたコマである（図2）。

かなの古書は和歌だけでなく、それを書き残した動きを記録した「タイムカプセル」なのであ

〇頁。

＊23 石川九楊『書とはどういう芸術か――筆蝕の美学』中公新書、一九九四年、三一頁。

＊24 同様のことは、絵画の修復（アレッサンドロ・コンティ『修復の鑑――交差する美学と歴史と思想』ありな書房、二〇〇二年）や、社寺の復元（西岡常吉・小川三夫・塩野米松『木のいのち木のこころ――天・地・人』新潮文庫、二〇〇五年）についても指摘できる。これらは、文字、メディアのみならず、技術一般が第三次過去把持であることを証している。

＊25 当初は、『週刊ヤングサンデー』（小学館、二〇〇七年第二号～二〇〇八年第三五号）で連載されていたが、同誌の休刊にともなって、『ビッグコミックスピリッツ』（小学館、二〇〇八年第四一号～二〇一五年第一六号）に移籍した。単行本は第一四巻で完結している。

り、それがかなの臨書の魅力だというのである。この場面は、和歌を詠む声との関係ではなく、動きを表わしたものとして、文字、あるいは「かくこと」を捉えると同時に、「かくこと」が、痕跡をなぞることで、そこに保存された動きを再活性化することであり、古筆の動きを発見し、それを身につけることであることを端的に表わしている。

「かくこと」とは、このような通時的かつ共時的な横断伝導的関係なのであり、文字はその痕跡、再活性化を待つ「タイムカプセル」なのである。

図2　河合克敏『とめはねっ！　鈴里高校書道部』第一〇巻（第一一八話「タイムカプセル」）二〇一二年、五九頁。

デジタル化されたとしても、書物がもうすぐ消滅するわけでもなければ、文字が失われるわけでもないだろう。しかし、「かくこと」は確実に失われつつあり、それによってある種の文字も失われつつある。それはなにも、「消えゆく声たち」にだけ当てはまることではない。そうではなく、現在、覇権を握っている英語にもみられることである。英語では、すでに筆記体が失われつつある。[*21] 教科書がタブレットPCとなり、鉛筆やペンといった筆記用具がキーボードに取って替わられることで、それらでかかれていた筆記体がまず失われつつあるわけである。そして、筆記体をかけなくなることで、これまで残されてきた手稿も読めなくなる。痕跡が再活性化されなくなるわけだ。

文字を声から離れて、メディアとして、そして、技術として問うことから明らかになるのは、文

＊22　*Courrier international*, no. 1194, 2013. 9.

字、あるいは「かくこと」によって開かれていたこのような長い回路のあり様――デジタル・ツールはどのような身振り、どのような「ハビトゥス」を伝えるのだろうか――なのである。

Ⅲ部

［実験編］これからの「リーディング」をデザインする

デジタルアーカイブ時代の大学における「読書」の可能性
——東京大学新図書館計画における実験と実践

阿部卓也・谷島貫太・生貝直人・野網摩利子[*1]

はじめに

テクノロジーの発達に応じて、知識のあり方は常に根本から変わり続けている。人間の知性獲得が本質的に技術的外在性に支えられている以上、技術の進展は、必然的に学問の再配置を要請する[*2]からである。ゆえに、知を保存し利用に供することを本来的使命とする大学図書館の活動も、テクノロジー環境の変容とともに、再定義されることになる。とりわけ、デジタルテクノロジーがもたらす知識インフラを前提に、新しい大学や図書館の姿をいかに構想するべきかという議論は、いままさに世界中の多くの識者によってなされているものである[*3]。

そうしたなか、東京大学でも本郷キャンパス総合図書館を改修し、学術のための新たな拠点として大幅に拡充する「新図書館計画」が進行中である。この計画は、単なる歴史的建築物のリノベーションや、紙の書物の保護だけを目的とするものではなく、前述したような「図書館使命の再定義」を段階的に構想・実現していくためのものでもある。そのような問題意識のもと、東京大学附属図書館の教職員は、学内の図書館・図書室の機能と活動を高度化していくための、さまざまな実践や実験的取組みをおこなってきた。

＊1
本エッセイは、阿部卓也と谷島貫太によって執筆された。文中で紹介される事例のうち、実証実験1には野網摩利子が、実証実験2には生貝直人が、それぞれ共同研究者として参加した。展示1〜3は、阿部・谷島がアドバイザーを務めた大学附属図書館「新図書館計画課題検討グループ」の活動として、図書館職員が企画し実施したものである。

＊2
ベルナール・スティグレール「器官学・薬方学・デジタル・スタディーズ」（本書所収）。

本稿では、「新図書館計画」の一環としておこなわれた様々な試みのなかから、デジタルベースで「読み」を支援・拡張する環境デザイン実証実験や、挑戦的な企画展示の実践をいくつか紹介する。これらの実験は主として二〇一三年から二〇一五年にかけて、筆者らと学外パートナーとの緊密なコラボレーション、ならびに数多くの熱心な図書館職員の努力によって実現したものである。

これらの実験を通じてわれわれが目指したのは、「読書および図書館をハイブリッド化する」ことであった。すなわち、紙の書籍と電子書籍、フィジカルな空間とヴァーチャル・スペースといった軸を対立させるのでもなければ、どちらかだけを選択するのでもなく、両者を結合し循環させることで、文字や書物や読みという経験が持っている、本来的ポテンシャルを探ることを試みたのである。それは、人間のあらゆる活動が理論上すべて記録・保存されるような時代、本に対する読みの行為さえもがただちに文字（＝デジタル的な痕跡）となってしまう時代において、書物と図書館が担ってきたものを、いかなる形で新しいテクノロジーと融合させ、存続させうるかを問うものでもあった。

以下では、そのような問題意識のもとにおこなった三つの実証実験と、図書館における書物との新たな出会いの演出を試みた三つの企画展示を紹介する。*4

実証実験1　『三四郎』の文献ネットワーク——研究者を活用した本との「出会い」の創出

貴重資料アーカイブやデータリポジトリなど、人びとが活用可能なデジタル資料が急速に増加していくなか、同時に「資料を公開しただけでは利活用されない」ということも明らかになりつつある。電子化した資料を発見可能にし、利用者との「出会い」の契機を確保することは、アーカイブにとって極めて重要な課題である。資料の発見可能性を確保するためにとるべきアプローチはいく

*3 たとえば吉見俊哉『大学とは何か』（岩波書店、二〇一一年）、同『「文系学部廃止」の衝撃』（集英社、二〇一六年）、ジョン・ポールフリー『ネット時代の図書館戦略』（原書房、二〇一六年）ほか。

*4 なお、これらの実証実験および展示は、当初予定していた実験の検証期間や展示期間が終了したため、現在は公開されていない。

つもあるが、[*5]「大学の」図書館という条件でおこなった今回の実験では、「研究者の専門的な知識」を活用することを試みた。すなわち、資料と資料を関連づけることのできる専門家の知識を保存して、アーカイブのなかにネットワークとして埋め込むことで、非専門家でも、そのネットワークをたどって次々と関連する本に出会っていけるような環境の設計である。

この実験は二〇一四年度から二〇一五年度にかけて実施された。具体的なネットワークのモデル環境としては、夏目漱石の小説『三四郎』とその関連文献を使用した。『三四郎』は、明示的あるいは暗黙的にさまざまな作家、思想家とその書物を参照して書かれている。そのような他の書物との参照関係を、夏目漱石研究者の知識を使って明示化し、電子書籍に埋め込むことで、利用者が『三四郎』単体を読んだだけでは不可能な「深い読み」を追体験でき、さらにアーカイブに収録された文献とも出会うことのできる経路を作ることを目指した。知識の埋め込み作業は、夏目漱石研究の専門家で『夏目漱石の時間の創出』（二〇一二年）の著者である野網摩利子との協働作業により実現した。実験のプラットフォームとしては、京セラコミュニケーションシステム（KCCS）社の協力を得て、同社が開発する電子書籍ソリューション「BookLooper」を使用した。さらに、野網の著書『夏目漱石の時間の創出』の刊行元である東京大学出版会の協力を得て、同書の電子書籍データも[*6]BookLooperに収録した。

実験の手順は、以下のようなものであった。まず今回の実験の開始にあたり、BookLooperを改修し、書籍の特定の箇所から別の書籍の特定箇所、さらには外部のリソースへのリンクを作成する機能を追加実装した（図1）。これにより、書物間の関係がプラットフォーム上で表現可能になった。その上で、BookLooperに、新図書館計画が電子化した東大図書館の文献や、国立国会図書館の近代デジタルライブラリーで公開されている文献、その他オンライン上ですでに権利フリーで公

＊5
その最たるものは、主要な検索エンジンがハーベスティング可能な形でデータを公開することである。

＊6
同書にはもともと電子書籍版は存在せず、今回用いられたのはこの実験のために独自に作成されたものである（現在は、電子書籍版も発売中）。

開されている文献などを収録し、実験の基本環境を構築した。

この環境のなかで、野網は『三四郎』と『夏目漱石の時間の創出』を核にしながら、書物同士のネットワークを作成していった。その作業は、以下の二種類に大別できる。一つは、夏目漱石が『三四郎』を執筆するに際して直接ないし間接的に参照した書物群の洗い出しである。『三四郎』内で具体的に書物名が挙げられている箇所に加え、作家や思想家の名前、あるいはキーワードだけが挙げられている箇所についても、漱石が実際に念頭に置いていたであろう書物を想定し、リスト化した。それらのうち、著作権が消滅しオンラインで公開されているものに関しては、ダウンロードし、プラットフォームに掲載して活用可能にした。*7 もう一つの作業は、『三四郎』のなかの特定の記述から他の書物への関連性の可視化である。そうした関連づけの一例を挙げると、たとえば『三四郎』に登場する唯一の実在の東大教員は小泉八雲である。そして野網は漱石と八雲がともに「北欧神話」に強い関心を示していたという事実に着目し、『三四郎』から、小泉八雲の東大での講義をまとめた『西洋文学講義』*8のなかの、北欧神話について論じている箇所にリンクを作成した。そこからさらに、その関連性について論じている野網自身の『夏目漱石の時間の創出』の当該箇所を経由し、漱石の北欧神話への関心がもっとも現われている小説である『それから』にたどり着く、といったような形で、歴史的な文献と最新の研究書を横断する文献ネットワークが形成された（図2）。

このような作業を通して、プラットフォーム上の『三四郎』には、そのテクストのあちこちから別の書物へと通じる通路が切り拓かれていった。この電子書籍プラットフォーム上で『三四郎』を何気なく読み進めていく読者は、ある箇所でイギリス経験主義へとつながる小道に気づく。別の小道を抜けるとシェイクスピアの『ハムレット』やイプセンの『人形の家』にぶつかる。ある

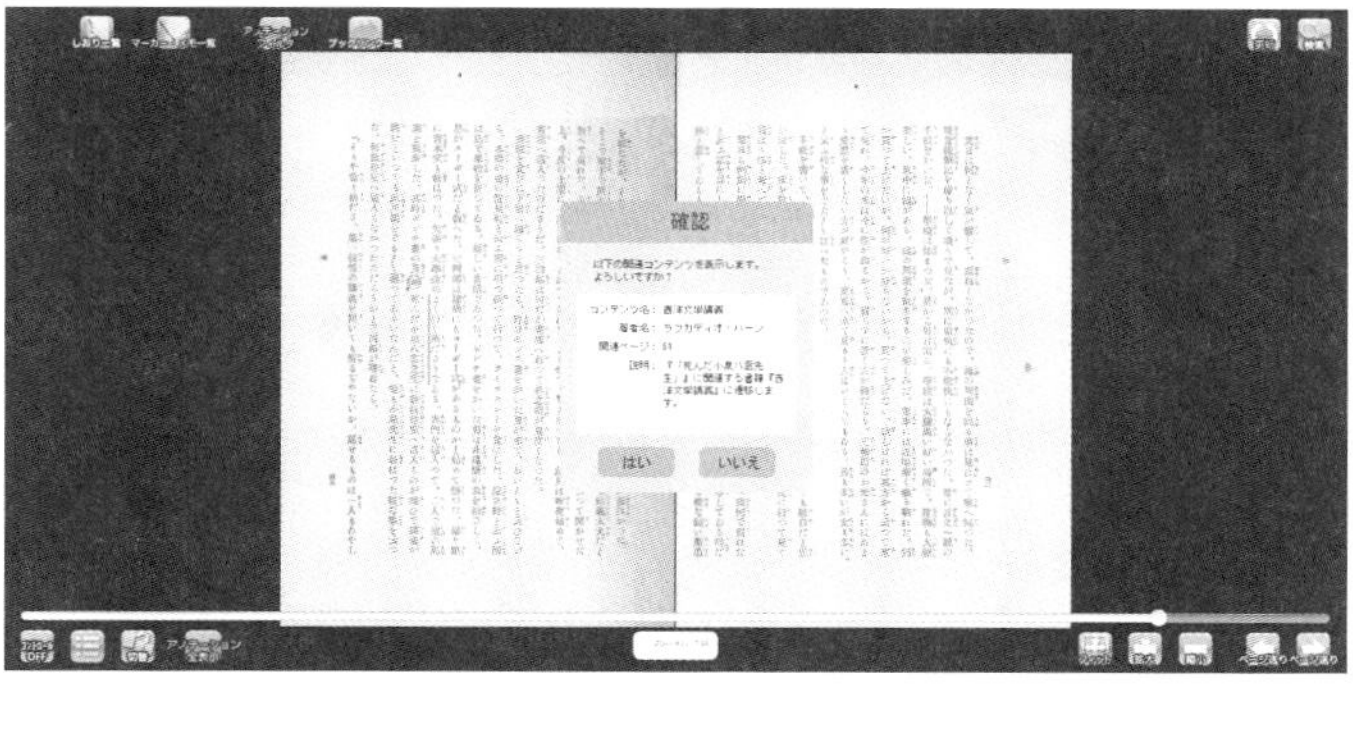

図1　BookLooperのリンク機能。

*7　その内訳は、仏典を含む和書二五冊（二三冊）、英語文献一五冊（一四冊）、海外文献邦訳一一冊

いは「北欧神話」という交差点を経由して、小泉八雲の文学論や漱石の別の小説『それから』を発見する。これらの通路はこれまでは、専門家が長年の研究を通して切り拓いてきた秘密の通り道であった。しかしその発見がデジタルアーカイブのなかにこのような形で埋め込まれると、知識をもたない読者でも、研究者の足取りを痕跡としてたどり、自らも秘密の通り道を抜けて、思わぬ知の広場に足を踏み入れることができるようになるだろう。

ネットワークは、連結するノードの数が増えれば増えるほどその価値を増す。今回の実験では一人の研究者の知識を取り出していくに留まったが、その知識に、別の多くの研究者たちの知識群がさらに結びついていけば、新たな書物との出会いの可能性もまた一層高まっていくだろう。今回の実験は、このありうべき未来に向けての第一歩でもある。

実証実験2　eReading——機械に補助された「読み」の経験の創出

大量の資料を利用可能なデジタルアーカイブでは、資料との出会いを組織するだけでなく、出会った資料をいかに読みこなすかも重要な問題となる。研究を進めていく際の読みにおいては、最初から資料全体を精読するのではなく、どの箇所に自分にとって意味のある記述が存在するか見当をつけて、そこに書かれている内容を素早く的確に理解するという作業が必要とされる。実証実験1では、専門的な研究者という「人間の知」を活用して利用者が文献と出会うきっかけをデザインすることを試みたのに対し、ここで紹介するもう一つの実証実験では、「自動化された処理」を活用して、資料内部の読みをサポートするようなシステムの実現を試みた。

この実験は、二〇一五年より国立情報学研究所の高野明彦研究室[*9]と共同で行なわれた。具体的に

（五冊）である。数字はリスト化された書物の数、括弧内は諸条件をクリアしてプラットフォーム上に収録できた書物の数となっている。

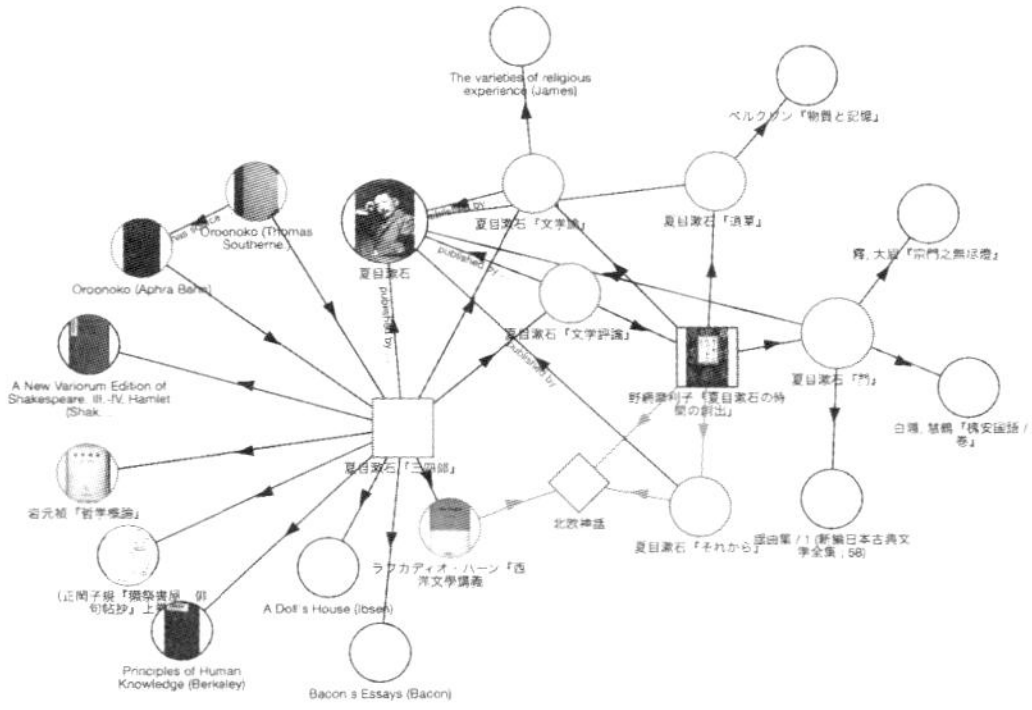

図2　野網の作成した文献間ネットワークの例（図は、ポンピドゥセンターIRIの開発した知識ネットワーク作成ソフトウェアRenkanで作成）

は、同研究室が開発を進めている電子読書支援システムeReadingに、東京大学附属図書館が所有するデジタル資料[*10]や、前述の『夏目漱石の時間の創出』（野網摩利子著）を収録し、実証実験1と対比的な実験環境を構築していった。

eReadingを構成するのは、「自動索引生成」と「自動注釈表示」の二つの機能である。まず、「自動索引生成」についてだが、書籍にはつねに詳細な目次や索引が付けられているわけではない（とりわけ古い書籍では、そうした情報がそもそも含まれていないことも多い）。書籍が大量にデジタルアーカイブ上で利用可能となっているとしても、目次や索引情報なしにそれらの資料を読み込んでいくことには多大なコストがかかる。そこでこのコストを低減してくれるのが「自動索引生成」である。OCRでテキスト情報を得られていることが前提になるが、この「自動索引生成」技術は、本文中のデータをマイニングし、頻出語彙を抽出することで、書物内のどの箇所にどのような語彙がどのくらい出現しているかを自動で可視化することを可能にする（図3）。頻出語彙は一覧として画面上に並べられ、出現回数が色の濃淡として可視化される。これによって書籍全体の特徴やテーマの推移を直感的に把握できるのである。つまり実際に本文を読み進めなくても、書物全体の構成を「大まかに一望する」ことが可能になるのだ（その意味では、索引であると同時に、ある種の目次と言うこともできる）。この機能により、詳細な索引が存在しないテクストであっても、機械的に抽出された頻出語彙を索引としてユーザーはテクストを一望し、効率的に必要箇所を探したり、自分が望む文献かどうかを判断することができる。またこの技術の応用で、特定の語彙を共有する文献の間を横断して検索できるような機能も実装されている。

いっぽう「自動注釈表示」は、本文中から重要語を機械的に検出し、その語を解説する註解を書籍に自動で付与する機能である（図4）。専門的な文献や歴史的な資料の場合、せっかく有用な資

＊8
同書は、今回の実験のために東京大学附属図書館にて独自に電子化を行ない、プラットフォーム上に収録したものである。

＊9
今回の実験の実作業に関しては、同研究室の阿辺川武特任准教授が中心となり作業が進められた。

＊10
今回の実験で用いられたのは、東京大学附属図書館で実験的にデジタル化を進めている書籍群のうちの七冊である。

料にたどりついても、特殊な用語や語彙がしばしば読みを困難にする（とりわけ専門的な知識をまだ十分には有さない読み手が、資料の利活用を始めようとする場合のハードルになる）。この問題を克服するために、システムが「重要語彙」を解説し、資料の効率的な読みをサポートするような環境の構築を試みた。このシステムでは、重要語であるか否かの判定は、既存のデータベースに登録されている語彙リストへの参照によってなされる。データベースは任意のものが使用可能だが、今回の実験ではWikipediaとネットアドバンス社提供のジャパンナレッジの二つのデータベースが使用された。[*11] これらのデータベースで項目が用意されている語彙が重要語であると見なされ、本文中でそれらの語彙が使用されている箇所が機械的に検出されていく。そしてそれらの語彙について、Wikipediaおよびジャパンナレッジでの項目記述が、ビューワーの左右に自動的に表示される。[*12] 利用者は、ハイパーテクストのようにいちいちリンクを踏み画面を遷移することなく、同一画面上で重要語についての説明を参照しながら本文を読み進めていくことができる。項目についてより詳細に知りたい場合には、注釈からWikipediaやジャパンナレッジの元のページに直接遷移することもできる。

このeReadingのようなシステムにサポートされることで、人間は、厚い書籍の概要を即座に把握したり、馴染みのない語彙が多用されている文献を素早く読み進めていくことが可能になる。最終的にテクストを精読し、そこから価値や意味を発見することは（今のところ）人間の仕事である。だが、この実証実験で試みたように、その手前あるいは周辺のところで機械に下支えされて、拡張された読解能力で文献を読み進めていく、いわばAugmented Reading（拡張読書）とでも言うべきあり方が、これからのデ

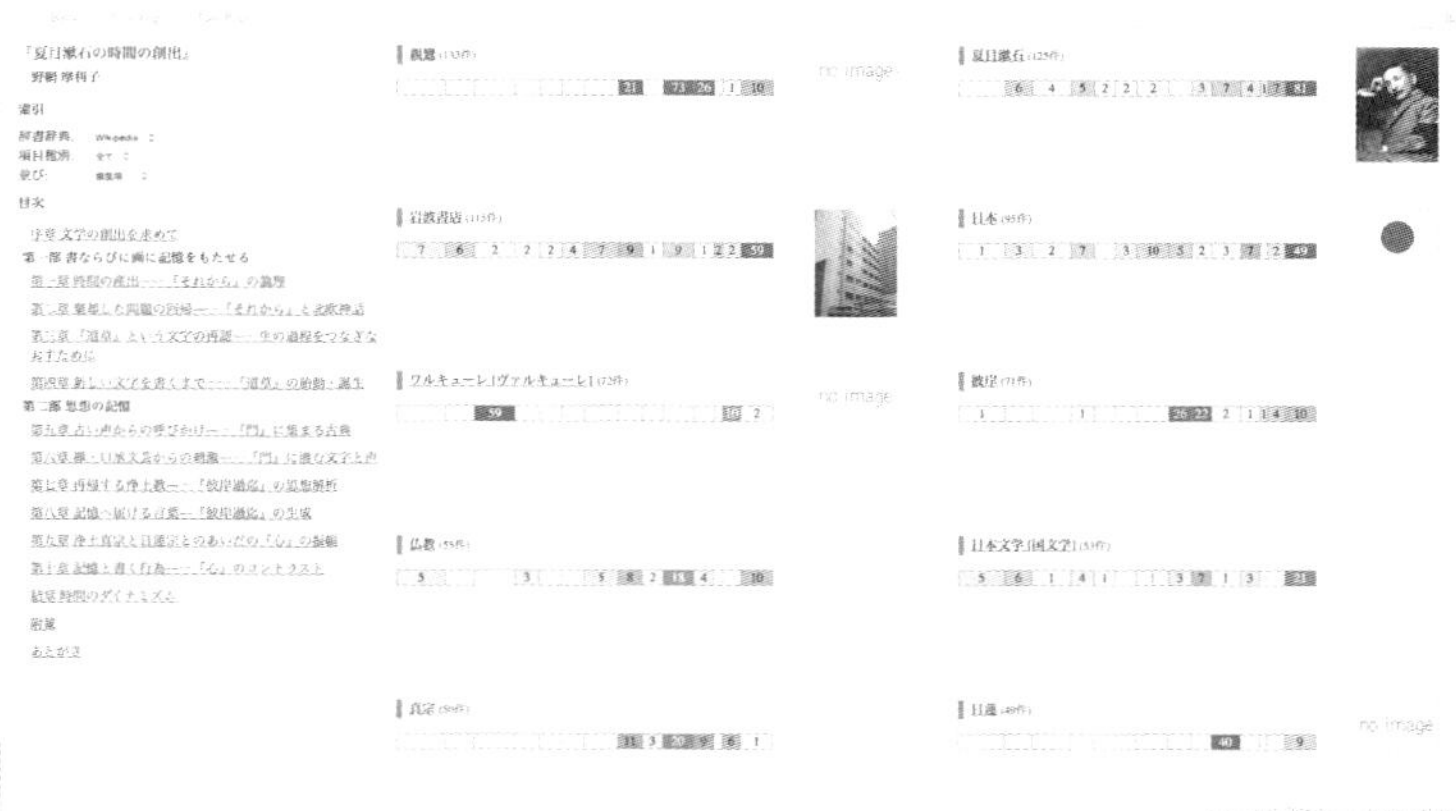

図3 書物内でのさまざまなキーワードの登場頻度を可視化するeReadingの自動索引作成機能

ジタルアーカイブ利用の、デフォルトの姿になっていくだろう。

実証実験3　重ね書きの教室――文献講読ゼミに電子書籍を導入し書き込みを共有する

人文学領域の教育において、古典とされる文献を教員の指導のもとで学生が共同で読み進めていく文献講読ゼミは、大きな位置を占めている。通常、文献講読ゼミは紙の書物をベースとし、各学生が読書の理解をレジュメとしてまとめ、それをもとに議論が展開される、という形で進められる。本節で紹介するのは、この文献講読ゼミに電子書籍を導入するとともに、各学生の読書の過程を電子書籍への書き込みという形で共有可能にする（図5）ことで、デジタル環境ベースでの新たな文献講読ゼミのあり方を提起する実験である。

この実験は、二〇一三年一〇月～二〇一四年三月にかけて、東京大学総合図書館内で開講されたゼミ授業「未来の本の未来」（担当講師：石田英敬ほか）の履修学生を対象として行なわれた。実験のプラットフォームとなったのは、実証実験1でも活用された、京セラコミュニケーションシステム社（KCCS）開発の電子書籍ソリューション「BookLooper」である。KCCSはこの実験のために、プラットフォーム上での電子書籍への書き込みを他のユーザーと共有することを可能とする新機能を実装した。このプラットフォーム上に、東京大学出版会の協力を得て、日本の政治学における古典『日本政治思想史研究』（丸山眞男著）の電子書籍版を収録し、これを学生たちが読み進めていった

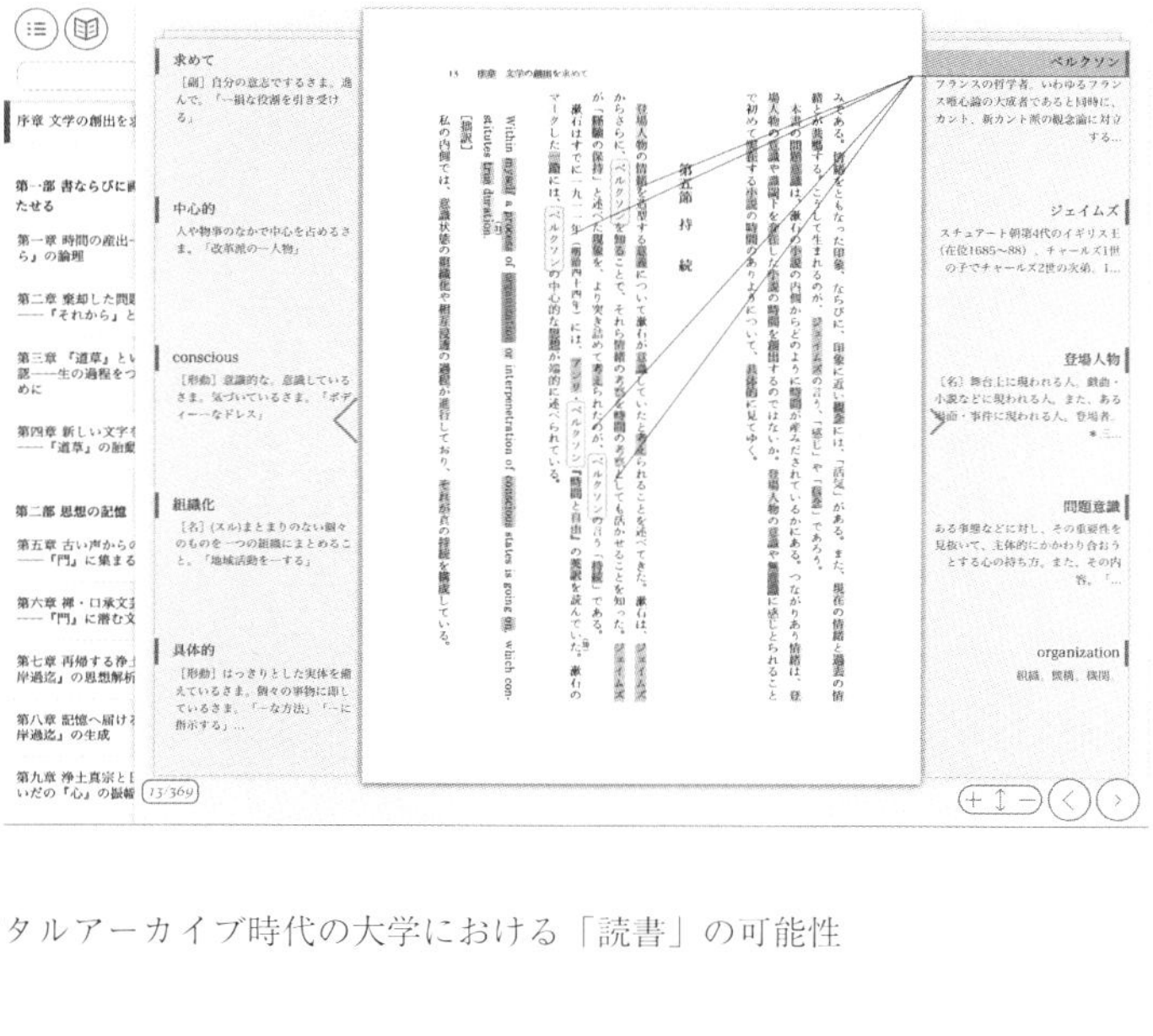

図4　自動検出された重要語にデータベースから呼び出された解説を表示するeReadingの自動注釈表示機能

（図6）。

文献講読ゼミは、読み進める文献を熟知している教員と、はじめてその文献を読み始める学生という二種類の参加者からなる。今回の実験では、まず学生たちが書き込みを行ないながら文献を読み進め、その次の段階で、教員が学生の書き込みを確認していき、必要が感じられるものについてはコメントを返していく、という形をとった。完全なヴァーチャル授業ではなく、学生および教員の書き込みは授業時間外に行ない、授業ではその書き込みをもとにより踏み込んだ議論を展開していく、という構成である。

今回の実験では、以下の二種類の書き込み機能を用いた。

1　ハイライト機能　テクストの特定部分にハイライトをつけ、その箇所への注記という形で書き込みを行なう機能

2　付箋機能　テクストにではなく、書物の任意の場所に付箋を貼り、そこに書き込みを行なう機能

実際の運用としては、学生がハイライト機能を用いてテクストの特定の箇所について、自身のメモや疑問点、簡単な考察などを書き込んでいき、教員が付箋機能を用いてそれらに回答していく、という形になった。実験を進めていくなかで、教員が学生に対して、疑問に答えたり、まだ形のさだまらないアイデアメモにヒントを与えたり、参照すべき他の文献を教示したり、という指導が電子書籍上で展開されていった。

学生たちの書き込みは、教員だけでなく他の学生とも共有されているので、[*13] 学生たちは他の学生たちがどのような解釈をしているのかも参照しながら文献を読み進めていくことができる。通常の文献講読ゼミでは、各自が自分の理解や解釈をレジュメとしてまとめてきて、それらをもとに議論

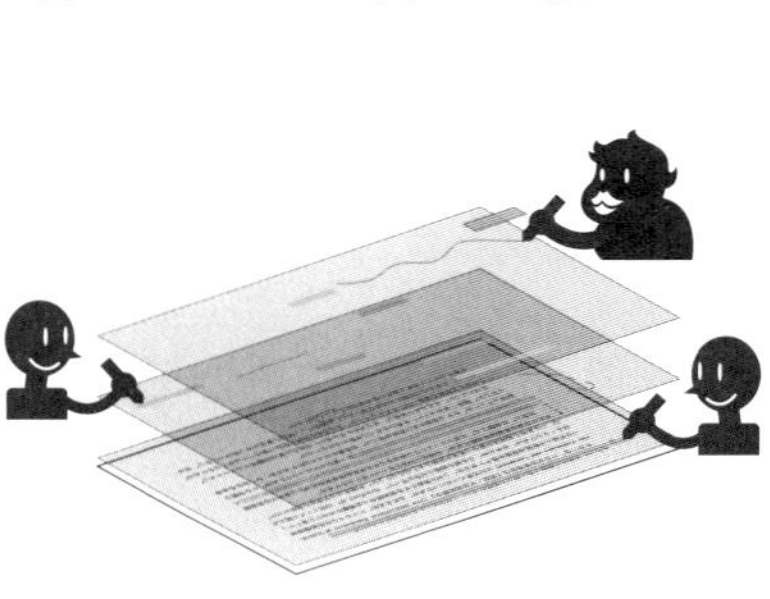

図5　教員および学生による書き込み共有の概念図

＊11　ジャパンナレッジは、収録辞書・辞典五〇以上、総項目数三〇〇万以上（二〇一六年七月現在）を数える、有料の知識データベースとしては日本最大級のものである。

＊12　表示されるデータベースは任意で切り替えることができる。

＊13　公開したくない書き込みについて

を進めていく。対して書き込みは、レジュメとして整理される以前の、より「生」の反応に近い感想や疑問、思いつきを主な内容としている。学生たちが文献を「どのように読んだか」の痕跡に近いのである。これが可視化・共有されることで、教員が学生の理解度を把握し授業にフィードバックをかけることを可能にするだけでなく、適切なファシリテーション（グループ活動の支援）と組み合わせることで、学生たちがより自由に触発しあい、対話的な読解を行なうことも可能になる。つまり電子書籍上で書き込みを共有しながら文献講読を進めることで、教員と学生という垂直の関係での指導と、学生同士という水平の関係での相互作用が同時に可能となる。

いまＭＯＯＣ（大規模オープン・オンライン・コース）を筆頭に、デジタルテクノロジーにドライブされる形で教育・学習メソッドの革新が進むなか、文献講読ゼミという人文学の古典的な教育スタイルは、そのような趨勢からもっとも遠く離れたものだという誤解をされがちである。しかし、この実験を通じ、伝統的スタイルと新しいテクノロジーを適切に組み合わせれば、双方の長所を生かす形で大学授業を進化／深化させ、多用な形に展開していくことが十分に可能であるということが見えてきた。

そして電子書籍への書き込みと共有という環境の活用可能性は、もちろん文献講読ゼミだけに尽きるものではない。たとえば、ユーザー（特に研究者）の電子書籍への書き込みを、図書館資料をより豊かにする注釈情報、図書館の付加価値として保管し、他の利用者にも公開していくなど、電子書籍だからこそ許される書物への「書き込み」は、未来の図書館をめぐるさまざまな可能性に対して開かれているといえるだろう。

は、非公開の設定にすることも可能となっている。

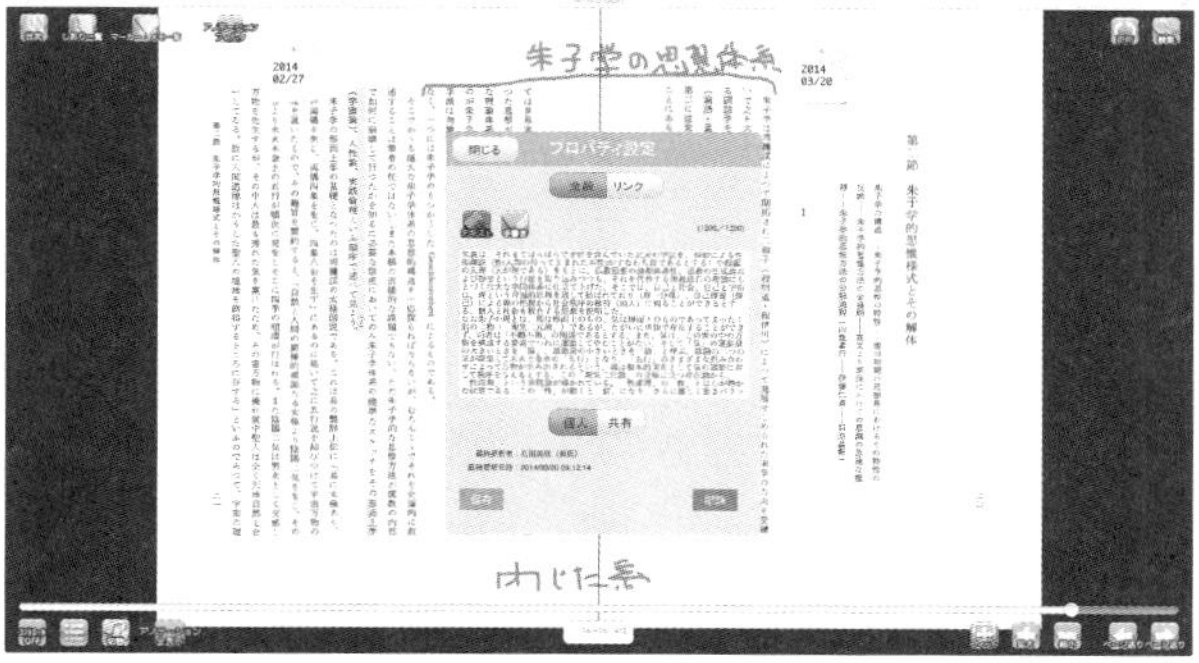

図6　BookLooper上でなされた書き込みの例

書物と読者の出会いの演出——総合図書館での三つの企画展示

東京大学新図書館計画では、デジタルテクノロジーを使った実証実験と平行して、実際の図書館空間を用いた実験的な企画展示も多数開催してきた。電子ジャーナルなどの電子資料や遠隔型支援サービスを充実させるということは、すなわち、リアルな図書館という場所にわざわざ足を運ばなくとも、図書館の資源を利用できるようにすることを目指す、ということである。だが、それゆえにこそ、これからのリアルな図書館空間は、そこに足を運ばなければ得られない知的体験が手に入り、利用者にインスピレーションを付与するような触発の場となっていかなくてはならない。ここからは、そのような問題意識のもと、筆者らと東京大学附属図書館の職員が本郷キャンパスの総合図書館で開催した、デジタル／アナログのハイブリッド型企画展示（あるいは通常であればデジタル書籍で実装されるような機能を、あえてアナログでおこなった思考実験的な展示）の例を三つ紹介していく。

展示1　重ね書きの本棚——図書館で本に書き込みをする

「図書館の本への書き込み、大歓迎」、こんな触れ込みで二〇一三年の五月一日から六月五日にかけて開催されたのが[*14]、展示企画「重ね書きの本棚〜東大総合図書館利用者が読む立花隆〜」（図7）である。これは、総合図書館で開催されたジャーナリスト・評論家の立花隆氏のトークイベント[*15]と連動した企画展示で、図書館内に立花氏の書籍を展示し、通りがかった図書館利用者に自由に書き込みしていってもらう、というものだった。学問における本と書き込みの関係については

本に書き込み歓迎

東大の図書館で
電子化前に試行

図書館の本への書き込み、大歓迎——。東京・本郷の東京大学総合図書館で、作家・立花隆さんの著書に注釈や感想を自由に書き込んでもらうイベント「重ね書きの本棚」が開かれている。

立花隆さんの著書に感想やサイト紹介

利用者が書き込んだり、ふせんを貼ったりした立花隆さんの著書＝東京・本郷の東京大学総合図書館

図書館のラウンジに、著書67冊とペンやふせんが一緒に用意されている。1日から始まり、既に利用者によって、おすすめの参考文献がピンク色のペンで書き込まれていたり、立花さんのインタビューが載るサイトを紹介するふせんが貼られていたりする。

同図書館は、立花さんと図書館のあり方を考える講演会を企画、立花さんの賛同を得て今回のイベントを実施した。

東大本郷キャンパスでは現在、新図書館の建設計画（2016年完成予定）が進行中。新図書館では、電子化した蔵書を貸し出して、注釈や感想などを電子データとして書き込んでもらい、利用者同士が共有するサービスを構想している。今回は、紙の本を使った書き込み共有の「予行演習」だ。

担当する東大の阿部卓也特任講師(34)は「他人の書き込みには、意外な発見があるもの。本の新しい読み方が生まれるのではないか」と話す。

東大の在学生でなくても、書き込める。22日まで。

（上原佳久）

図7　「重ね書きの本棚」を紹介する新聞記事（『朝日新聞』二〇一三年五月一一日付夕刊）

＊14　当初は五月二二日までの予定だったが、好評につき六月五日まで会期が延長された。

＊15　東京大学附属図書館では、二〇一三年から「東大新図書館トークイベント」と題して、多様なゲストを招いての連続トークイベントシリーズを図書館内で開催している。二〇一六年七月現在で計一七回のイベントを開催しており、立花隆氏はその第一回のゲストである。

実証実験3でも述べたが、展示の企画者たちを直接触発したのは、立花氏による「私は図書館を利用しない。図書館の本には書き込みができず、私にとって読書とは言えないからだ」という主旨の発言である。そこで企画した図書館職員たちは、同氏の著作を新古書店などで大量に買い集め、「立花氏の本に書き込みできる展示」を実現したのである。展示が行なわれたのは、図書館の入口を入ってすぐ脇のラウンジスペース。展示された書籍の脇に「立花隆氏の著書を読んでコメントをつけて下さい！　付箋、書き込み、線引き全部ＯＫ」というポップを立て、カラフルなマーカーペンや付箋を備え付けた。書き込みや付箋の数は次第に増えていき、後半では別の利用者の書き込みに返信する書き込みなども現われた。

書き込みは、読み手の理解や解釈の痕跡を書物のなかに残していく。ある本を手に取り読み進めていくなかで、不意に誰かが残した書き込みに出会うとき、読み手はその書き込みの向こう側に、別の誰かの思考を感じ取る。この展示は、通常は禁止されている図書館の本への書き込みを促すことによって、利用者同士の書物を介した（間接的な）知的交流を生み出していく試みであった。

展示2　関心の海と書評の小島――本と書評を並置する

膨大な書物という海の中で、読み手のさまざまな視点を浮かび上がらせる小島としての書評。このような見立てをもとに、作家・比較文学研究者の小野正嗣氏が発表している多くの書評群に焦点を当て、書評と言及されている書籍を並べて陳列する試みが、展示「関心の海と書評の小島――作家小野正嗣と五つのまなざし」（図8）である。二〇一三年七月に総合図書館で開催された、小野氏と柴田元幸氏との対論トークイベント「越境する図

図8「関心の海と書評の小島」展示風景

書館——批評と創作のあいだで」と連動して、同年六月一八日から七月一八日までの一カ月間にわたって開催されたこの展示では、小野氏の書評に姿を現わしているさまざまなテーマが五つの「まなざし」として整理され、鍵となる言葉や文章が取り出され、床や壁などの展示空間に配置された。そして来場者は、それぞれの「まざなし」をもった書評の言葉に文字通り取り囲まれ、またその「まなざし」を通して、書評で扱われている書物群と出会っていくという経験をしていった。

一冊の書物はそれだけで完結するものではなく、その周囲には、書物をめぐるさまざまな語りや議論が連なっている。書評はその一つである。今回の展示はこの書評から出発し、書物から派生していった言葉を図書館の空間内で可視化しそのなかに元の書物を置くことで、新たな形での書物との出会いの可能性を探していくという試みであった。

展示3 「知」が創る「平和」——藤原帰一と見る世界

東大教員の「頭の中」を図書館内に展開することで、図書館資料との新たな出会いの可能性を生み出せないか。このような発想で実現されたのが、展示「「知」が創る「平和」——藤原帰一と見る世界」(図9)である。国際政治学者藤原帰一教授を講師として招いたトークイベントと連動して、二〇一四年の六月一三日から八月五日まで開催されたこの展示では[*16]、さまざまなアプローチで藤原教授の「頭の中」を可視化することを試みた。藤原教授の著作や推薦書籍の展示、オンライン講義の動画上映などに加え、藤原教授が新聞に寄稿したある政治解説記事を執筆するにあたって参照したリソース(海外の新聞記事など)の引用関係を、マッピングツールを使って画面上に可視化するということも行なった(図10)。

図9 「知」が創る「平和」展示風景

*16 当初は七月二二日までの予定だったが、好評につき八月五日まで会期が延長された。

大学に存在する知の財産の中心をなすのは、研究者という「人」である。本来は紙の書物が収められる空間である図書館という場所に、「人」という知識のまとまりを展示という形で展開する。このような試みによって、図書館を、書物と人とが織りなす知の場として新たに再定義することが目指された。その際には、ＭＯＯＣの素材や新聞データベースなどのデジタルツールが、リアルな空間のハイブリッド化という文脈でも大きな役割を果たした。リアルな空間に書物とは異なる形の知を埋め込んでいくための新たな手段としても、デジタルツールは活用可能であるのだ。

おわりに

以上が「読書および図書館をハイブリッド化する」ことを目指してわれわれが実施した、三つの実証実験と三つの展示企画の概要である（紙幅の都合で紹介しきれなかったが、実際にはこれら以外にも、数多くの実証実験や社会発信の企画を行なってきた）。それらの実践を通じてわれわれが気づかされたのは、「読む」という行為をデジタル環境のなかに置き直すことには、「読み」のための新しい環境を提起するという実用的な側面に加えて、そもそも「読む」という行為とは何であるのかを問い直す認識論的な側面がある、ということである。たとえば「重ね書き」の実証実験や展示が、本への書き込みという要素に特化して、その意味や可能性を考えようとしたように、「読み」を支援する環境を構想するためには、いったん「読み」をその構成部分へと分解した上で、どの部分をどのようにサポートすることが可能かを考える、という道筋をたどる必要がある。その際には、紙の書物というメディアを相対化する視点も同時に求められる。これまで当たり前とみなされてきた「読み」のある部分は、もしかすると、紙の書物というメディアにともなう制約によって生み出されたもので、デジタルベースの新たなメディア環境では不要になるかもしれない。また逆

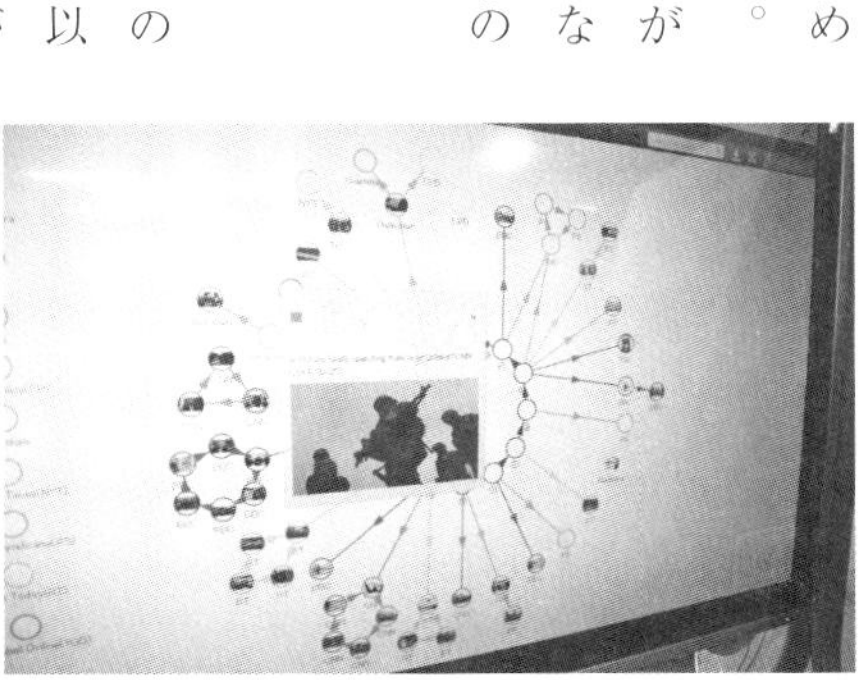

図10　藤原教授が記事執筆のために参照したニュースソースをマッピングしたもの（ポンピドゥーセンターＩＲＩのRenkanで作成）

に、紙の書物では当たり前に実現できていたことが、デジタル環境では容易に再現できず、しかもそれが読書の本質的創造性を支えていた、といったことも見えてくるかも知れない。紙の書物というメディアからいったん離れ、デジタルテクノロジーが切り拓いた新たな可能性の地平のなかで、「読み」をめぐる想像力を最大限に活性化させ、新たな「読み」の形を構想する。そして必要ならば再び紙の本にも戻ってくる。そのような態度によってはじめて「ハイブリッド・リーディング」は構想可能となるだろう。

謝辞　繰り返しになるが、本稿で紹介した展示は、新しい図書館の姿を構想しようとする図書館職員が企画・立案し、その情熱と真摯な取組みの継続によって実現したものである。また、すべての実証実験についても、資料電子化の手続きから授業の運用サポートに至るまで多くの部分で、図書館職員による支援と教職連携の協働体制に、その成果を負っている。すべての関係者に伏して御礼申し上げる。

もう一つのハイブリッド・リーディング
――ワークショップ「To read what was never written ――書かれぬものをも読む」をめぐって

水島久光

0

二〇一六年二月一九日、知の巨星、ウンベルト・エーコが亡くなった。享年八四歳。誰かがネットでつぶやいた――「彼は死なないものだと思っていた」。二〇日の朝、ツイッターで訃報を知った私も、まさにそのように感じていた。『薔薇の名前』『フーコーの振り子』、この二大長編に共通する「読みの迷宮」のモチーフがそうさせるのか。それとも小説と記号学、すなわち実践と理論をかろやかに往還する書きっぷりの故か。まるで彼自身が「本」あるいはそれが集積する「図書館」であったかのように、われわれは彼の存在に「永遠」のイメージを重ねていたのかもしれない。

ところで、本稿は二〇一四年五月二四〜二五日、東京大学駒場キャンパスで開催された日本記号学会第三四回大会「ハイブリッド・リーディング」の最後のワークショップ「ラウンドテーブルⅡ 'To read what was never written ~書かれぬものをも読む~」の解題を目的としたものである。諸事情で手を動かし始めるまで二年近い時間が過ぎてしまった。断片化した記憶と記録の編み合わせに難渋しているところに「エーコ死去」の報が届いた。思い返してみれば、十数年前、記号論に本気で向き合い始めて以降、「開かれた読み」に関する実践を試みるときにはいつもエーコが傍らにいた。思い上がりとは思いつつ、その手を借りつつ作業を進める冒険を思い立った。

1

エーコは常に「書き手」と「読者」の間にいた。それは自らの作品に対して、自分自身が「注釈者」として語ることを躊躇《ためら》わなかったこと、あるいは『物語における読者』において示されたように、物語を「モデル読者」と「モデル作者」との共同作業、あるいは攻防として見る分析的な態度をとり続けていたことに表われている（篠原訳、九八頁参照）。その意味においては、エーコは小説家／哲学者という異なる二つの肩書を持っていたのではなく、ごく自然にその二つのポジションを両股にかけていたのだといえる。

このエーコの振舞いは、彼の特殊技能がそうさせていたというわけではない。むしろ彼は、「書物・本」あるいは記号全般に対するわれわれ人間の行為は、すべてこうしたハイブリッドな性質を内包しているのだということを、意識して示そうとしていたのだ。それは単純な異種混交（まざりあってる状態）ではない。対立要素を含みながらそれらを相補的に機能させるという状態をいう。彼はそれを技術の進化に促されて知るのではなく、人文知によって批判的に先取りしていたのだ。

ともあれデジタル技術の普及は、否応なくわれわれを「ハイブリッド＝異種混交」性を前提とする思考環境に置くようになった。二〇一一年一一月に発行された『WIRED』日本版再スタート第二号（スティーブ・ジョブズ追悼特集号）の特集は「「読む」が変わる」だった――「Kindle Fire」発売などを受けて、多くの論者が展望を語った。元編集長ケヴィン・ケリーは「「本」は物体のことではない。それは持続して展開される論点やナラティヴだ」として、「読書のソーシャル性」そして「読む行為と書く行為の接近」を指摘した。編集者小林弘人はこのコンテンツの物質化を「アンバンドル化」として捉え、そのチャンスとリスクを唱えた。

これより少し前、エーコは『もうすぐ絶滅するという紙の書物について』(原題 *N'espérez pas vous débarrasser des livres* ＝本から離れようったってそうはいかない)と題されたジャン＝クロード・カリエールとの対談を刊行している。私はこの「黒くて分厚い」いかにもその物質的な存在感を誇示するような本を『WIRED』の特集とほぼ同時期に手にした。そして疑問をもった。ケリーや小林の言葉は、エーコのそれまでの仕事と重なるように思えた。なのになぜ、当の本人はこうした一見「守旧派の繰り言」にも見えるポーズをとったりしているのだろうか。

レジス・ドブレの「技術的無意識」(『一般メディオロジー講義』)の概念が頭をよぎった。技術の変化はわれわれに認識の断層を可能的に提示はするが、「技術」そのものは常に無意識性を支えとし、またそれを覆い隠す膜として働く。それだけに、技術への過度の期待、あるいは信頼は「自明性」をさらに塗り固める危険性を孕んでいる――エーコの「ポーズ」は、それに対する違和感の表明であったのではないかと思う。そう考えれば、『薔薇の名前』も『フーコーの振り子』も極めて挑発的であった。

エーコは、最後の最後まで「前衛」の人だったのだ。

2

『薔薇の名前』や『フーコーの振り子』の迷宮性は、物語の構造性への気づきに誘う策略である。物語はその外側にある要素、特にその物語自体が置かれる「世界の構築」の助けを得てこそ読まれうる。しかしそれは物語内には明示的に書かれないがゆえに、どのようにしてそこに「括弧入れ」されるかが、物語の成立の妙と言える。エーコはこの外延―内包の関係に、書き手と読み手のインタラクション（対話）の出発点を見ている（『物語における読者』一一七頁）。

そしてエーコは「おせっかい」にも、物語そのものに意識化への契機を織り込むだけでなく、自身が書き手でありながら読み手である「二役」を演じて見せることを厭わない。例えば『薔薇の名前』が刊行されてから三年後には、自身による解説『「バラの名前」覚書』を出版している。そこにはこのような記述がある。「物語ろうとするには、まず第一に、ごく細部に至るまでできる限り豊富に装備された世界を構築しなければならない」（『覚書』谷口訳、二四頁）――何のために？それは「読者をつくり出すため」に、そして「仕事が終われば、完成したテクストとその読者たちとの間に対話が生まれる」（五一頁）

エーコは、常に読者は「筋を追う」一方で、その筋が成立する「メタレベルの読み方をする」と考えていた（『エーコの文学講義』和田訳、四一頁）。この二重の読み自体が、書き手の構想への架橋を促すのであり、言い換えればエーコはこうした営みに支えられる「読み」を、対話、あるいはコミュニケーション・プロセスと捉えていたのではないかと考えられる。

「世界の構築」と「対話」――「本」が媒介してきた「読み」の豊かさを主張することとは、そもそもその行為自体に折りたたまれたハイブリッド性を明るみに出すことであった。日本記号学会大会の企画テーマが「ハイブリッド・リーディング」に決まったとき、私はこの隠されたものを「明るみに出す実践」のことを考えていた。

そして、あるイベントのことを思い出していた。それは大会の前年（二〇一三年）四月に恵比寿の「amu」という編集に関心を持つ人々が集うコミュニティ・スペースで行なわれたワークショップ「世界設計のための編集――ふつうの人が知をつくる時代に」（http://www.a-m-u.jp/report/shd-

3.html/）である。

3

この企画のスピーカー氏原茂将は、当時、川口市映像・情報メディアセンター「メディアセブン」のディレクターとして、市民が参加する数多くのワークショップの運営を手掛けていた。その氏原と編集者でありタイポグラフィ研究者の古賀稔章がコラボレーションし、トークを繰り広げるなかで、この「世界設計のための編集」というイベントは進んでいった。それは極めて興味深い「空間づくり」の試みであった。

客席の中央のスペースには氏原、古賀がこの日のテーマに合わせて選んだ書籍が雑然と積まれていた。氏原、古賀はそれを挟むように坐り、参加者がさらに彼らと本たちを取り囲んで「言葉」をつなぐ仕組みを用意した。さまざまな単語が書かれたカードが配られ、指名された参加者は、自分のカードの「言葉」に対応する本を、中央のスペースから探して開き、そのテキストを読む。そして氏原と古賀は会場から上がってくる断片を逐次、臨機応変に「取り込み」、対話＝スモールトークをつないでいく。

氏原と古賀が可視化しようとしたもの、それは「editing」（編集）という行為であった。一般には、紙の上に配置された、あるいは映像という物質性を有するメディアに即して用いられるこの言葉を、そのマテリアルから引き離して、むしろそれらに直交する「行為」として対象化しようという試みである、と私は理解した。その「作者」と「読者」の共同作業に、彼らは「編集」という概念の本質を見たのだろう、と。

それに「世界設計」という目的語を添えたところに、エーコが二つの長編に仕込んだ作為と重な

世界設計のための編集

るものがあると、私は思った。僧院の文書館や博物館といった閉じられた「空間」が舞台として設けられ、そこで迷うという行為が設定されたこと、そして物語のゴールが謎解き・解読という「読み」の開かれそれ自体を主題とされたこと。この対置関係の演出に小説とワークショップを結ぶもの――「明るみに出す」技があると考えた。

図にしてみると下のような感じである。

私は、旧知の仲であった氏原に連絡をとった。氏原は古賀を私に紹介し、大会に向けて何度かミーティングを持つことになった。しかしすぐにわれわれは気づいた。もともと編集関係者が集うコミュナルな「amu」という空間の実践を、「大学で開催される学会」という空間にはめ込むことは、思ったほど容易ではないということに。

「amu」では、ワークショップの進行を、ある程度その場の偶然、すなわち即興性に委ねられた。それが可能だったのは、そこには三つの条件が用意されていたからだ。まず彼らが企画者でありかつその場の主（あるじ＝ホスト）であること。そして参加者の属性もおおよそ均質な属性が想定されていること。物理的に水平なコミュニケーション関係を構築するのが可能な、フラットな空間――今度の実践の場は、すべてが異なる。このハードルは、どうやって乗り越えたらいいのだろうか。

4

われわれは、まずは参加型のワークショップではなく、演者と観客が存在する、オーディトリアム空間を前提に、コミュニケーション・デザインを始めた。しかし演者（送り手）と観客（受け手）が、空間的に完全に分かれてしまっては、そもそもの目的である「書き手と読み手のハイブリ

書き手――読み手
対話
言述構造――〈内包的意味◀―外延的意味〉――世界構造
空間
開放系――閉鎖系

「読み」の開かれ

ッド性を明るみに出す」ことに接近していく体験を促すことは困難だ。観客は、はじめは受け身であっても、徐々に演者との共同作業に入り込んでいかねばならない。そこで氏原と古賀は、二つの「仕掛け」を提案してきた。

（1）　集合的読者の設定——「ソーシャルな読書」の現出

まず氏原と古賀は、RPGよろしく、「仲間」を集めることを提案した。上崎千（アーキビスト）、坂田太郎（アート・コーディネーター）、橋詰宗（グラフィックデザイナー）、森岡督行（書店店主）の四名である。氏原と古賀も各々キュレーターとエディターという肩書で、企画者でありながらこのグループのなかに等しい立場で並んだ。

微妙に異なる立場から「物質としての本」に関わる仕事をしてきた六名による「公開読書会」。それがこの日の「演目」である。彼らは自分たちを「読者」と呼んだ。そのことによって会場は、寡黙であるはずの「読み手」の言葉が開かれる場となる。ある時は複数の「読者」が、一つのテキストに眼差しを集め、「読み」を重ねる。またある時はその「読み」に別のテキストをつないでいく。これが即興的に繰り返されていくという流れだ。私はそのテキストをOHC（書画カメラ）でステージに投影することを提案した。ここに複数の読者の共視関係が可視化される——『WIRED』でケリーが言った「読書のソーシャル性」がアクチュアルな空間に浮かび上がるという目論見だ。

（2）　テキストの層の設定——「書かれぬものを読む」

今回はテキスト選びにも「仕掛け」を入れることにした。中心に置くテキストをあらかじめ設定し紹介する。演者たる「読者」は、そこから連想されるテキスト群を各々会場に持ち込む。「読者」

氏原茂将

古賀稔章

同士の対話は、本と本が相互に参照しあうネットワークを形成し、テキストを物質から解放していく（アンバンドル化していく）、それは観客が思い描く（そこにはない）無数のテキストへと広がっていく。

氏原と古賀は、エドガー・アラン・ポーの短編『群衆の人』（『盗まれた手紙』所収）とレイ・ブラッドベリの『華氏451度』を中心に置くべきテキストとして提案した。そしてもう一冊、この二冊の主題を結ぶものとして、ヴァルター・ベンヤミンの『模倣の能力について』を挙げた。この小論の文末には、「書かれぬものを読む」という一節がある。「この読む行為こそ最も古いものである。それは、あらゆる言語に先立つ読みの行為であり、内臓から、星から、あるいは舞踏から読むという行為である」（『ベンヤミン・アンソロジー』二〇四頁）。

読者たちの間では、この三冊からインスピレーションを受けた本を五〜六冊会場に持ち寄り、指し示しつつ語るということだけを約束ごとにしておいた。ここから、会場の参加者（観客も含め）誰もが記憶にある自らの読書体験を通じて、「読む」とはいかなる行為なのかというメタな問いが広がっていく目論見である。

5

『群衆の人』の書き出しはこうである。「ドイツのある書物について“es lässt sich nicht Lessen”——「それは読まれることを許されぬ」と言われたことがあったが、それはまことに至言であった」（『盗まれた手紙』一〇一頁）。この短編の主人公（「わたし」）は、はじめはただ群衆を「観察する」人であった。それが徐々に「一人一人の顔を吟味しはじめ」、やがて「そのあっという間の一瞥だけで、しばしばその人間の長い過去を読み取ることがやはりできるような気がした」とまで言うようになる（一〇九頁）。そして不意に目にした一人の老人の「顔」に惹きつけられ、なんと丸一日以上尾行を続けた結果、疲れて諦め言う――「〈それは読まれることを許されぬ〉というのは、おそらく神の大いなる憐れみの一つなのかもしれないのだ」――「読むこと」が成就されなかったからこそ、主人公は「読むこと」に先立って存在する衝動のようなものに気づく。ここがおそらく対話の出発点になる。

『華氏451度』の世界では「本」は焼かれ、存在そのものが否定されている。ゆえに「読み」を求める「ひと」が最終的に読む／読まれるべき「本」そのものとなる。「モンターグ君、きみ、そのうち、プラトンの『共和国』を読んでみたいとは思わないかね？」「もちろん、読んでみたいですよ！」「わ、た、し、が『共和国』だ」（新訳版二五二頁）。本の本質は人間の記憶であるということの終盤のメッセージは、そもそも消防士が焚書官になる（消す使命→燃やす使命）ことの転倒、あるいは「読書」に〈テレビ室の家族〉のおしゃべりが対置されることによって際立つ。主人公モンターグは「本」に向けていた火焔放射器を「テレビ室」にも向ける。そして起こった戦争から彼は逃走し――そして「本になる」。〈書物〉を口伝によって保存するというこの方法は、また再び「本」が書かれる時代が来るまでの一時しのぎなのか、それともずっとそうであるのか、物語は明らかにしないままではあるが。

ともあれポーとブラッドベリの二つの物語は、「読む」行為と「文字」あるいはその集合体としての「本」との関係の自明性、一方向性、言い換えれば「書き手の権威性」を断ち切る手がかりとなる。ベンヤミンは、言語機能のなかに模倣的性質を見出し、それは「文字の成立よりはるかに遠い昔には書くという行為にとって大きな意味をもっていた」（『模倣の能力について』）と言う。

ベンヤミンは続ける――「言語の持つ模倣的特質はすべて、炎にも似て、ある種の担い手がある

水島久光

ときだけ現れ出ることが可能になる。この担い手となるのが、記号的なものである。同じように、複数の語や文からなる意味連関は担い手となる。この担い手があってはじめて、稲妻のように類似性が現れ出る。なぜなら、人間によって類似性が生みだされることは、人間が類似性を知覚するのとまったく同様に、多くの場合、またとりわけ、重要な場合では、一瞬の閃きと結びついているからだ」。

この「模倣」現象、すなわち連関を生みだす過程における「閃き」こそが、「読む」行為を生みだす端緒であり、テキストの言述構造に世界構造を挿入する瞬間であり、このワークショップで可視化したかったものだ。

6

集合的読者の「読み」の重なりと、テキスト同士が紡ぐネットワークが出来上がっていくさまは、これらの「仕掛け」によって、ある程度は形をなすであろう予感はした。しかし会場の観客たちは、どうしたらそれを自らのものとして感じることができるのだろうか——会場の広さ、ステージと客席という関係、利用可能な設備の制約、前後のプログラムなどすべてが影響要因として働く。実際、その解はなかなか見えず、前日の会場下見まで不安なままであった。

とりあえず大まかな想定だけは考えておいた。「読者」たちはステージから下りたところに（観客と同じ目の高さで）車座になり、そこから言葉を発することにしよう。決まらなかったのは、持ち寄った本をどこに、どのように置くかであった。プログラムの間の短い休息時間で、どこまで「これから起こること」を匂わせるような舞台替えが可能なのだろうか。そこで目に留まったのがひじ掛けのついた椅子であった。さっきまでビッグネームたちが坐り、「ハイブリッド・リーディング論」を展開していた椅子——そこに、持ち寄った本を、「坐らせてみよう」。

このアイデアが閃いた瞬間、一気に問題は解決した。本来ならば、六人の「読者＝登壇者」が位置づけられるべきところに「本」がいる。まるで『華氏451度』をひっくり返したようなシンボリックな状況が生まれるではないか。今回の「読み」の行為の過程で挿入されるべき「外延的要素」とは、「人と本」の位置で表わされる関係性そのものなのだ。われわれが目で追いかけるべき対象は何か、耳を傾けるべき声はどこから来るのか、観客は演者（読者）とともに探しながら感覚を空間に張り巡らす。

空間が定まったら、次は時間、すなわち手順をどうするかである。そこで私（水島）の役割が決まった。このワークショップが、中心に置いたテキストからだんだんと「読み」が開かれていくプロセスを示す試みであるとするならば、「読み手」もそれに対応して順次開かれていかねばならないだろう。ならば全体のモデレーターは、まずは閉じられた、本と一対一で向き合う「読者」代表でなければならない。私の最初の仕事は、ベンヤミンの『模倣の能力について』の一節を朗読することになった。

そしてそれを皮切りに私は「読者」の対話時間を差配することとなった——どうやって？——ふつうの「読書」においては、「読み」の区切りは「本・書物」の物質性（ページなど）によってもたらされる。それを時空間の広がりのなかにばらしたとき、そこには別のマーカーが必要となる。今回のワークショップでは、「読み」を「複数化」することがまずはその主題だ。ならばその「区切り」は次々と別の冊子体を手に取っていくことによって、生まれるのではなかろうか。そのリズムを刻む役が、私には与えられたのだ。

「読者」が私に「この本を持ってきて、開いて見せて」とリクエストする場合もあるが、饒舌に

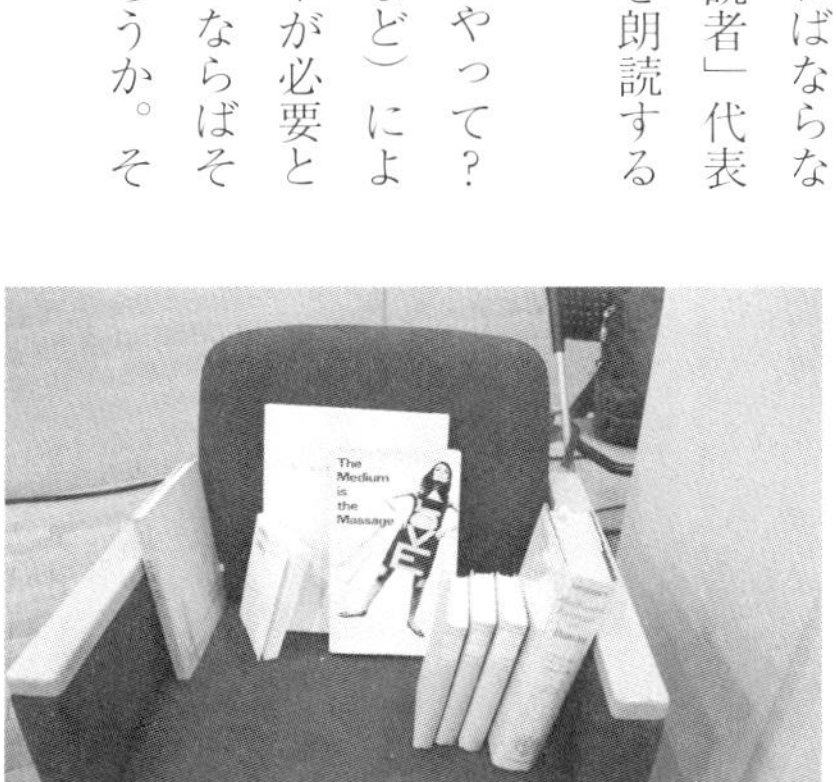

持ち寄った本が椅子に坐る

なっていく「読者」の語りを遮るように次の本を探す場合もある。ともあれ人々の目には、ステージをうろうろする「私（水島）」の姿が、会場に響く「対話」の声とシンクロするように映る——ワークショップ終了後、「読者」のひとりは、この役割に「ディスクジョッキー」に準《なぞら》えて「ブックジョッキー」と名をつけた。

　ここまでのコミュニケーションデザインの要素が出そろって、ようやくわれわれにも、ここで「明るみに」出されるものの正体がわかってきた。黙読のなかに折りたたまれていたものは、読みの主体の複（多）数性であり、「書かれぬもの」をも対象とするマルチモーダルな知覚の層であり、それに順序（オーダー）を与える距離と時間であったのだ——これこそが読書を外延から支えてきた「世界構造」なのである。

7

　二〇一四年五月二五日、第三四回日本記号学会大会の最後のプログラムは、予定開始時間から約四〇分押しで始まった。プレナリーセッションの緊張が解け、濃厚な議論に酔ったオーディエンスの多くが出口に向かうなか、やや落ち着かない雰囲気のなかで私は口上を始めた。「これから、理論的な話は一切しません」——会場に、くすくす笑いが広がる。それに私は手ごたえを感じた。「このセッションの登場人物は「読者」です。それぞれ、これまで本を読んで来た人が、読んで来た経験を語る、それだけです」。

　まず私は、仕掛け人である氏原と古賀をステージに呼んだ。氏原は「ずぶの素人でも、読書という行為においては平等である」と会場を挑発し、古賀は前日の杉浦康平の講演で語られた、「一即二即多即一」の開かれのコンセプトを、『群衆の人』『華氏451度』につないで見せた。「読み」

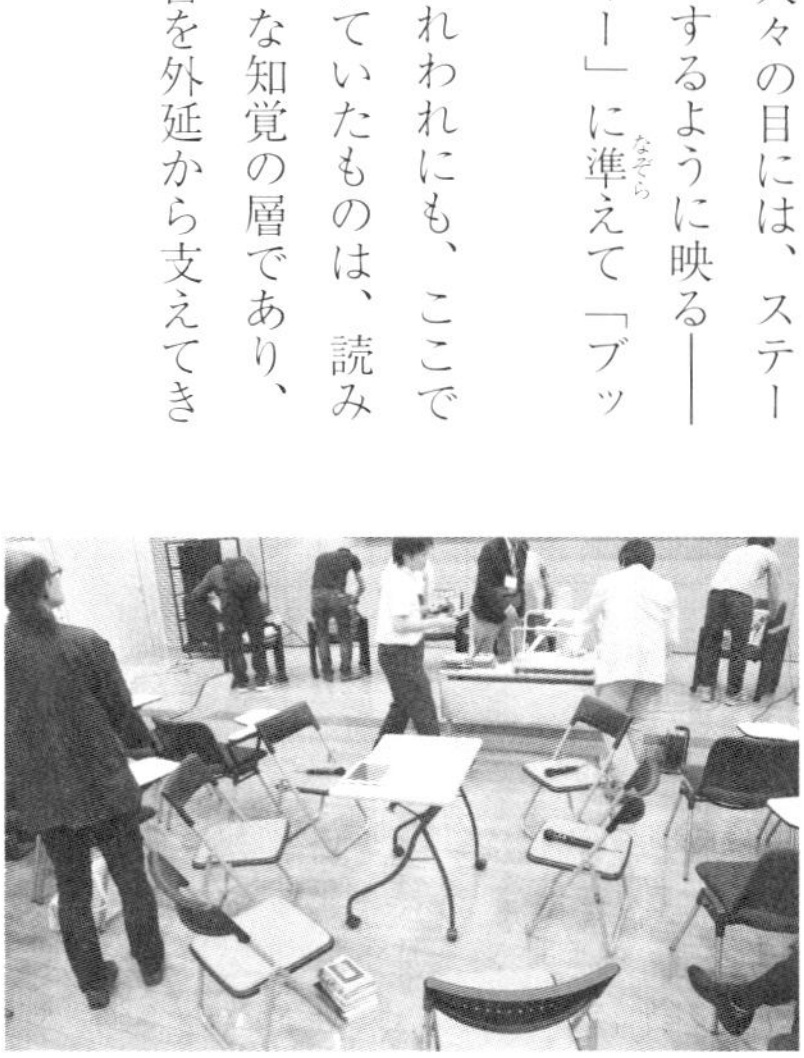

対話空間をつくる

を多数性のもとに開くというこのワークショップの目論見が提示され、氏原、古賀は残り四人（計六人）の「読者」を紹介し、ステージ下の所定の位置に降りた。私は、それにもう一つの問題提起――「デジタルなものが生みだす、新たな技術的無意識」について、書画カメラをいじりながら、唱えた。私は『模倣の能力について』のページを開き、画面に映された文字を追い、声に出して読んだ。

前説は以上。いよいよ本番。次々と「本」が投影され、堰が切られたように、語りが流れ始めた。

8

まず森岡が持ってきた木村伊兵衛の写真集『街角』が開かれた。「木村はいったい何を見てシャッターを切っていたのか」という議論から、ラース・ミュラー『都市の香り（scents of the city）』、筒井康隆ほかの『定本　ハナモゲラ研究』へと、投影される「本」が展開していく。当事者とは異なる読み、誤読の面白さから、そもそも読めない「言語（ハナモゲラ語＝タモリ初期の芸）」へ、そして「読む」行為とは何かへ、お喋りは展開していく。

ジョセフ・モクソン『メカニック・エクササイズ』から松田行正『1000億分の1の太陽系＋400万分の1の光速』と、「読む」対象であるはずの「本」のマテリアルな側面に注目が集まる。「分厚すぎてしっかり立つ本」の迫力、「植字工の人たちは何を読んでいるのか」という問い。「太陽系を本に収めるデザイン」から「本という宇宙」へイメージを広げていく。

ペドロ・コスタ『「溶岩の家」スクラップ・ブック』では、「本」の制作の集合性。「本」自体の中に「本」が入り込む。「チームで読む」「体で読む」など、読む行為の多様性に話題が広がる。次

書画カメラで投影

いで木村荘八『銀座界隈 別冊アルバム・銀座八丁』が取り上げられる――長さ五mの蛇腹の「本」（のようなもの）。リアルな空間をいかに印刷物のなかに写し取るかという試みは、まさに「模倣の能力」。これなら「一瞬にして読める」「いつまでも読める」。次々重ねられる言葉に、どこからか「すべらんなあ」の声が上がる。

ここでベイトソン『精神と自然』が開かれる。量とか大きさではなく、比率やパターンが「読む」行為においては大切であるとの提言。そこに現われたのは、まさかの『カキの化石（実物）』。これは「本」ではない！　でも層状の構成物は、「本」そのものではないか！　隙間に微生物すら「挟まっている」そこに目が行く。そこで宮川淳『引用の織物』にバトンが渡る。引用の入れ子性。「引用について考えることは、読むことについて考えること」につながる。そしてBatia Suter "Parallel Encyclopedia"へ。

――約一時間セッションは続いた。「放っておくと、一晩中続くかもしれない」そう思って私はブレーキを踏んだ。時間の制約があり、この議論に実際に会場の観客に加わってもらうところまではできなかったが、オーディエンスにも、この静かな興奮は伝わったようだ。吉岡洋は、この様子をtwitterにこう書いている――「偉い人たちはみんな帰っちゃって会場が若返り、分離派的というか組合活動的というか、不思議な雰囲気になった」、と。

9

われわれがアナログな時空間設計に拘ったのは、エーコが晩年に執った「守旧派」のポーズに対するある種のオマージュであったといえる。そもそも、デジタル記号が「読む」行為をハイブリッドにする可能性は、その非物質性、無機質性が、硬直化した「本」と「黙読」の関係を解くチャン

次々重なる言葉

スを与えてくれるからである。しかし、それはあくまで「チャンス」でしかない。チャンスから先に進む鍵は時空間構造にある。われわれはそれを構想し、共有できるように、「書かれぬものをも読む」場を具体的に作ってみた。そこには解釈を受け入れるべき主題を配し、そこに集まった人々が経験を重ねることができるトリガーを用意した。

エーコの「守旧派」のポーズもまた、ある技術から次の技術へ、これらのことが無意識下に仕舞われたまま先送りにされてしまわぬように、意図的に仕込んだ隙間であった。「読む」という行為の豊かさは、テキストに「入れ子」に挿入される読者の「世界」の多様さによって成立する。そしてテキストの側も、それを受け入れる隙間、襞を持っていなければならない。「本」の物質性——例えばページや文字組み、装丁などは、その隙間や襞の役割を担う。「本」と読み手の関係の自由さは、それに止まらない。そのあたりのことについては、エーコはあちこちで語っている。

例えば『もうすぐ絶滅するという紙の書物について』の後半には、「我々が読まなかったすべての本」という章がある（三五九—三八五頁）。ここでのエーコとカリエールの対話は、実に軽妙で楽しい。「我々は、読んでいない本についても、語ることができる」「世の中には、読まれない本がある」といったここで語られたことは、「本」というものに、われわれは常に可能的な対象として向き合ってきたという真実を明らかにしてくれる。

つまり「本」は「世界」と書き手と読み手の対話関係を境に相似形を成しているのだ。その間に入る関係における思い切った冒険（「閃き」）は、「入れ子」（互いの「括弧入れ」）を許容する隙間、襞をつくる——あるいは「世界」と「本」は写像的な関係にあると言ってもいいのかもしれない。例えば、われわれは世界の全てを知らなくても、世界のことを語ることはできる。それと同じようにわれわれは「本」という対象に、「読まない」という選択をも含め、自由にふるまえる——

そう考えると、エーコが言ったことは、かなり大胆である。なぜなら「読まない自由」は「書かれぬものをも読む」奔放さと対偶の位置にある行為だからだ。

　そういえばあの日、「書かれぬことをも読む」ことについて、いくつかの「本」を指し示し合っていたわれわれは、自分は読んでいないけれども、誰かが読んだであろう「本」に対して躊躇なく言葉を重ね、そして次々と「別の本」（あるいは「本」のようなもの――「カキの化石」や『スクラップ・ブック』など）にその言葉をつないでいた。よく考えてみたら、これこそが「模倣の能力」の発揮ではなかったか。

10

デジタル記号が支配する世界がどんどん広がっていく。この記号過程の本質はまさに「digit＝指し示し」にある。デジタルな世界は、そもそもindexな世界なのだ。すなわち記号それ自身だけでは意味を発することができない。常に「外部」の存在を必要とする。しかしデジタルには、もうひとつの顔がある。それは数値に還元されうるという性質である。それは圧縮を可能にし、そのことによって資本主義の無限の拡大再生産を担うとの虚像。その象徴性は、本来の記号の働きとは全く異なる次元のものであり、後期資本主義が、なぜデジタル技術を呼び込んだのかを考えると、その危機性は明白である。

　われわれが、リアルな世界で生きるための「読む／読まない」自由（これもまた「ハイブリッド・リーディング」ではないか!!）を手放さないためには、この時代、何をすべきだろうか。その思考のプロセスには、またもエーコが導いてくれる。『フーコーの振り子』――エーコの分身ともいうべきベルボが残したデジタル・ファイルが物語の入り口を成していることの意味を、あのワー

会場全景

クショップから二年経ち、そしてエーコ自身が遠い世界に行ってしまった今、私は考えてみようと思っている。
ちなみに、文春文庫版の『フーコーの振り子』の訳者（藤村昌昭）のあとがきが振るっている。「残された三枚のファイル」と題されたそれは、まさに「書かれぬものをも読む」あるいは、読まない者への自由すぎる補遺をなしている。藤村は最後にこのように締めくくる。

いよいよ語り手としての「私」の仮面が剝がされ、一人の読者になれる瞬間が訪れたようだ。ベルボは本当に死んだのだろうか。「否」。ベルボは生きている。あの南天の太陽に向かって誇らしげにトランペットを吹いていた少年の姿で、銀河系の彼方の不動の終止点（いや、終始点）から、あの皮肉な微笑みを浮かべながら、生まれ出ようとしている新しい世界を見守っているような気がする、そう願う、そう信じる。
「よっ、待ってました、出版界のサム・スペード。頑なに信じて勇敢に罪を犯せばいいんですよ。いいですか、せめて私が『振り子』を揺らしながら楽しんだ程度は楽しんでくださいね。後は野となれ山となれ」（五七七―五七八頁）

「ハイブリッド・リーディング」は、今日も、世界のどこかで、誰かの手によって生まれ続けている。

参考文献
エーコ、ウンベルト『薔薇の名前』（上・下）河島英昭訳、東京創元社、一九九〇年

――『「バラの名前」覚書』谷口勇訳、而立書房、一九九四年
――『エーコの文学講義―小説の森散策』和田忠彦訳、岩波書店、一九九六年
――『フーコーの振り子』（上・下）藤村昌昭訳、文春文庫、一九九九年
――『開かれた作品』篠原資明・和田忠彦訳、青土社、二〇〇二年
――『物語における読者』篠原資明訳、青土社、二〇一一年
――、ジャン＝クロード・カリエール『もうすぐ絶滅するという紙の書物について』工藤妙子訳、阪急コミュニケーションズ、二〇一〇年
――、リチャード・ローティ、ジョナサン・カラー、C・ブルック＝ローズ『エーコの読みと深読み』柳谷啓子・具島靖訳、岩波書店、二〇一三年
ポー、エドガー・アラン『盗まれた手紙』富士川義之訳、国書刊行会、一九九三年
ブラッドベリ、レイ『華氏451度〔新訳版〕』伊藤典夫訳、ハヤカワ文庫、二〇一四年
ベンヤミン、ヴァルター『ベンヤミン・アンソロジー』山口裕之訳、河出文庫、二〇一一年
ドブレ、レジス『一般メディオロジー講義』嶋崎正樹訳、NTT出版、二〇〇一年
『WIRED』日本版Vol.2、コンデナスト・ジャパン、二〇一一年

Ⅳ部

記号論の諸相

研究論文

スーパーモダニティの修辞としての矢印——そのパフォーマティヴィティはどこから来るのか？

伊藤未明

1　はじめに

矢印は、今日のわれわれの生活において最も頻繁に目にする記号の一つである。コンピュータのスクリーン、本や雑誌の図やグラフ、交通案内板や店舗看板など、われわれは様々な場面で、この記号が意味することを理解しながら行動している[*1]（図1〜2）。マイクセナールとウェステンドルプ（二〇〇七）によれば、「いまや矢印は比喩的な機能も果たすようになっている。矢印は方向や場所を示すだけでなく、動きや寸法、距離、そして（フローチャートにおいて）順序までも示すようになっている」（マイクセナールとウェステンドルプ 二〇〇七：一九）。矢印は単に指し示しの記号であるにとどまらず、「変化」「スピード」「モビリティ」を美徳とするような現代の生における規範を示す記号となっている。ジグムント・バウマンが書くように、かつての「ソリッドなモダニティ」と異なって、今日われわれが住んでいるのは「流動化したモダニティ」であり、それは「常に変化しているということが、ただ一つの一定不変な特徴」であるような種類の近代である（Bauman 2005: 66）。矢印記号は、このような流動化の優れた表象であるだけでなく、流動化という現象の一部を具体的に構成する。オーストラリアの記号学者ジリアン・フラーは、この現象を次

＊1　様々な矢印の写真を集めた資料として今井（二〇〇七）がある。

のように記述している。

> 前進することが優れた行為であると見なされる一方、仕事への態度や心の持ち方から不動産売買に至るすべての分野において、立ち止まることは衰退の徴候であると見なされている。矢印とは、絶え間ない変化によって特徴づけられる、このような「スーパーモダンな世界」の、比喩的な修辞（trope）であり道具（tool）なのだ。（Fuller 2002: 239）

図1　東京都渋谷区（二〇一六年一月）

ここでフラーが参照しているのは、マルク・オジェの〈非－場所〉（non-place）の概念である。オジェは（ミシェル・ド・セルトーに負いながら）、ホテルやショッピングモールや空港といった場所は、もはや固有の文化や歴史から切り離された〈非－場所〉であり、それらの空間において人々はＩＤやパスワード、会員番号、生年月日などの記号によって識別されるユーザーとして行動するに過ぎないと指摘する。そしてこのような〈非－場所〉を作り出している今日の生のありかたを「スーパーモダニティ」と呼んでいる（Augé 2008：1-5, 63, 88）。オジェによれば、二〇〇〇年代に入るとグローバリゼーションと情報技術の普及によって〈非－場所〉の具体例はほとんどいたるところに見つかるようになってきており、〈非－場所〉の増殖スピードは「これまで類を見ないもの」となっている（ibid.: VII-VIII）。レフ・マノヴィッチは、オジェのスーパーモダニティの概念を引用して、「非－場所こそが、新しい基準にして、生存の新たな方法となっているのだ」と指摘している（マノヴィッチ 二〇一三：三八六）。この指摘は、スーパーモダンな行動様式がもはや物理的な空間内の運動を統制するシステムであるにとどまらず、今日のわれわれの生のあり方を規

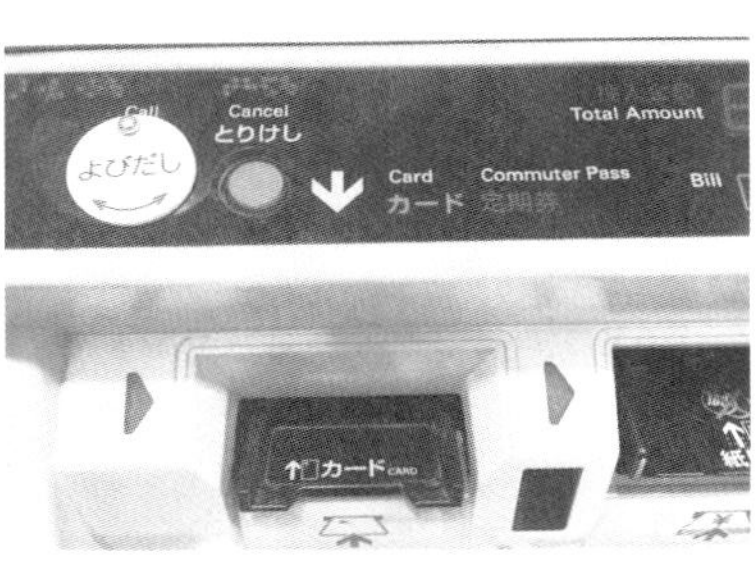

図2　京王井の頭線東松原駅券売機（二〇一六年一月）

定するような道徳的規範となっていることを意味する。スーパーモダンな生においては、個人の機能はデータや情報の操作／伝達の媒体であり、個人のアイデンティティはコード化されたユーザーとしてのアイデンティティに過ぎず、個人の能力は効率的な運動や流通を構成することによって評価される。空港やハイウェイだけでなく、われわれの生のあらゆる場面において、「立ち止まること」は禁じられているのだ。

では、矢印がスーパーモダンな世界の修辞であり道具であるとは、どういう意味においてなのだろうか？　本稿では矢印記号がスーパーモダニティの修辞であるということの意味を明らかにするために、まず矢印記号の意味についての議論を整理し、矢印のパフォーマティヴィティという概念を導入する。次いでフラーによる、空港の方向指示矢印に関する議論の検討を通じて、規格化されたデザインを持つ「分析的矢印」と、絵画的に描かれる「絵画的矢印」という分類を提示し、それぞれのタイプの矢印においてどのようにパフォーマティヴィティが発生するのかを考察する。このような手続きによって本稿が検証しようとするのは、スーパーモダニティの言説における矢印のパフォーマティヴィティは、そのデザインの標準化や規格化ではなく、むしろ標準や規格から逸脱するような、絵画的で装飾的とも思われるようなデザインの多様性によってもたらされるという仮説である。

マイクセナールとウィステンドルプ（二〇〇七）によれば「シンボルとしての矢印の形は写実的なものから図案化されたものへと進化していった。最初、矢印には狩猟に用いる矢と同じようなとげがあり、羽根の付いた矢柄が備わっていた。後になって、特に二十世紀からは、矢印が図案化され、写実的な要素をまったく失ってしまった」（同上：一九）。現代の矢印記号の特徴がこうした図案化であることを踏まえて、本稿では、具象的な指や矢のイメージではなく、抽象化された「アロ

＊2　人文学の分野では本文で参照したもの以外に、ゴンブリッチによる矢印記号の普遍性に関する言及（Gombrich 1982: 151）や矢印の起源に関する言及（Gombrich 1999: 228）がある。また、コミュニケーション研究やデザイン研究の分野では本文で参照したもの以外に、Heiser and Tversky（2006）、Schott（2000）、Finkel（2011）などがある。

ーヘッド」と「シャフト」から構成される記号であることを、矢印の定義とする。矢印記号を論じる際の困難は、この記号が様々な異なる文脈で観察される記号であるという点にある。このような定義を採用することによって、現代の「スーパーモダニティ」の文脈に固有な矢印記号の機能と意味を論じることが容易になるであろう（図3）。

2　方向指示矢印のパフォーマティヴィティ

矢印記号に関する人文学的な研究事例としてまとまった論考は少なく、グラフィックデザインや認知心理学やコミュニケーション研究といった分野においてさえも、短く部分的に言及されている程度である。*2 これらの言及で問題とされているのは専ら、矢印によって伝達される意味を受け手が間違いなく正確に解釈できるようなデザイン上の注意点とは何か、といった工学的な課題であって、その最も重要な関心は、矢印の機能的意味作用のプロセスから可能な限り曖昧性を排除することである。例えばタフティは、科学や工学における分析的なダイヤグラムで、矢印を装飾的に描くことの危険さを指摘し、そうした行為はダイヤグラムに基づく推論の質を低下させると主張している（Tufte 2006: 78-79）。

こうした論考にほぼ共通していることは、矢印には「指さし機能」および「運動または変化の表象機能」という二つの機能的な意味が存在するという点である。例えば図4は腕時計の取扱説明書に記載されている図だが、「ボタンA」と記された太い矢印の尖端が、特定のリュウズと接することでリュウズを指し示しており、指さし記号として機能している。それに対して、秒針に添えられた時計回りの湾曲した形状の矢印記号は、秒針の運動の軌跡を表象している。ただし、一つの矢印が、これらの二種類の意味の両方を持つことが普通である。この図における秒針の動きを示す矢印

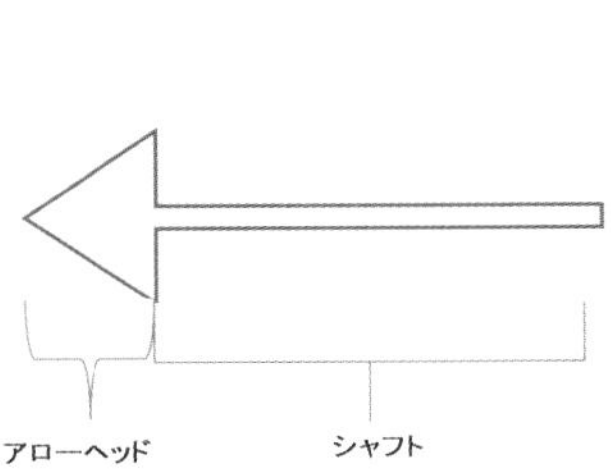

図3　矢印の定義

図4　腕時計説明書（セイコーウォッチ腕時計WIRED 7BC取扱説明書、一四頁）

も、時計回りの方向を指さすと同時に、運動の軌跡を表象していると言うことができる。一つの矢印がどちらの意味を持つのか、という判定は、一方の機能が他方の機能よりも強く作用している、ということを言っているに過ぎない。*3

しかし、矢印がスーパーモダンな世界の修辞であると言われるとき、そこには指さしや運動／変化の表象とは別の機能が含意されている。すなわち、矢印が見る者を動かすという機能である（図5）。見る人が矢印の方向や運動の表象を見て、何らかの行為や行動を実践するということは、指さし記号や運動／変化プロセスの表象として矢印の意味を理解するだけでは不十分であって、フラーが主張するように、「矢印とは何かを参照するサインではなく、何かを識別するものでもない。それは運動を出現させるものだ」（Fuller 2002: 233）と考えなければならない。すなわち、矢印はどのようにして見る者を一定の運動へ駆り立てるような動機づけを行なうのか、を問わなければならない。ここで重要な点は、矢印記号が誘発する運動は身体的／物理的な運動だけにとどまらないという点であろう。例えば企業のロゴマークに現われる矢印は身体を誘導するための記号ではない（図6）。それは社会生活や文化における方向性や意見を表現する記号であると同時に、社会生活や文化のシステムという現実そのものを構築することに加担している。矢印とは、「現実の外側にあって、現実を記述すると同時に、現実の構築に加担するような言説」（Callon 2006: 7）であるという意味において、パフォーマティヴな記号である。

フラーは、矢印のパフォーマティヴィティを「自発的隷従」（voluntary servitude）という言葉で説明している。それによると、われわれが矢印の指示に従うのは、そのサインの背後に絶対的な権威や権力を持つ何者かの存在を知るからではなく、われわれが矢印サインの指示に自発的に隷従す

図5　地下鉄汐留駅（二〇一五年一月二八日）

図6　東京証券取引所の旧ロゴ（提供：日本取引所グループ）

ることを学習しているからである（Fuller 2002: 239）。つまりわれわれは自ら進んで制御のシステムに参画する。このような「自発的隷従」は、カネッティが『群衆と権力』で描いた逃走命令のイメージから引き出されている。

> ある方向をさし示す、一本の伸ばされた指には、命令と同じような効果がある。その指に気づく眼という眼はすべて同じ方向を向くのである。その指は、まるで命令にとって肝要なのは一定の方向への運動をともなう明確な行動の触発だけだ、と教えているかのようである。（カネッティ 二〇一〇：三九）

したがって、矢印のパフォーマティヴィティとは、伸ばされた一本の指に自発的に隷従するプロセスと等価であって、矢印のパフォーマティヴィティの起源をさぐるということは自発的隷従がどのようにして起こるのかを考察することにほかならない。

　フラーは、オジェの言う〈非－場所〉においてユーザーを自発的隷従に参画させるような記号システムの典型例として、空港の方向指示矢印を取り上げている。この時フラーが着目するのは、記号によって制御される行為が自然なものであるかのように、われわれがその意味を「直観的に」理解することが可能でなければならない、という点である（Fuller 2002: 238）。そして、直観的に理解可能なシステムとして矢印記号を提示するインターフェースとして、フラーは矢印デザインの規格化あるいは標準化を指摘する。パブリックスペースにおける矢印サインの規格化は、一九八〇年代にグラフィックシンボルの国際標準を作成するためのＩＳＯやＪＩＳにおける活動によって成立した（太田 一九八七：三六－四六）。二〇〇七年のＩＳＯ標準では、方向指示の矢印（direction

＊3 エーコによれば、指さし機能が成立するためには、記号の形状が頂端性を持っていれば十分である（エーコ 二〇一三：二三一－二三五）。したがって、シャフトを持たない細長い三角形でも指さし機能を構成できる。

図7 ISO 7001: 2007 PI PF 30 "Direction Arrow"（ISO 2007: 30）＊4

＊4 The figure from ISO 7001:2007 is reproduced with the permission of the International Organization for Standardization, ISO. The ISO standards and the related documents can be obtained from ISO member (Japanese Standards Association : http://

arrow）として「必ず他の記号と組み合わせて使用すること」および「ベルギー型のアローヘッドを持ち、尖端の角度が八四度と八六度の間であること」（ISO 2007: 30）と定められている（図7）。われわれが地下鉄の駅や空港で見かける矢印サインは多くの場合この規格に準拠したものである[*5]（図8）。

これらの規格の目的は、認知心理学やデザイン研究における関心と同様に、記号の意味から曖昧さを排除し、記号が意味することを効率よく正確に伝達するようなデザイン特性を定めることである。フラーによれば、規格化された方向指示サインは一つのテクノロジーであって、空港利用者はこのような「技術世界」のユーザーになることによって、空港のサインを自然な記号現象として受け入れる（Fuller 2002: 235）。標準化されたサインのユーザーとなったわれわれは、サインに従えば必ずある目的が達成されることを学び取っており、サインに従わない場合におけるリスクはすべて自らが負わなくてはならないことも知っている。「われわれはそこでサインに従う。われわれがそれを信じるかどうかは、もはや問題ではない」のであって、その結果として「期待（promise）と脅威（threat）は弁別不可能になる」（Fuller. 2002: 237–238）[*6]。

しかし、このようなフラーの分析は、スーパーモダニティにおける自発的隷従のプロセスを作動させる装置として、矢印の機能を説明するには不十分である。第一に、フラーの議論が、空港における人や物の運動という、身体的あるいは物理的な意味でのパフォーマティヴィティのみを考察の対象にしていて、マノヴィッチが指摘したような、今日の生のあらゆる側面に影響しているはずのスーパーモダニティの視覚経験に及んでいないという問題点がある。フラーの説明から浮かび上がってくるのは、空港という〈非 - 場所〉を移動する大勢のスーパーモダンなユーザーたちのイメージであるが、彼らは矢印サインの指示に黙々と従いながら、空港のなかの様々なゾーン（チェック

www.jsa.or.jp) and from the Web site of the ISO Central Secretariat at the following address: http://www.iso.org. Copyright remains with ISO.

図8　秋田空港（2015年5月）

インカウンターの行列、パスポートコントロール、ショッピングエリア、待合室、ラウンジなど）を自発的な隷従という行動様式に従って移動する記号やユーザーＩＤの集団であり、そのイメージはまるで矢印の指示通りに動作するロボットのイメージと言っていいだろう。しかし、ボルタンスキとチャペロ（Boltanski and Chiapello 2005）やスリフト（Thrift 2005）が指摘するように、スーパーモダンあるいは後期近代の言説においては、人々の生は機械的に指示に従うような無機質な存在として描かれるのではなく、むしろ、自発性や創造性を持ち、柔軟で情熱的に生きる個人（Thrift 2005: 117-121）のイメージが理想化される傾向が強い。[*7] 一方で、空港内のユーザーのようにサインの指示に隷従するプロセスを作動させながら、同時に他方でそれとは一見矛盾するような自発性や創造性の理想を、生のイメージとして提示することを、矢印記号はどのように成し遂げるのか。フラーの分析はこの疑問に回答することがない。

　さらに第二の問題として、フラーのモデルは、矢印サインそれ自体の視覚デザイン的特性については規格化されたデザインのみを考慮しており、今日の視覚環境において多種多様なデザインの矢印サインが満ち溢れている点を説明できないという問題がある。様々な日常生活の場面でわれわれが見出すのは規格化あるいは標準化された形状や大きさをしている矢印ばかりではない。もしフラーの分析が示唆するように、矢印デザインの標準化が、矢印という記号現象を自然なものとして出現させ、われわれを自発的に隷従させるのに十分であるのならば、規格化されていない矢印の形状／大きさ／色の多様性は余計な装飾に過ぎないはずである。そしてこうした「二十世紀末に生じた記号としての矢印のかたちに見られる多様性は、その矢印が持つ意味と機能の多様性に呼応する」のであれば（ウェステンドルプほか 二〇〇七：二一）、規格化や標準化とは別のプロセスによってパフォーマティヴィティが構築されていると考えていいであろう。

＊5
ＩＳＯにおいて案内図記号の規格を決める際には、いくつかの国の標準化団体からデザイン案を募り、それらについての理解度テストおよび視認性テスト結果によって、デザインを決定している。ここで用いられる「ベルギー型」という表現は、ベルギーが提案した図案を採用したことに由来する（竹中 二〇一三）。

＊6
フラーはさらに、矢印とは「自由間接話法の空間化」であるというモデルを提示して、そのパフォーマティヴィティを説明している。つまり言語における自由間接話法では、ある情報を伝達する主体の記述（伝達節）と伝達される内容（被伝達節）の境界が曖昧になり、被伝達節内の語り手が、伝達しているはずの主体と一致してしまう。これと同様に、矢印記号は他者の言説を、その記号を見ている主体の行動へ変容させるのだとフラーは主張する（Fuller 2002: 239-242）。本稿では矢印のデザイン的特性を中心に論じるために、フラーの自由間接話法モデルにつ

したがって矢印の機能的意味を、現実の行動の領域ではなく、言説におけるシンボリックな意味の領域で考察する必要があるだろう。なぜならここで重要となるのは、矢印がどのようにしてある種の生のイメージを構築するのかということであるからだ。そしてその際に手がかりとなるのは、フラーやタフティの立場からは装飾的で冗長なものとして見られているようなデザイン上の諸特性である。

3 絵画的矢印のパフォーマティヴィティ

空港の方向指示矢印は、一定の形式的な規格に準拠することによって、つねに同じ結論（この場合は、目的地）に達するような分析的な推論の装置として機能する。もしこうした推論が成立しなければ方向指示機能は不安定となり、現実の行動のための信頼しうるサインとはなり得ないはずである。したがって方向指示矢印のような矢印を「分析的矢印」と呼ぶことができるだろう。分析的矢印においては、矢印の尖端部（またはその延長）が何と接するのかを認識できれば常に「正しい結論」あるいは「正しい行動」に達することができる[*8]。フラーが述べるように、分析的矢印がもたらす物理的なアクションの内容は、「その形式に内在化されている」のである（Fuller 2002: 239）。これはまさしく本稿の冒頭で確認した、矢印の指さし機能に他ならないのであって、分析的矢印は指さし機能の空間表現と言うことができるだろう。そして、分析的矢印は見る者の身体や視線を物理的に誘導するという、現実の行動の領域に働きかける記号であると言えるだろう。

これに対して、図9〜12を見てみよう。曲がりくねり、様々な色でカラーコーディングされ、太さも不規則に描かれる矢印は、もはや記号というよりも絵画のなかの図像である。実際、こうした矢印図像はクレー、カンディンスキー、ミロといった抽象絵画ではお馴染みのモチーフであろう。

いては論じないが、矢印記号の働きを純粋に言語的な枠組みで論じるフラーの方法の有効性については、別途に考察する価値があるだろう。

＊7 ポスト産業時代の資本主義におけるロマン主義的な個人のイメージをめぐる言説については、多くの論考がある（Bertram 2007; De Cock, Fitchett and Volkmann 2009; Peters 2009）。

＊8 もちろんこの推論が常に正しく作動するためには、アローヘッド尖端部の延長がイレギュラーに中空で旋回するなどということはないという規則が、矢印記号を利用する人の間で共有されるという、ある種の文化的な前提条件は最低限必要である（菅野 二〇〇四：一五七）。

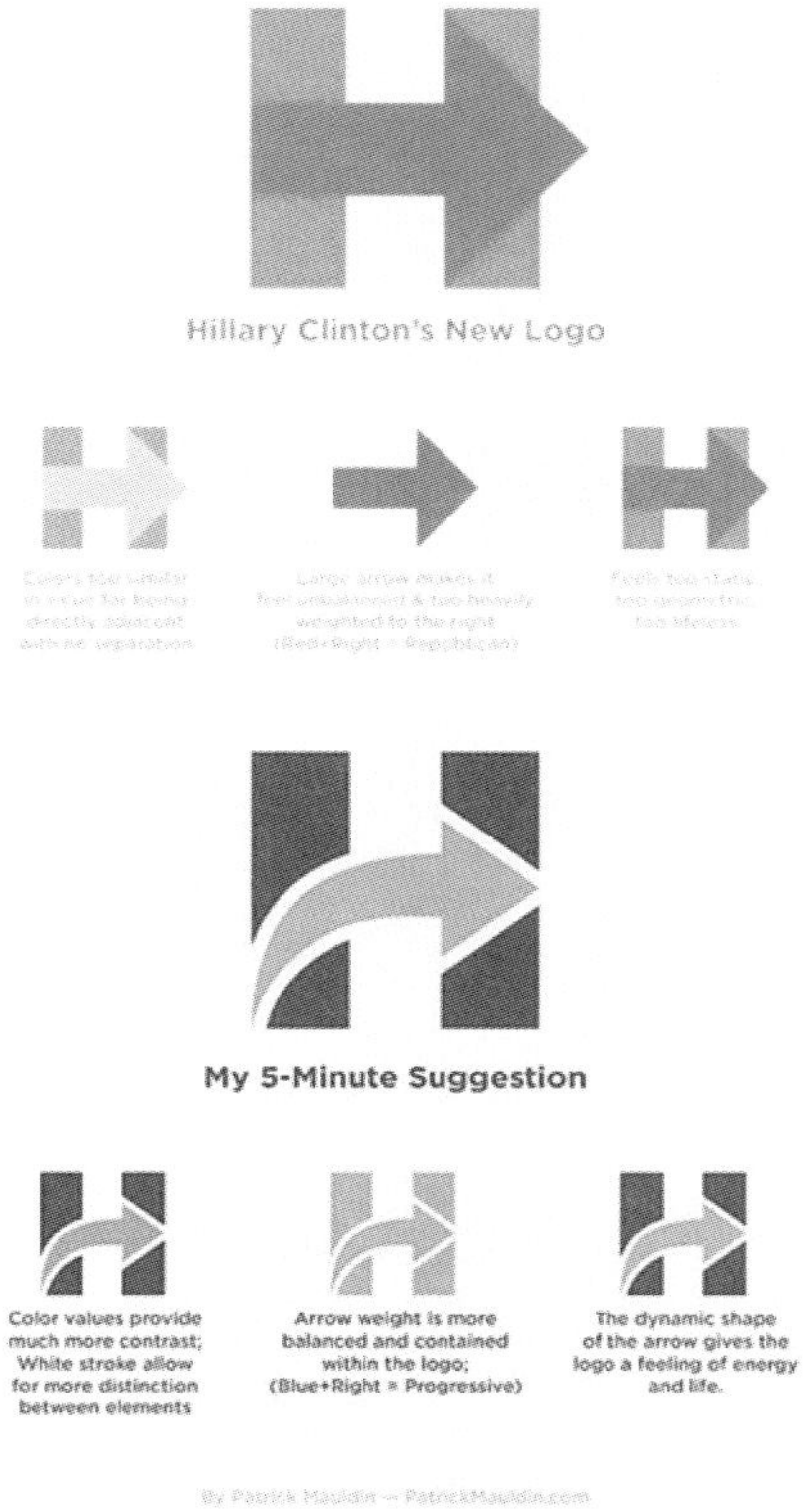

図11　ヒラリー・クリントンの選挙キャンペーン・ロゴ（上）とその「改良案」（下）
A Blog Post by Patrick Mauldin, in "Hillary Clinton logo Redesign," imgur.com. Accessed October 5, 2015. http://imgur.com/gallery/kB2Yoqa（Courtesy of Patrick Mauldin）

図9　コンサルティング・ファーム　マッキンゼーのコミュニケーション・ディレクターの著書表紙（ゼラズニー 二〇〇四）。表紙に右上向きの絵画的矢印の図像が使われている。

図10　クリップアート（Microsoft Word 14.0. 7153.5000　クリップアート、アクセス日：2015年10月3日）

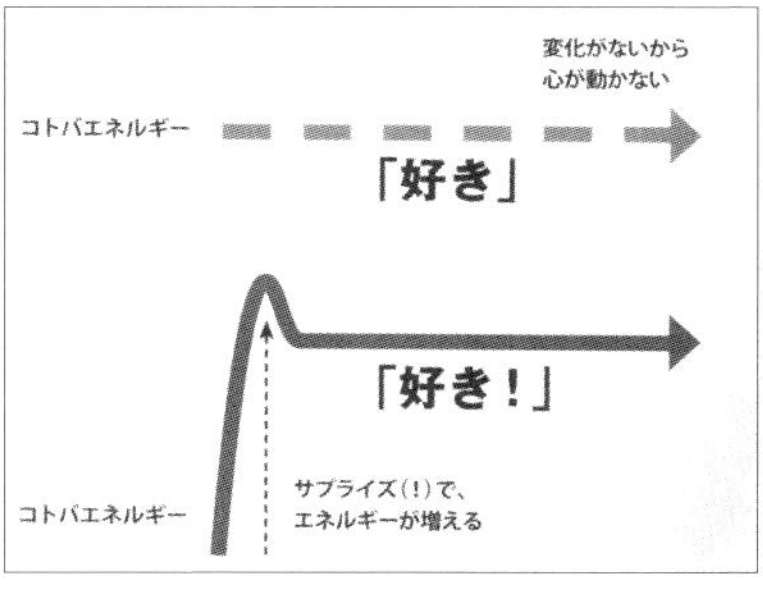

図12　ビジネス書のダイヤグラム（佐々木　二〇一三：一二四）

こうしたことから、矢印を図像として含むイメージを「矢印絵画」と呼ぶことが可能であろう。[*9] そして矢印絵画に描かれる矢印図像を、「絵画的な矢印」と呼ぶことができるだろう。[*10] そして分析的矢印と対照的に、ここでは矢印のもう一つの機能的意味である「運動／変化プロセスの表象機能」が重要な役割を演じている。規格や標準に準拠しないような形状や大きさ、色を持つシャフトは、アローヘッドが何を指し示しているか、ということよりも、運動と変化のプロセスそのものへの注意を喚起する。したがって、絵画的矢印において重要なことは、それがどのような運動／変化を表象するのかという、シンボリックな意味作用である。矢印の二つの機能的意味と、ここで導入した矢印の二つの種類の関係を表に示すと、表1のようになるだろう。つまり分析的矢印では指さし機能が支配的であり、絵画的矢印では運動／変化プロセスの表象機能が支配的な役割を演じる。[*11]

では、スーパーモダニティにおける絵画的矢印は、いったいどのような運動／変化のプロセスを表象しているのだろうか。この問いは、矢印のシンボリックな意味作用に関する問いであり、言説の領域で考察されるべきものだ。以下の議論で取り上げる絵画的矢印の例は、いずれもビジネスや政治をめぐる言説から採られている。現代のビジネスや政治の言説は、「変革」や「スピード」といったレトリックに満ちた、代表的なスーパーモダニティの言説である（Boltanski and Chiapello 2005; Gunthey 2004; Roper, Ganesh and Inkson 2010）。

以下の考察で参照するのは、クレスとリーウェンの社会記号論（Social Semiotics）の枠組み（Kress and van Leeuwen 2006）である。クレスとリーウェンの社会記号論では、始点と終点を持つような線のイメージを「ベクトル」と呼んでおり、矢印はそうしたベクトルの一種として扱われている。社会記号論は、写真、絵画、映画、視覚的なシンボルなどのイメージの様々な特性（色、形状、大きさ、各種構成要素の配置など）にシンボリックな意味を読み取る方法を提供している。

	分析的矢印	絵画的矢印
例	方向指示矢印	広告、ロゴ、「矢印絵画」
指さし機能	支配的	副次的
運動／変化の表象機能	副次的	支配的

表1　分析的矢印と絵画的矢印

＊9　クレーの絵画における矢印の意味については池田（一九九二）およびRosenthal（1982）を参照。

＊10　矢印デザインの絵画性というアイディアは、本稿の元となった日本記号学会第三五回大会（二〇一五

これによれば、例えば絵画的矢印では副次的機能である指さし機能に関しても、シンボリックな意味を読み取ることが可能である。そのためには、スーパーモダニティの言説における矢印絵画では、右向きないしは右上向きの矢印図像が頻繁に登場するという事実に着目すればよい。コンサルティング・ファームのコミュニケーション・デザインの専門家が著したプレゼンテーション・ガイドの本（図９）には、ビジネスマンが日常のプレゼン資料作成時に参照できるような二三二個のダイヤグラムの例が載っているが、そのうち二一四個のダイヤグラムが右向きあるいは右上向き矢印を中心に置いた構成となっている（ゼラズニー 二〇〇四：二〇三―二三二）。もちろんこれらの絵画的矢印は厳密に何かを特定して指さしているわけではなく、ただ漠然と右ないし右上を指しているに過ぎない。しかしクレスとリーウェンは、こうした曖昧な指し示し機能もシンボリカルな意味を生成することを示している。それによれば、左から右へのベクトルは「既知のものから新しいものへ」という運動を表象し、下から上へ向かうベクトルには「現実から理想へ」という運動を表わすとされる（Kress and van Leeuwen 2006: 179-193）。したがって、スーパーモダニティにおいてこうした矢印図像が表象するのは、時間の経過とともに（つまり既知から新しいものへの運動のなかで）理想へ近づくというプロセスであり、それは「成長」や「前進」といった概念を意味する。実際にビジネスマン向けのクリップアート・ライブラリーで「成長」をキーワードとして検索すると、図10のような右向きないしは右上向き矢印図像を持ったイメージが多数ヒットする。スーパーモダニティの言説の矢印における指さし機能は、「右肩上がり」という常套句が示唆する通り、「成長」「前進」といった理想状態への変化プロセスのメタファーとして機能するのである。

　では絵画的矢印において支配的な運動／変化の表象機能には、どのような意味を読み取るべきだろうか？　社会記号論が提供する理論的な道具立てによって以下の三点を議論する。

年五月一七日、秋田公立美術大学）での筆者による研究発表における議論に負っている。

＊11　分析的と絵画的という対比は、ネルソン・グッドマンの「ダイヤグラム的」（the diagrammatic）と「絵画的」（the pictorial）の対比に関する議論にヒントを得た。絵画的な性格を持つイメージでは、色、図像の大きさ、筆遣いなどが重要な意味を持つが、ダイヤグラム的なイメージではこうした属性に重要な意味はない（Goodman 1976: 229-230）。指さし機能においては、矢印の先端部が正確に指さし機能を実行していることが本質的に重要であって、記号の色や大きさは本質的ではない、という意味において、方向指示矢印はダイヤグラム的である。ところが図9～12のような矢印は、色、大きさ、描画のタッチなどが重要な意味を持つ、という意味において絵画的である。ただし今日では、図12のような絵画的に描画されたダイヤグラムが多く見られるため、「ダイヤグラム」と「絵画」は必ずしも対立概念にならない。タフ

（一）矢印の湾曲、矢印の太さ　クレスとリーウェンによれば、直線的な矢印は無機的で機械的なプロセスの印象を生成するが、湾曲したシャフトを持つ矢印は「自然で有機的な」プロセスをシンボリックに表象する機能を持つ。また、シャフトが太く描かれるような矢印は「濃度」や「濃さ」の存在を示すとされている（Kress and van Leeuwen 2006: 71）。したがって、湾曲した太い矢印は、自然で有機的でありながら、濃密なエネルギーを持つプロセスであることを表象していることになるだろう。こうした矢印の例として、ヒラリー・クリントンの大統領選挙キャンペーン・ロゴを見てみよう（図11上）。太いシャフトを持つ右向き矢印デザインが様々なブログなどで取り上げられているロゴだが、ここに挙げたブログエントリーではデザインの改良案（図11下）が示されている。このブログの筆者は、シャフトを曲がらせて太さを先端に向かって次第に太くなるようにデザイン変更することにより、ロゴは「エネルギーと生命力の印象がより強まるはずだ」と書いている。シャフトの湾曲と不規則な太さによって特徴づけられた絵画的矢印が、エネルギーや生命力のメタファーとして機能しているわけである。こうした例は図12にも見出される。この図は、ビジネスマン向けのプレゼンテーション・ガイドとしてよく売れた本（佐々木 二〇一三）に掲載されているダイヤグラムであるが、「コトバエネルギー」が「増える」様子を、うねるような曲線のシャフトを持った太い矢印で表現している。この矢印それ自体がある種のエネルギーを宿しているように描かれ、『好き！』という感嘆符付きの語は、まるで矢印自体によって発話されたように見えるだろう。このような絵画的な矢印の特性によって、矢印は生命エネルギーのメタファーとして機能しているのである。

（二）矢印と人物図像のフレーミング　ビジネスマネジメントのテクストにおいては、絵画的矢印が人物の図像と接して描かれるような例が数多く見出される。クレスとリーウェンによれば、イ

ティは、グッドマン的な意味でのダイヤグラムを「分析的ダイヤグラム」と呼んで、挿絵風のダイヤグラムと区別している（Tufte 2006: 79）。そこで本稿では、タフティに倣って「絵画的」の対立概念として「ダイヤグラム的」ではなく「分析的」という語を採用した。

図13　オンライン・クリップアートより（提供　Rawpixel Ltd/iStock/ThinkStock）

メージのなかの複数の要素が互いに重なったり接したりするように配置される場合は、それらの複数要素は一つのフレーム内に置かれることになり、それらはまとまりとして単一の概念を形成していると見るべきである（Kress and van Leeuwen 2006: 203-204）。図13や図14ではスーツを着た人物図像と絵画的矢印とが互いに結び合わさることにより、人物は常に運動と変化のプロセスに置かれていることが示される。さらに人物と矢印が一体化することによって、「運動と変化こそがスーパーモダンな生の本質を構成するのだ」というテーゼが構築される。ここで特徴的なことは、この運動と変化のプロセスが有機的な生命力によって駆動されるものとして提示されているという点（前記（一））であろう。つまり、恒久的な変化や運動プロセスとしての生のイメージが、外部の権力主体による強制された生ではなく、スーパーモダンな世界の住人にとって自発的な生の営みのイメージとして構築されると言えるだろう。

（三）矢印の視覚的明確さの調整　図15は『ダイヤモンド・ハーバード・ビジネス・レビュー』に掲載された挿絵であるが、矢印の絵画的なタッチが同じフレームに描かれている人物像のタッチと同一であり、一見すると何処に矢印が描かれているのか判別しづらいことに特徴がある。また、図16はパソコンのクリップアートだが、矢印のシャフトをフロアのような平面上に描き、その上に人物像を配置するという構成上の工夫によって、このクリップアートを利用するプレゼンテーションスライドをまるで舞台装置のように、風景の一部として見せる効果を生じさせている。もし矢印を方向指示のサインとして扱うならば、サインは背景に溶け込むのではなくて、逆に強いコントラストによって背景から分離されて描かれることが重要なはずである。イメージを構成する諸要素（図15では人物図像、矢印、時計、歯車など）それぞれの視覚的な明確さ（salience）に関するクレスとリーウェンのモデルによれば、より目立つように特徴づけられた要素は、他の要素よりも重要

図14　内閣官房『日本が世界をリードする時代へ――やわらか成長戦略：二〇一五年一二月二五日改訂』二〇一五年、七頁　アクセス日：二〇一六年二月一〇日 http://www.kantei.go.jp/jp/singi/keizaisaisei/pdf/yawaraka_seichosenryaku.pdf

な意味を持つ（Ibid.: 201-203）。つまりイメージを構成する諸要素の間で視覚的な明確さが異なるように描かれる場合、そこには要素間の意味の重要性に関するヒエラルキーが生じる。したがって方向指示矢印の場合は、フラーの分析で見たような国際規格に準拠することで周囲の視覚的オブジェクトとは明確に異なるデザインで提示され、見る人の注意を惹くことができる。しかしここでわれわれが絵画的矢印において認めるのは、背景のイメージに自然に溶け込ませるように描くことによって、矢印図像と周囲のイメージと間の明確な意味的ヒエラルキーの発生が回避されているという現象である。それは矢印によって表象される運動と変化の行動原理を、自然な風景の一部として提示する効果を持つ。このように提示された絵画的矢印を「自然化された矢印」と呼ぶことができるだろう。こうしてスーパーモダンな世界で自然化された矢印は、運動や変化が自然な生の営みであることのメタファーとして機能する。

　このような分析から明らかになるのは、スーパーモダニティの言説において絵画的な矢印が、自然な生命力やその成長あるいは発展のメタファーとなっているということだ。そしてスーパーモダニティの住人たちは機械的なテクノロジーの住人ではなく、自然な生命力を源泉とする恒久的な変化と運動のプロセスを生きる人間としてイメージされることになる。矢印記号がスーパーモダニティの修辞としてパフォーマティヴィティを持つために、分析的矢印においては標準化テクノロジーによる指さし機能というプロセスを作動させるのであった。これに対し絵画的矢印は、スーパーモダニティが称揚する「常に変化、もっと変化を」（Baumann 2005: 66）という行動原理を、自然な生の営みの一部として

る仲介業が出現したことで、その流通が加速しているのである。

R＆Dのスピードアップとコストの最適化を実現
オープン・イノベーションという言葉は、二〇〇三年、当時ハーバード大学で教鞭を執っていたヘンリー・チェスブロウ教授の書籍のタイトルで使用されたことで、広く知られるようになった。「オープン」という枕詞に、技術革新を意味する「イノベーション」を組み合わせた言葉は、時代の潮流とも相まって、多大な関心と期待を伴い世界中に広まることとなる。

チェスブロウ氏は、オープン・イノベーションを「企業内部と外部のアイデアを有機的に結合させ、価値を創造する」と定義した。

図15　『ダイヤモンド・ハーバード・ビジネス・レビュー』二〇一五年六月号、八七頁（画像提供：Rawpixel Ltd/iStock/ThinkStock）

メタフォリカルに描き出すことによって、自発的な隷従のプロセスを作動させる。

しかし恐らくスーパーモダニティの言説環境における矢印イメージの最も著しい特徴は、表1で確認したような「分析的矢印」と「絵画的矢印」という分類の境界がきわめて曖昧になっているということではないだろうか。実際に今日われわれが日常的に目にする矢印記号の多くは、分析的とも絵画的とも判じかねる例が多いはずである。図17では、本来分析的であるはずの方向指示矢印が絵画的に描かれている例である。また図18の見本市会場に置かれた矢印は、装飾のようでもあるし、ある方向を示しているようにも見える。また図19のように、分析的なダイヤグラムのようであ

図16　クリップアート（Microsoft Word 14.0.7153.5000　クリップアート、アクセス日：二〇一五年一〇月二日）

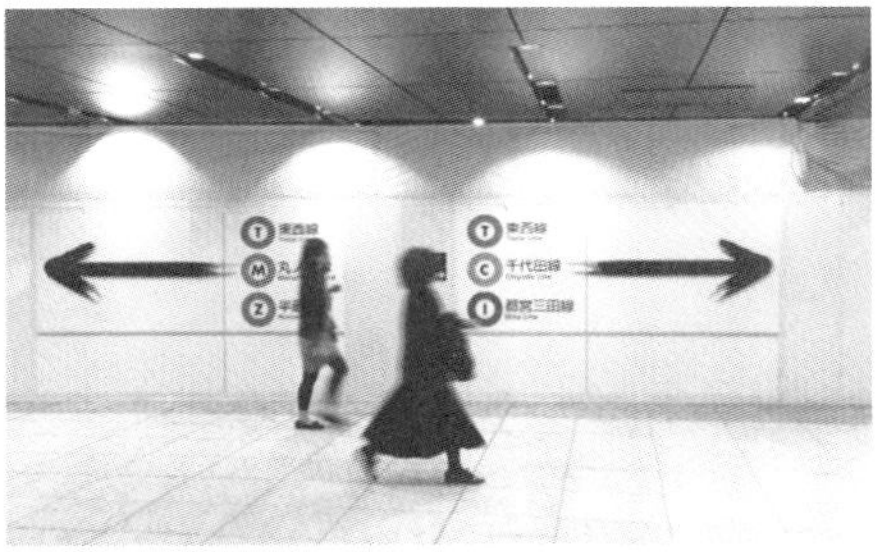
図17　東京　大手町駅（二〇一四年五月）

図18　見本市会場にて（二〇一五年五月、東京国際フォーラム）

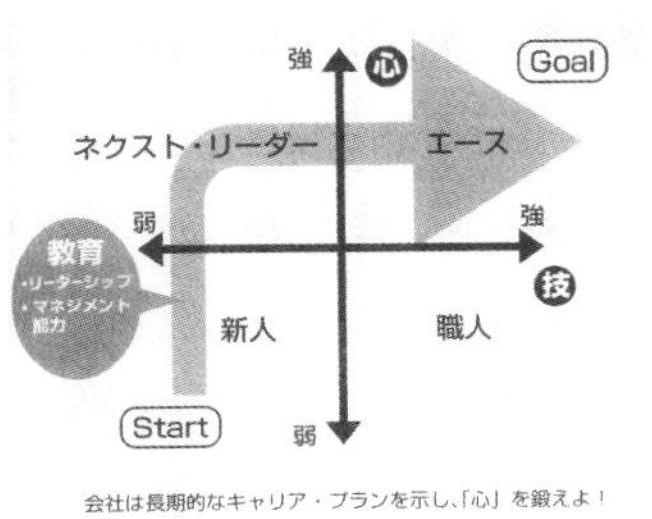

図19　ビジネス書のダイヤグラム（久野康成（二〇〇七）『できる若者は三年で辞める――伸びる会社はできる人よりネクストリーダーを育てる』出版文化社、五〇頁）

りながら、矢印図像に絵画的な特性（湾曲したシャフトや、著しく巨大に強調されたアローヘッドなど）があるために、指さし機能よりも運動プロセスの視覚的な表象のほうが支配的機能となっているケースなど、こうした例は今日無数に見られる。分析的矢印に絵画性を持ち込むようなデザインポリシーは、タフティらの立場からすれば混乱や曖昧性を生む要因であり排除すべきものだろう。しかし、スーパーモダニティの言説にとってこれは必須のデザイン特性である。なぜなら、分析的矢印と絵画的矢印のそれぞれの特性を混合することによって、矢印はあらゆる〈非－場所〉におけるパフォーマティヴな記号としてその住人を自発的隷従のプロセスに動員することができるからである。すなわち、ハイウェイや空港などの物理的／空間的な移動の場であっても、生の営みにおける様々な意思決定の場であっても、前進し続けることこそ自然な生命力の求めるところであり、立ち止まることは生命の衰退であるという神話を、人々は自ら構築しながらそれに従って行動することになる。

4　結び

今日のスーパーモダンな矢印のデザインにとって重要なことは、標準化あるいは規格化ではなく、絵画的な形象をとることができるようなデザインの柔軟性および多様性である。多様なデザインを通して自然化されうるという特性によって、矢印による誘導は、自然な生の営みとして、〈非－場所〉の住人たちに受容される。マノヴィッチが言うように、われわれの日常生活のあらゆる場面が〈非－場所〉となっていても、あらゆる場面で常にわれわれは空港のユーザーのような制御されたロボットとして矢印に従うわけではない。矢印は多様な文脈で多様なデザインを取りながら、新自由主義的な生の理想を提示することによって、自発的隷従のプロセスに参画するように見る人を動機づけるのである。

　今日われわれは一つの矢印のなかに、分析的な指さし機能と、絵画的な表象による生命力のメタファーを同時に見る。この二重性が、スーパーモダニティのあらゆる場面におけるパフォーマティヴィティの源泉となっていると言うことが可能だろう。北野（二〇一四：二四九）が指摘するように、「第二の近代」において生を営む個人の状況とは、「「統合対断片化」「無力さ対専有」「権威対不確実性」「個人化された経験対商品化された経験」といった、相矛盾する二項といっていい二つの志向性にさまざまな局面で同時にさらされる」ことに特徴がある。矢印サインがこのようなスーパーモダニティの修辞であり道具であるのは、フラーが言うような標準化のみによるものではない。むしろ、そのような標準化を含めて、多様で絵画的なデザインを通して、矢印サインはスーパーモダニティの二つの互いに矛盾する経験——すなわち、指さし機能の指示に従って動作や移動を続ける機械的なユーザーのイメージと、創造的で生命力の源泉としての個人のイメージを、同じ一つの身振りで提供することができるのであって、この能力こそが矢印のパフォーマティヴィティの源泉となっている。

In Praise of the Incomplete Leader

no longer to command and control but to cultivate and coordinate the actions of others at all levels of the organization. Only when leaders come to see themselves as incomplete – as having both strengths and weaknesses – will they be able to make up for their missing skills by relying on others.

Corporations have been becoming less hierarchical and more collaborative for decades, of course, as globalization and the growing importance of knowledge work have required that responsibility and initiative be distributed more widely. Moreover, it is now possible for large groups of people to coordinate their actions, not just by bringing lots of information to a few centralized places but also by bringing lots of information to lots of places through ever-growing networks within and beyond the firm. The sheer complexity and ambiguity of problems is humbling. More and more decisions are made in the context of global markets and rapidly – sometimes radically – changing financial, social, political, technological, and environmental forces. Stakeholders such as activists, regulators, and employees all have claims on organizations.

No one person could possibly stay on top of everything. But the myth of the complete leader (and the attendant fear of appearing incompetent) makes many executives try to do just that, exhausting themselves and damaging their organizations in the process. The incomplete leader, by contrast, knows when to let go: when to let those who know the local market do the advertising plan or when to let the engineering team run with its idea of what the customer needs. The incomplete leader also knows that leadership exists throughout the organizational hierarchy – wherever expertise, vision, new ideas, and commitment are found.

We've worked with hundreds of people who have struggled under the weight of the myth of the complete leader. Over the past six years, our work at the MIT Leadership Center has included studying leadership in many organizations and teaching the topic to senior executives, middle managers, and MBA students. In our practice-based programs, we have analyzed numerous accounts of organizational change and watched leaders struggle to meld top-down strategic initiatives with vibrant ideas from the rest of the organization.

All this work has led us to develop a model of distributed leadership. This framework, which synthesizes our own research with ideas from other leadership scholars, views leadership as a set of four capabilities: *sensemaking* (understanding the context in which a company and its people operate), *relating* (building relationships within and across organizations), *visioning* (creating a compelling picture of the future), and *inventing* (developing new ways to achieve the vision).

Deborah Ancona is the Seley Distinguished Professor of Management at the MIT Sloan School of Management and the faculty director of the MIT Leadership Center in Cambridge, Massachusetts. She is also the coauthor (with Henrik Bresman) of *X-Teams: How to Build Teams that Lead, Innovate, and Succeed*, forthcoming from Harvard Business School Press in June 2007. **Thomas W. Malone** is the Patrick J. McGovern Professor of Management at the MIT Sloan School and the director of the MIT Center for Collective Intelligence. **Wanda J. Orlikowski** is the Eaton-Peabody Professor of Communication Science and a professor of information technologies and organization studies at the MIT Sloan School. **Peter M. Senge** is the founding chairperson of the Society for Organizational Learning and a senior lecturer at the MIT Sloan School.

94 Harvard Business Review | **February 2007** | hbr.org

図20　*Harvard Business Review*, February 2007, p. 94 (Reprinted by permission of Harvard Business Review. An Illustraiton by Luba Lukova from "In Praise of the Incomplete Leader" by Deborah Ancona, Thomas W. Malone, Wanda Orlikowski, and Peter M. Senge, February 2007. Copyright © 2007 by the Harvard Business School Publishing Corporation; all rights reserved. Courtesy of Luba Lukova)

カネッティの一本の伸ばされた指は、分析的な指さし記号であると同時に、指という生命のイメージを伴うからこそパフォーマティヴな力を有するのだ（図20）。

引用文献

池田祐子（一九九二）「揺れ動く指標――クレー芸術における〈矢印〉の問題をめぐって」『美学』第一六九号、四六―五六頁
今井今朝春 編集（二〇〇七）『矢印の力――その先にあるモノへの誘導』ワールドフォトプレス
ウェステンドルプ、ピート、田中比佐子、カレル・ファン・デル・ヴァールデ（二〇〇七）「矢印の起源と多様化」末華子バークス訳、今井今朝春 編集（二〇〇七）所収
エーコ、ウンベルト（二〇一三）『記号論I』池上嘉彦訳、講談社
太田幸夫（一九八七）『ピクトグラムデザイン』柏書房
カネッティ、エリアス（二〇一〇）『群衆と権力（下）』岩田行一訳、法政大学出版局
北野圭介（二〇一四）『制御と社会――欲望と権力のテクノロジー』人文書院
佐々木圭一（二〇一三）『伝え方が九割』ダイヤモンド社
ゼラズニー、ジーン（二〇〇四）『マッキンゼー流図解の技術』数江良一・菅野誠二・大崎朋子訳、東洋経済新報社
竹中直（二〇一三）「緑色の誘導標識と白色の誘導標識は何が違うの……」ニッセンケン分室思いつきラボ第三号、アクセス日二〇一五年二月一四日、http://nissenken.or.jp/column/pdf/no3.pdf?131128
菅野盾樹（二〇〇四）「指さしの記号機能はどのように発生するか――あるいは〈ゆうちゃんの神話〉」『現代思想』第三二巻八号、一五二―一六五頁
マイクセナール、ポール、ピート・ウェステンドルプ（二〇〇七）『オープンヒア――インストラクショナルデザインの技法』中村省三訳、ワールドフォトプレス
マノヴィッチ、レフ（二〇一三）『ニューメディアの言語――デジタル時代のアート、デザイン、映画』

堀潤史訳、みすず書房

Augé, M.（2008）*Non-Places : An Introduction to Supermodernity Second Edition*, trans. J. Howe, London and New York: Verso

Bauman, Z.（2005）*Liquid Life*, Cambridge: Polity

Bertram, S.（2007）“A Re-visionist Cultural History of the ‘Art’ of Management: New Managerialism, Motivational Art, and the Kitschification of Culture,” *Electronic Journal of Radical Organisation Theory* 10（1）. Accessed November 23, 2013 http://www.mngt.waikato.ac.nz/ejrot/cmsconference/2007/proceedings/thevisualculture/bertram.pdf

Boltanski, L. and E. Chiapello（2005）*The New Spirit of Capitalism*, trans. G. Elliott, London and New York: Verso

Callon, M.（2006）“What does it mean to say that economics is performative?” *CSI WORKING PAPER SERIES* 005 <halshs-00091596>, Paris: Centre de Sociologie de l'Innovation, Ecole des Mines de Paris

De Cock, C., J. Fitchett, and C. Volkmann（2009）“Myths of a Near Past: Envisioning Finance Capitalism anno 2007,” *ephemera* 9（1）: 8-25. Accessed May 20, 2012 http://www.ephemeraweb.org/journal/9-1/9-1decocketal.pdf.

Finkel, R. J.（2011）*Up Down Left Right*, Master's thesis, University of Florida. Accessed January 16, 2016 http://robertfinkel.com/projects/up-down-left-right/.

Fuller, G.（2002）“The Arrow—Directional Semiotics: Wayfinding in Transit,” *Social Semiotics* 12(3): 231-244

Gombrich, E. H.（1982）“The Visual Image: Its Place in Communication,” in *The Image and the Eye: Further Studies in the Psychology of Pictorial Representation*, Oxford: Phaidon

――――（1999）“Pictorial Instructions,” in *The Uses of Images: Studies in the Social Function of Art and Visual Communication*, London: Phaidon

Goodman, N. (1976) *Languages of the Art: An Approach to a Theory of Symbols*, Second Edition, Indianapolis, Indiana: Hackett Publishing

Gunthey, E. (2004) "New Economy Romanticism, Narratives of Corporate Personhood, and the Antimanagerial Impulse," in K. Lipartito and D. B. Sicilia (eds), *Constructing Corporate America: History, Politics, Culture*, Oxford: Oxford University Press

Heiser, J. and B. Tversky (2006) "Arrows in Comprehending and Producing Mechanical Diagrams," *Cognitive Science* 30: 581-592

ISO (2007) *ISO 7001:2007 (E) Graphical Symbols (Public Information Symbols)*

Kress, G. and T. van Leeuwen (2006) *Reading Images: The Grammer of Visual Design*, Second Edition, London and New York: Routledge

Peters, M. A. (2009) "Education, Creativity and the Economy of Passions: New Forms of Educational Capitalism," *Thesis Eleven* 96: 40-63

Roper, J., S. Ganesh and K. Inkson (2010) "Neoliberalism and Knowledge Interests in Boudaryless Careers Discourse," *Work Employment and Society* 24(4): 661-679

Rosenthal, M. (1982) "The Prototypical Triangle of Paul Klee," *The Art Bulletin* 64(2): 299-310

Schott, G. D. (2000) "Illustrating Cerebral Function: the Iconography of Arrows," *Philosophical Transactions of the Royal Society of London*, B 355: 1789-1799

Thrift, N. (2005) "It's the Romance, Not the Finance, that Makes the Business Worth Pursuing: Disclosing a New Market Culture," in *Knowing Capitalism*, London: Sage

Tufte, E. R. (2006) "Links and Causal Arrows: Ambiguity in Action," in *Beautiful Evidence*, Cheshire, CT: Graphics Press

研究論文

日本という言語空間における無意識のディスクール——折口信夫の言語伝承論を手がかりに

岡安裕介

日本文化を語る際に、二重性と呼ばれる特性がしばしば強調される。本音と建前、ウチとソトといったような対義語で表現される日本人の心性は、いわゆる家族や仲間内における人間関係と公けの場での人間関係が大きく異なっていることを示している。

筆者は以前、日本文化の二重性を構造主義的に分析するために、民俗学者折口信夫の論考から「言語伝承の図式」というモデルを導出した（岡安　二〇一二）。折口の民俗学理論は「言語伝承」に注目し、そこに働く言語規則が民俗を規定しているという視点から成り立っている。この「言語伝承」を構造主義における「ランガージュ（言語活動）」と捉え、日本という共同体を規定する「パロール（みこと）」の交換規則を明示したものが「言語伝承の図式」である。

このモデルは、言語を媒介に文化を継承するという人間の営み、すなわち、通時的に上の世代から下の世代へと伝わる「伝承」という行為をもとに組み立てられている。しかし折口は同時に、このモデルを日本という共同体の発生理論の中核として用いている。お上の「みこと（命令）」を下々の者へと伝える「伝達」という行為は、共時的な共同体間の上下関係を構築することになる。

このモデルの妙は、上と下の間に中の者を置くことにある。上からの「みこと」は中の者を経由し下へと伝えられる。この中の者は「みこと」が円滑に受け入れられるように翻訳して下に伝えてしまうのである。これによって、上部共同体（上の世代）の規範は下部共同体（下の世代）に完全に浸透することなく、従来の規範と重なり合って存立することになる。伝承と伝達、これら二つの行為が重なり合うことによって成立するこの図式は、上、中、下という三項の配置とそれを循環するパロールからなる言語論的なモデルである。

この「言語伝承の図式」は、構造主義の方法論に則り、日本文化の諸側面を規定しているであろう「象徴的機能」をモデル化したものである。[*1] 本稿では、このモデルをもって、その諸側面にある種の相関関係を見いだしていけるような文化体系を「日本という言語空間」と定義する。そして、このような形で図式化できる日本という言語空間の特性を、比較文化論的に検討するために、言語論的な精神分析を展開したJ・ラカンの理論を参照したいと思う。ラカン理論に基づいた従来の日本文化論においても、二重性という特性はしばしば指摘されている。佐々木孝次は、日本人の規範意識は、武士的ないしは儒教的制度に基づく法規範と、民衆的ないしは地域的形態に基づく習俗規範という二つの側面を持っていることを指摘している（佐々木　一九七九：八一―一四三）。また、新宮一成は日本文化の二重性を、天皇を中心とする政治＝宗教体制と、アニミズム的宗教哲学の併存という形で指摘している。この指摘は、S・フロイトの「トーテムとタブー」におけるミカドとアイヌの習俗への言及に由来している（新宮　二〇〇五：二二一―二二七）。両者とも、このような日本文化の特性が依拠するところとして、漢字に当てられた二つの発音法（音読みと訓読み）や敬語法（尊敬語と謙譲語）という言語的な規範の存在を見て取っている。この視点自体が、ラカンの論文「Lituraterre」（Lacan 2001b）や『エクリ』邦訳版序文に当たる「Avis au lecteur japonais」（Lacan 2001a）によったものである。

＊1　構造人類学の第一歩は、文化の諸相に通底する象徴的機能に焦点を絞ることにある。そして、その象徴的機能は無意識のランガージュによって示されるとC・レヴィ＝ストロースは述べている（Lévi-Strauss 1974 : 28）。

本稿では、精神分析を背景として言語構造から文化を見る彼らの視点を継承し、パロールの交換規則という共通尺度に基づいて、日本文化と西欧文化との構造的差異を明示する研究方法を採用する。なぜならラカンにおける構造とは、第一に無意識における「ディスクール（語らい）」であり、具体的な言語的規範もここに働く交換規則に基づいて組み立てられるからである。

この無意識のディスクールを分析するために、ラカンが提示したモデルが「エディプスの三角形」である。エディプスの三角形は、子どもが他者（両親に代表される）との関係性をもとに、言語（文化）を継承する機能を獲得するという通世代間伝達モデルとして見ることができる。西欧一神教文化においてこのディスクールは、主体が象徴的秩序に定点を持った上で、他者とのパロールの交換が成立する図式として表わすことができる。このエディプスの三角形も、構造主義の方法論に則り、西欧一神教文化の諸側面を規定する象徴的機能をモデル化したものである。*2 さらにラカンは、セミネール第四巻『対象関係』において「症例ハンス」を取り上げ、非典型的な形を呈するエディプスの三角形についても言及している。ここに見られるディスクールは、パロールの交換を行なう具体的な他者との関係性によって、主体の象徴的秩序における立ち位置が変化する図式として表わすことができる。

じつは、この「非典型的なエディプス関係」におけるパロールの交換規則は「言語伝承の図式」と同一のものと見なすことができる。ゆえに、このモデルを精査することは、日本文化の特性を明らかにする手がかりになるとともに、「言語伝承の図式」を無意識のディスクールの分析モデルにまで展開することにもつながる。日本という言語空間における主体と他者のあり方（エディプスの三角形）を「言語伝承の図式」から導き出すことが、本稿の最終目的である。

この試みにあたってまずは、比較の基礎となるエディプスの三角形の考察から始めたい。

*2
よく知られているように、レヴィ＝ストロースにとって無意識のランガージュ（言語活動）とは、第一に音韻規則である。しかし、レヴィ＝ストロースが想定しているランガージュには、音韻構造、文法構造、語彙構造、ディスクールの構造などいくつかの異なる位相がある（Lévi-Strauss 1974 : 98）。本稿で取り上げる「エディプスの三角形」（および「言語伝承の図式」）は、このうちの、ディスクールにおける無意識の言語活動に主眼が置かれている。われわれは通常意識することなしに、音素による弁別作用を受けている。それと同様に、われわれが語らう際、通常意識にあがることなく他者との関係性を反復している。そして、その反復は言語活動に由来する規則性をもっている。この視点から生み出されたモデルが上記の図式である。

1 エディプスの三角形

母への恋慕と父への殺意、フロイトによると人は誰しもかつて一人のエディプスであった。エディプス・コンプレックスとは父親と母親をめぐる幼年時代の性理論に他ならず、このエディプス・コンプレックスの没落の際に、両親への同一化を通じて、その後継たる「超自我」「自我理想」の形成がなされ、子どもは男女差を認識した文化的な生き物、すなわち大人へといたるということが精神分析の基本理論である。[*3] このエディプス・コンプレックスをシニフィアンの導入と読み換えたのがラカンである（ラカン　一九八七b：五四―五五）。

人が生まれながらにシニフィアンの網の目（象徴的秩序）に囚われた存在である以上、従わざるを得ない掟こそが、幼年時代のエディプス・コンプレックスとその没落を経て成立したエディプスの三角形の図式である。ラカンの言う掟とは、パロールの掟のことであり、主体の象徴化を表わしている（ラカン　一九八七a：一三六―一三七）。象徴的秩序をいまだ認識できぬ子は、合わせ鏡的に母と、母の欲望するファルスへの同一化を強いられる想像的関係に囚われている。父は、無力な子と偉大なる母の気まぐれによって成立しているこの世界に介入し、命名をもたらすパロールの循環を通して両者を分離（去勢）する。それによって、そこに安定した関係性をもたらすのである。子は、第三者である父への同一化を通じて、パロールの内容を保証するものとしての象徴的秩序へとリンクすることが可能となる。その際、成立するのは「超自我」という父の機能（象徴的機能）であり、ラカンによって「象徴的父」と呼ばれる特権的なシニフィアンである。この継承によってはじめて、子は能動的に言語を扱える存在へと飛躍する。ここに見いだせる父と母への同一化は、パロールの交換が行なわれるたびに、無意識的に反復されることになる。この無意識的なパロールの交換規則を、ラカンの基本図式であるシェーマL（図式1）において確認しよう。[*4] なお、シェー

*3　これらの基本理論については「自我とエス」（フロイト　二〇〇七b）がよくまとまっている。

*4　エディプス・コンプレックスを、シェーマLをもとに言語構造論的に読み換えていく作業はセミネール第三巻『精神病』に詳しい。

マLには「自我の想像的機能と無意識のディスクール」というタイトルが付されている。

私が自分のものであると認識している姿は鏡に映った像でしかない、という前提からシェーマLは始まっている。かみ砕いて言うならば、見ている私が主体Sであり、鏡像として見られている私が自我aである。私は自分を自我aであると思い込んでいることになる。とりあえず、小文字の他者a′に私が語りかけるとするならば、図式1の矢印に示されているように、そのパロールは主体Sから小文字の他者a′へと向かうことになる。そして、小文字の他者a′からの返事は、私が自分であると認識している自我aへと向かうように想像されるだろう。ただし、このパロールの交換は無条件で果たされるわけではない。この図式におけるa′—a（想像的関係）は、先述した母子の合わせ鏡の世界である。例えば、幼い子が自己の統一的な像として鏡像を先取りする際に、そのままでは鏡に映る自分の像aとそれを抱き支える母の像a′を弁別できない。この子が鏡に映った像を自分のものとして認識するためには、「あれ（a）が君だよ」と指し示してくれる母のまなざしを必要とする。[*5] そして、母はすでに両者を弁別する機能を備えているからこそ、子に「あれ（a）が君だよ」とパロールを投げかけることもできる。姿は見えないながらも、母の背後にひかえている象徴的な父は、そのパロールの内容を保証する存在として、主体Sにシニフィアンの差異からなる象徴的秩序（大文字の他者A）を導入する役割を果たすことになる。こうして、大文字の他者Aへとつながった主体Sには、小文字の他者a′と自我aがシニフィアンによって弁別されていることを伝えてくれる、[*6] 無意識のラインが引かれることになる。このように、一見、二者間（a′—a）で成立するように見えるパロールの交換は、象徴的な無意識のライン（S—A）を経由したパロールの循環（ディスクール）によって支えられることになる。

このパロールの循環を、ラカンお得意のフレーズをもとに描き出すと次のようになる。Sがa′に

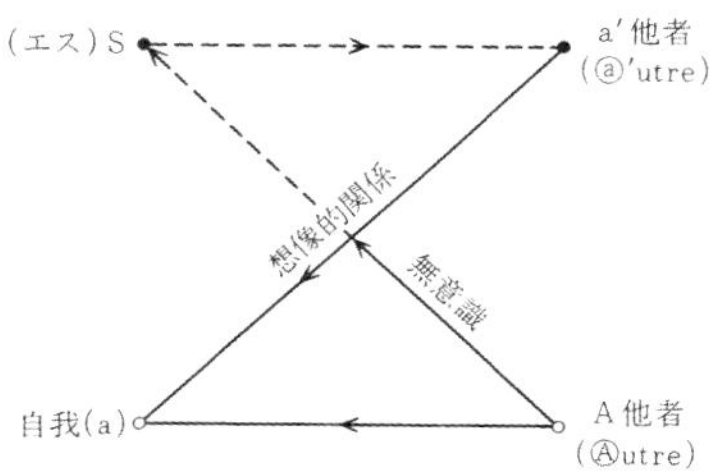

図式1（ラカン　一九八七a：二一）

＊5　この母のまなざしが自我理想となり、想像的な世界のなかに、主体Sがそこから自分を欲望されるべきものとして見いだすことになる特異点を作り出す。

＊6　Aからaへ直接パロールが向かっていることも図式1によって確認されたい。

向かって「君は私の師だ」とパロールを投げかけるとする。そうすると、a′からaに向かっての「君は私の弟子だ」というパロールが期待できる。[*7] しかし、それが成り立つためには、AからSに向かってパロールが投げかけられ、それは「私は君の弟子だ」というひっくり返されたメッセージとして受け取られる必要がある。通常、意識にはあがることのないAから届いたこのメッセージによって、Sは象徴的秩序におけるa（a′の弟子）に位置づけられ、ディスクールが成立することになる。

このような形で主体を成立させる図式を、西欧文化における「典型的なエディプス関係」としてモデル化したラカンであるが、それとは異なる形で主体を成立させる「非典型的なエディプス関係」という図式についても言及している。ラカンがこの図式を提示するきっかけとなったのが、いわゆる症例ハンスである。

2　症例ハンス

症例ハンスとは、フロイトの「ある五歳男児の恐怖症の分析」（フロイト　二〇〇八）と題された論文に登場する、ハンス少年が発症した恐怖症の治療報告である。この症例における治療者はフロイト本人ではなく、彼の理論や指示に基づいて行動したハンスの父親である。この症例を簡潔にまとめると次のようになる。ハンスの恐怖症はエディプス・コンプレックスの産物であり、恐怖症の対象（馬）には、母親とのカップリングの障害となる父親への殺意が反映されている。ハンスが恐れる馬は、母親との分離を促す「噛む馬」であり、父親の死を象徴する「倒れる馬」でもある。ハンスが治療の最終過程においてハンスがとった幻想上の戦略は、母親と自分のカップリングは維持したまま、父親の妻として祖母をあてがうというものである。このカップリングによって父親を無害化し

＊7　ここで、これから述べるAの機能がうまく働かないと、君と私の区別がつかなくなり、パラノイア的な合わせ鏡の世界に閉じ込められることになる。

症状が消失した、とフロイトは考えた。

このフロイトの解釈に対してラカンは、ハンスのエディプス・コンプレックスの解決の仕方は、決して典型的なものとは言えないと述べている（ラカン　二〇〇六：二四八）。このラカンの主張を理解するために、まずは恐怖症について彼の述べるところを見てみよう。

ラカンによると、恐怖症の対象は「象徴的父のシニフィアンを補完するという機能」（同上：四三）を持っている。母と子の想像的関係から、父を交えた三者関係に移行する際に、何らかの理由で父の機能がうまく働かない場合がある。ハンスにとっての「馬」とは、やさしすぎる父親、夫婦の寝室からハンスを追い出さない（母親に物言えない）父親の代わりに、父の機能を補完するために要請されたものである。このように恐怖症とは、一般的ではないながらも、父の機能不全的状況における救護策であると言える。そのため恐怖症の発症とその解消は、母からの分離、すなわち「去勢」の過程をも表わすことになる。しかし、現実の父親の手助けがなかったハンスは去勢がうまく遂行されなかった、とラカンは見ている（同上：二二二―二二六）。その際ハンスがとった解決策は、父の位置に祖母をあてがうことである。ラカンは次のように述べている。

まとめて言えば、ハンスの恐怖症の解消時に、次のような布置が現われています。父の介入があったにもかかわらず、もっと言えばその執拗さにもかかわらず、ハンスは一種の母権制の系譜に書き込まれます。より単純に、そして、より厳密に言うなら、母性の二重化のうちに書き込まれます。あたかも第三の人物の存在が不可欠であったかのように。そして父が第三の人物たりえなかったので、祖母が第三の人物になるのです。（同上：二五二）

このようなエディプスの形成を、ラカンは「非典型的なエディプス関係」（同上：二九三）と命名している。本来、父の機能とは「父が、系譜的次元の秩序の維持のための虚構的かつ具体的な軸、中心」（同上：二六九）を示すことにある。「典型的なエディプス関係」においては、定点となる父の機能を内在化させた主体は、言語活動を通して、象徴的秩序のなかに自らを定義し定位することが可能になる。しかし、「非典型的なエディプス関係」においては、具体的な他者、すなわち母との関係性に基づいて象徴的秩序に書き込まれることになる。エディプスの三角形が形成されているということは、パロールの循環を通して子に象徴的秩序の導入が果たされているはずであるが、この「非典型的なエディプス関係」においては、父からのパロールは子に直接投げかけられない。母の背後に何者かはいる。しかし、それは父を抱き支えた祖母である。母は祖母（父）の代理人として、その理想にそってパロールを翻訳する。よってハンスを制するのは、父由来の「超自我」ではなく、母の理想の追求、すなわち「自我理想」となる（同上：二九三）。この事態をラカンは、フロイトを引用して次のように述べている。

フロイトはこう書いています。「女の望みは、〈神〉の望み」。これはまさに母がハンスに言ったことです。つまり、「結局、それは私次第なの」ということです。（同上：二九一）

「典型的なエディプス関係」を基盤とする文化が、宗教的側面において一神教的形態と親和性が高いと見なされる理由は、象徴的秩序の絶対的な審級として天に切り離された存在である唯一神と、世界を等しくシニフィアンの網の目で覆う要として機能する象徴的父との関係性が対応しているからである。[*8] 姿なき唯一神の力が世界にあまねく行きわたるがごとく、象徴的父の前では子ども

*8
「象徴的父としての父という位置に対し完全に応じることのできる唯一の者、それは一神教の〈神〉のように「我は我であるところの者なり（Je suis celui qui suis.）」と言うことのできる者だけです」（ラカン 二〇〇六：一七）。言語によって構造化された世界で生きるわれわれにとって、自己言及の不完全性から免れている唯一の存在、不可能な点こそ象徴的父であり、第三者たる神として表わされている位置である。

も母親も、そして父親さえも等しくパロールが投げかけられる存在となる。ゆえに、そのパロールの内容を保証できるのは、唯一、象徴的父のみであり、パロールの特権的な受け手は存在しない。

しかし次節で見るように、偉大なる母性神（天照大神）を後ろ盾とした息子神（天皇）が君臨する日本においては、父に当たるであろう神は巧妙に隠されている。このような宗教的および政治的形態に対応する日本という言語空間においては、父からのパロールは、母を経由して子に伝えられることになる。この日本におけるパロールの循環の偏りを、「非典型的なエディプス関係」を念頭に「言語伝承の図式」を検討することによって探求していきたい。

3　日の神の系図

「言語伝承の図式」は、折口の説く「みこともち」の思想を基盤としている。「みこともち」とは、「みこと（命令）」を発している限りは、それを初めに発した神と同格になるという思想（信仰）である。天皇は、天つ神の「みこと」を受け取り発することにより天つ神と同一視され、高天原からの「客（まれびと）」と見なされる。そして、その天皇から「みこと」を受け取った群臣、さらにその下役といった形で「みこともち」の資格は継承されていくことになる。「みこと（パロール）」の伝言リレーにおいて、それを発している限りで、受け取る者に対して「みこともち」は「かみ（神・上）」の位置に立つのである。

古神道は、天皇が天つ神の「みこと」を発する最高位の「みこともち（すめらみこと）」として、日本という場に降臨するという信仰をもとに成り立っている。しかしこの信仰が成り立つには、本来、両者を仲立ちする「中つすめらみこと」を必要とする。「中つすめらみこと」とは、主として皇后のことを指す。重要なことは、「中つすめらみこと」が天つ神に奉仕する巫女だということである。折口は図式2を提示して次のように説明している。b「中つすめらみこと」は身体としてはa′に当たる「すめらみこと」の妻であり、信仰の上ではa「天つ神」の妻となる。そして天皇とは本来、この「中つすめらみこと」と関係を結ぶことによって、天つ神と同一視され「現神(あきつかみ)」と見なされる。

そして、これを宮廷という共同体とすると、その下に「采女《うねめ》制度」を用いてa=天皇、b=采女、a′=群臣という形で共同体が連結されることになる。この図式が入れ子的に反復されることにより、「みこと」が日本中へ伝達されることになる。この三項の関係性は、「まつり」の形式として、a「客」、b「神の嫁」、a′「(神)主」と表わすことができる。[*9]

じつは、この図式2は宮廷の上にさらに共同体を描くことができる。折口によると、「みこと」を初めに発した神とは高皇産霊神《たかみむすびのかみ》であり、天照大神は日の神の巫女だというのである。折口は、高皇産霊神が日の神かどうかについては明言を避けているが、「みこと」の流れにそって図式2に対応させると、仮に天つ神をa′に位置づけた場合、高皇産霊神がaに、天照大神がbに当たることになる(折口　一九五五b：四二八―四二九)。折口が「天上より持ち来した神宣は、高皇産霊神の御言によるものとの信仰を以て、最古の神言なることを保証する詞があつた」(折口　一九五六b：二八)と述べるように、「みこと」とは高皇産霊神に依拠する限りにおいて、効力を発揮することになる。しかし、実際に「みこと」を発すると見なされているのは天照大神なのである。高皇産霊神は天照大神が「みこと」を発する際に、それにそって出現する(折口　一九六六b：一〇九)。高皇産霊神は「天照大神の蔭にかくれてゐる神」(折口　一九五五b：四二八)なのである。よって、天皇につながる日の神の系図という観点から見ると、日之妻《ひるめ》たる天照大神が頂点にくることになる。これを図式3として記しておこう。[*10]

*9 ここで一つ注意を促しておきたいことがある。図式2が提示された「古代人の思考の基礎」(折口　一九五五b)は、その本来の目的としては、古代における神道のあり方を探求した論文ではないということである。ここでの折口の関心は、あくまでも現代における日本人の国民性であり、その特性の起因するところとして「古代論理」(同上：四二六―四三七)を端的に表わす図式2が提示されたのである。以前筆者は、折口の「古代論理」が現代の生活において無意識裡に機能している言語規則、すなわち「言語伝承」(口頭伝承)に基づくランガージュに対応していることを詳しく論じた(岡安二〇一五)。「伝承内容」は口頭伝承の特性に左右され変遷していくが、口頭伝承という「伝承行為」そのものには、現代にまで影響を及ぼしている、ある一定の言語規則が見いだせる、と折口は考えたのである。それをモデル化したものが図式2である。

*10 この系図は、妻を二重化すること

この高皇産霊神を隠匿する天照大神は地上に姿を現わすことはなく、折口が「常世《とこよ》」と呼んだ高天原に坐したままである。構造論的には「常世」は一神教における天と同じく、象徴的秩序を宗教的形態として反映させた概念と捉えるべきであるが、その「常世」において、西欧における唯一神に対応するであろう高皇産霊神の座が確立されていないことが、[*11] 日本という言語空間における「パロール（みこと）」循環の偏りの反映と見なすことができる。すなわち、「みこと」の流れに注目し原初の図式を想定すると、系図の左上を「常世」天照大神（高皇産霊神を隠匿）↓「客」天つ神↓「神の嫁」中つすめらみこと↓「主」すめらみことへと伝わることになる。[*12] これを図式4として記しておこう。

こうして見てみると「常世」からの「みこと」は、「主」に直接達しないことがわかる。「客」と「神の嫁」のラインにおいて回収されてしまうのである。[*13]

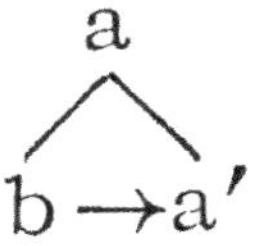

図式2（折口　一九五五b：四二七）

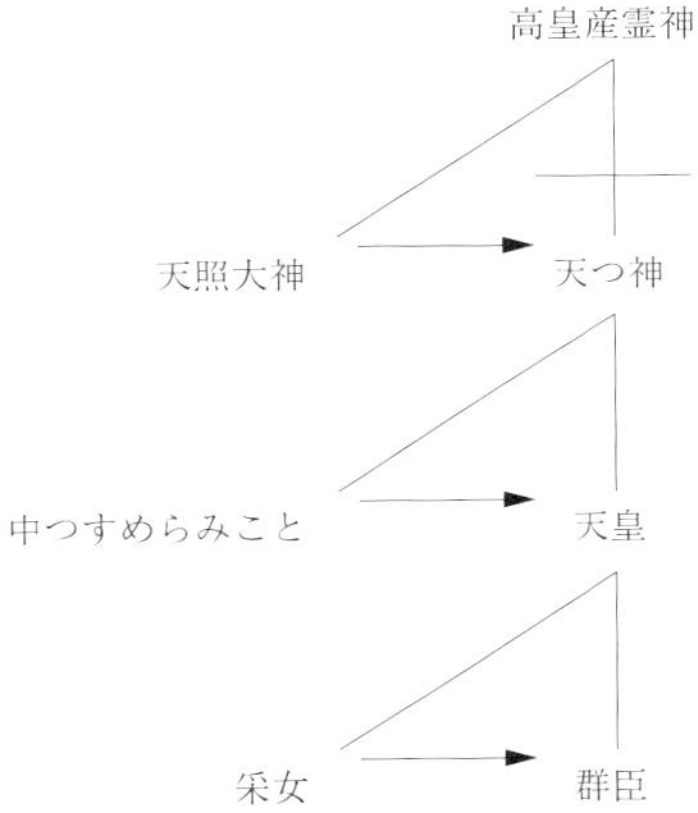

図式3

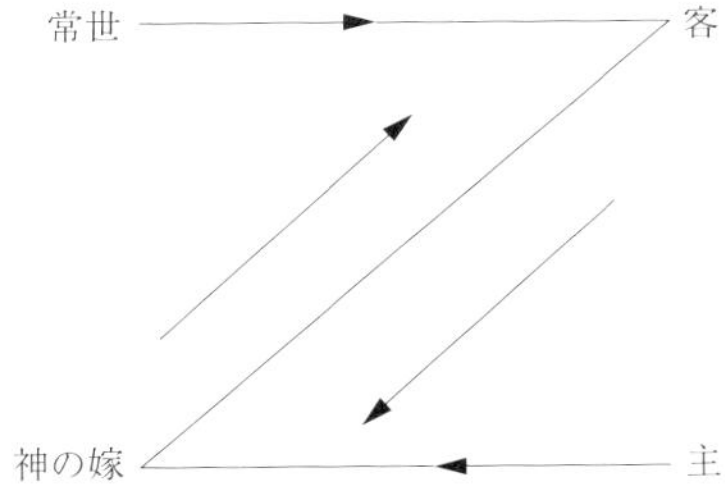

図式4

によって、現実の婚姻関係に対して宗教上のそれが、父系を一段上にずらした形になっている。新宮は、父親と祖母をカップリングさせたハンスの幻想上の系図が、現実のそれに対して父系が一段上にずれていることを指摘している（新宮　一九八九：二一―二三）。このハンスの系図における父系の無限遠点に想定できる、押し出された父のあり方として、日の神の系図を捉えることができるのではないかと思う。このような父のトポスは、フロイトの言う「原父」に通じている。「モーセという男と一神教」（フロイト　二〇〇七a）でのフロイトの主張は、この原父殺害の果てに、抑圧された父の回帰として唯一神のトポスが確立されるというものであり、その前段階として息子神と母性神の共存する宗教形態があるというものであった。このように見ると、セミネール第四巻『対象関係』はフロイトの宗教論の構造論的読み換え作業として捉えることができる。

＊11
ただし折口は、終戦後、高皇産霊

4　父の隠匿がもたらすもの

このようなパロールの交換を強いられる主体と他者のあり方を端的に表わすと、ラカンの図式5が導き出せる。この図式は、シェーマLがもとになっているとともに、レオナルド・ダ・ヴィンチの絵画「三人連れの聖アンナ（聖アンナと聖母子）」がモチーフとなっている。羊として表わされている聖ヨハネ、聖母マリア（ファリック・マザー）、子であるキリスト（メシア）、キリストの祖母たる聖アンナの四項からなるこの絵画を題材にラカンは、「非典型的なエディプス関係」を図式として表わしたのである。

S（羊）はA（聖アンナ）にリンクはしている。しかし、ここではAからのパロールはSには投げかけられていない。パロールは想像的次元でインヴァージョン（反転）し、Sはa′（ファリック・マザー）が望んだa（メシア）と一体であるという幻想を保持している。ここで、フェティッシュ（メシア）となっていることに注目されたい。ラカンの言う「非典型的なエディプス関係」は、じつはフェティシズムの構造を基盤としている。

フロイトによるとフェティシズムとは、母にファルスが欠如していることを認めないように働く心的機制であり、去勢の威嚇に対する防御装置である。[*14] ただし、フェティッシュは母のファルスの不在を覆う「代替物」としての役割を果たす限りにおいて、フェティシストにおける崇拝の対象となる。つまりフェティシズムにおいては、去勢に対する承認と否認という相異なる心的機制が併存していることになる。言うなれば、フェティシストは、父の掟に従う存在でありながらも、子に相対する偉大な母（ファリック・マザー）の幻想を保持するため、折衷案としてフェティシズムの態勢をとっていることになる。

図式5は、このフロイトの理論を踏まえて成立している。ただし、ここで重要なのは、ハンスは

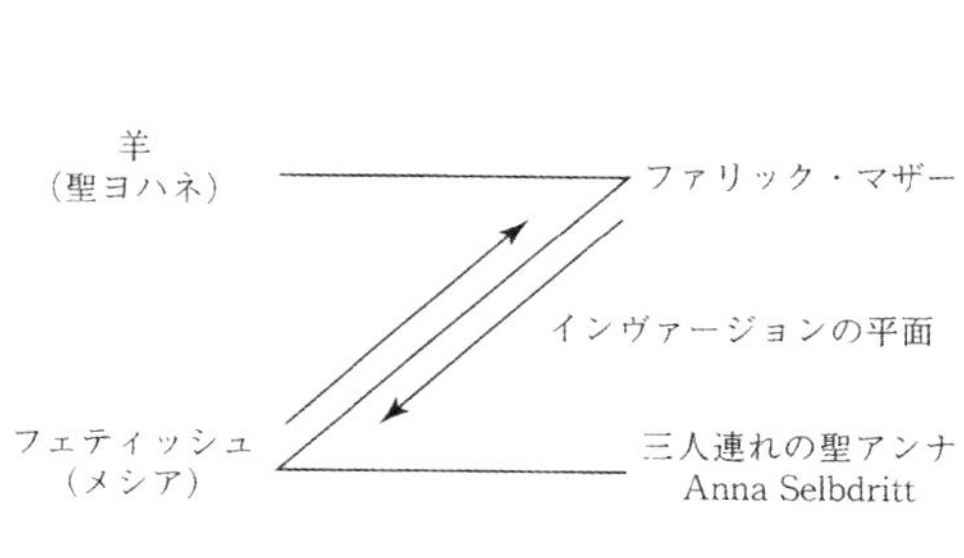

図式5（ラカン　二〇〇六：三一六）

神などの「むすびの神」が、創造神として天地の外に超越して表われていることを認めて、天照大神以下の系図につながる神々、すなわち、祖先神から切り離すようにと主張し始める。これをもって、神道の宗教化が遂行されると説くのである（折口　一九五六a）。これは、天皇を頂点とする日本が、連合国軍という「まれびと」に圧伏され、かつてないほどの構

いわゆるフェティシストではないということである。ラカンは、将来ハンスは表面上異性愛的に見えたとしても、その主体性を女性に預けるような受動的な人間になるだろうと述べている。これは、自分自身を素晴らしきフェティッシュの対象として、女性を魅惑するような男性である（ラカン 二〇〇六：二九一―二九二）。つまり、彼をその対象として欲望するのは女性の方になる。ハンスはメシアに同一化することにより[*15]、ファリック・マザーを体現しようとするのである[*16]。先に述べたように、このフェティッシュ（メシア）の位置は、かつて母にあったと幻想されたファルスの位置であり[*17]、主体をこの位置へと同一化に導く機能こそが「自我理想」なのである[*18]。

そしてこの図式5は、そこに働く「パロール（みこと）」の交換規則が同一であるがゆえに、図式4をひっくり返して、A「常世」、a「客」、a′「神の嫁」、S「主」としても成立する。この図式での象徴的秩序への登録のされ方は、あくまでもa′とaとの関係性に基づいたものであり、S（主）はa′（神の嫁）が望んだa（客）と一体であるという幻想を保持している（現神の降臨[*19]）。A（常世）からのパロールは想像的な次元において翻訳されてしまうのである。

このパロールの循環を、先ほど用いたフレーズをもとに描き出すと次のようになる。この図式では、Sが「きみはわたしのしだ」というパロールを発した際に、Aは「私は君の弟子だ」というメッセージをパロールとしてSに直接投げかけてはくれない。「きみはわたしのしだ」というパロールはa′とaとの関係性をもとに「君は私の師だ」「君は私の詩だ」「君は私の死だ」と翻訳され、「君は私の弟子だ」「君は私の恋人だ」「君は私の敵だ」といったパロールとしてa′とaを反転するのである。

造変動が起こりつつあることを感じ取った折口の、一種の理論的防衛策と考えることができる。この戦後の折口思想の展開と、日本における構造変動については、今後の大きな研究課題ではあるが、結局、いまだ神道において超越神が確立された様子はなく、現在でも天皇制が存続していることは歴史の事実である。

＊12 これは順に祖母→（祖母の子としての）父→母→子（孫）と見なすことができる。実際に信仰上、歴代天皇は皇祖神「ににぎのみこと」と同一視され天照大神の孫となる（折口 一九六六a：三七）。

＊13 ここまで一括りにして論じてきたが、折口が説く「みこと」の基本形式としては、上から下へ言い下す命令の言葉が「のりと」となり、下から上へ申し上げる誓いの言葉が「よごと」となる。両者とも「まつり」の舞台（にわ）において、「客」と「神の嫁」が演じる「精霊」との問答として表現される。

5　構造化の方向性

以上のように、西欧における「非典型的なエディプス関係」と日本における「言語伝承の図式」が同型性を持っていることを確認してきた。つまり、西欧においては非典型的なパロールの交換規則が、日本においては典型的な規則として採用されていることになる。ただし、この結論にいたるにあたって指摘しておかなければならないことがある。

症例ハンスを検討してきたわれわれにとっては、日本において成立する日の神の系図は、多分に幻想性を帯びたもののように見える。しかし、日の神の系図がハンスの幻想と異なるのは、日本人という集団に認められ、文化に反映しているという点である。文化に反映された幻想は、もはや幻想ではなく、神話であり、規範であり、制度である。

先に、ハンスが確立するであろう男性性のあり方として、ラカンは女性に対して受動的に振舞うような人物を想定している、と述べた。すなわち、ハンスが組み込まれた非典型的なエディプス関係がいかに安定した構造であったとしても、西欧文化の価値観から照射された彼の生き方には、個人的な幻想に基づくある種の倒錯性がついてまわることになる。しかし日本において、折口が「神の嫁」の神聖な職分として見いだしたものは、神に相当する高貴さゆえに自らは手を下さない男性に対して、母親のようにかいがいしく世話をすることであった。折口は、「神の嫁」となるべき女性をその職分から「水の女」とも呼んでいる。この職分をもって、巫女が神を隠匿し神格化していく過程が次の引用からよくわかる。

神女の手で、天の羽衣を着せ、脱がせられる神があつた。その神の威力を蒙つて、神女自身も神と見なされる。さうして神・神女を同格に観じて、神を稍忘れる様になる。さうなると、

＊14　フェティシズムに関するフロイトの理論については「フェティシズム」（フロイト　二〇一〇）を参照されたい。

＊15　「非典型的なエディプス関係」はフェティシズムの構造を基盤としているが、主体が何に同一化し、何を欲望の対象とするかによって、その症状は大きく変わってくる。

＊16　ハンスは、後に高名なオペラ演出家となっている（ラカン　二〇〇六：二五五）。舞台上で女性を、彼女が望む姿に装うことができる存在である。

＊17　これは同時に、母が望んだファルスの位置とも言える。ラカンはその理論的根拠をフロイトの「ペニス羨望」においている（ラカン　二〇〇六：三七―三八）。

神女の、神に奉仕した為事も、神女自身の行為になる。（折口　一九五五ｄ：九八）

この「天の羽衣」とは、大嘗祭における物忌みの際に、皇子が身に着けているものでもある。物忌み明けに湯殿のなかでこれを脱がせ禊ぎに奉仕するのも「水の女」であり、この儀式をもって皇子は天皇としての資格を得ることになる。古代宮廷における「水の女」は、皇子の生誕に合わせて選出された養育係（乳母）でもある。そのなかには「大湯坐《おおゆえ》」「若湯坐《わかゆえ》」と呼ばれる者が存在する。大湯坐は、皇子の一回目の禊ぎ、すなわち産湯をつかわせる役であり（その際、若湯坐は付き添い役を務める）、皇子の父である天皇の后となる傾向がある。また、大嘗祭での禊ぎ役である若湯坐は、皇子の后となる傾向がある、と折口は述べている（折口　一九五五ｃ：二二四―二二五）。このように、母は初めから二重化していて、貴種は母から母へと受けわたされ、現神として降臨するのである。こうした古代の風習に示唆されるような、日本における男女のあり方は[*20]、西欧文化では未熟ないしは倒錯的と捉えられることがあるだろう。

この結果から導き出される重要なポイントは、その言語空間を構成している典型的なエディプスの型（象徴的機能）にそって、文化的な構造化に働く圧力の方向性が変わってくるということである。パロールの交換規則という側面においてはハンスの構造と同一であっても、それが典型的なものとして働いている日本という言語空間においては、文化的な構造化の圧力が「言語伝承の図式」に向かって集約されていく傾向性を持つことになる。

そしてこれは当然、言語的な規範にも反映されている。本稿では「きみはわたしのしだ」という事例で、日本におけるパロールの循環に住まう翻訳者の機能に注目し、その幻想保持の仕組みについて考察してきたが、これは同時に同音異義語への変換という日本語の機能の平凡な一側面も表わ

＊18　ラカンは、ハンスについて次のように述べている。「彼は、母のファルスとの同一化を形成する以外のメカニズムで自分の男性性を統合することができません。この母のファルスとの同一化形成は、超自我という妨害的でありながら均衡をもたらす機能とはまったく異なる次元に属するものです。これは自我理想の水準にある機能です」（ラカン　二〇〇六：二九三）。

＊19　折口は図式2を提示した「古代人の思考の基礎」で、「何の為に、忠君愛国の精神がありながら、下剋上の考へが起つて来たのであらうか。どうしても古代論理にまで遡つて、考へてみなければならないのである」（折口　一九五五ｂ：四三六―四三七）と述べているが、その答えは「みこともち」の思想のもと、主客が一体化するからということになる。

＊20　このような人間関係のあり方は、本邦の精神分析の文脈において

している。[21] この機能は、幻想を保持する無意識の形成物とは言えないほど顕わになっている。ここで「Lituraterre」におけるラカンの日本文化論を引用しよう。

> 主体が己の基礎的同一化のために、一の線だけではなく、星をちりばめた空にも支えられることは、主体は「le Tu」（君）にしか支えられないことを説明する。つまり、どのような言表でもそのシニフィエに含まれる礼儀の関係によって変化する、完備された文法的形態のもとでのみ、主体は支えられるということである。
>
> 真理は、私がそこに示すフィクションの構造を補強している。それは、このフィクションが礼儀の法に従っていることによってである。（Lacan 2001b：19）

パロールの真理を保証してくれる唯一者によって間接的にしか支えられない日本人は、敬語法によって区別が可能になる二者関係の延長線上にいる「大文字の君」によって支えられることになる。[22] 星をちりばめた空（多神教的神話体系）のなかに自らを位置づける根拠を求め、上下関係を明確にさせた上でパロールのやり取りをする様子は、「みこと」の交換を通して、日の神の系図を描く際に確認してきたことである。そして日本においては、日の神の系図はハンスのそれとは違い、フィクションとして片づけられないものへと肥大化しているのである。

6　おわりに

本稿では、折口の「言語伝承の図式」とラカンの「エディプスの三角形」を比較検討することにより、日本と西欧の構造的差異を比較文化論的に論じてきた。日本という言語空間は、西欧のそれ

は、ウチなる空間における母子一体的な甘えやゆるしを希求する「阿闍世コンプレックス」という概念を中心に論じられてきた。ラカン理論に則る佐々木は、日本的な母性原理を反映する阿闍世コンプレックスと、西欧的な父性原理を反映するエディプス・コンプレックスという二種類の原理を想定する従来の議論を批判し、象徴的な父の機能のあり方の問題として、日本的な特性を捉え直すよう主張している（佐々木　一九九六：五—一三二）。

*21　この機能は、漢字という文字によって円滑に働くことになる。幻想はパロールの交換規則に基づき発生し、文字によって補強されるのである。

*22　本稿が折口を手がかりに論じてきたことは、日本語でのディスクールに働いているこの「大文字の君」が、政治宗教形態へと反映されたものが「大君《おほきみ》」であったということである。本来、「君《キミ》は、宗教的な威力をもつて、神に仕へ國

に対して、パロールの交換を行なう具体的な他者との関係性によって、主体の象徴的秩序における立ち位置が変化する特性を有していた。このことは、従来言われていた日本文化の持つ二重性という特性を、言語構造論的に裏づけるものであった。今後は、本稿で導出したモデルを念頭に置いた、日本における多面的な構造分析の進展を期待したい。

文献

岡安裕介（二〇一二）「折口信夫の言語伝承考」『叢書セミオトポス7』新曜社、二一七―二三五頁

――（二〇一五）「柳田国男から折口信夫へ受け継がれしもの――言語論的民俗学の展開」『伊那民俗研究23』三三―六三頁

折口信夫（一九五五a）「國文学」『折口信夫全集14』中央公論社、一―三八七頁

――（一九五五b）「古代人の思考の基礎」『折口信夫全集3』中央公論社、三九〇―四三七頁

――（一九五五c）「大嘗祭の本義」『折口信夫全集3』中央公論社、一七四―二四〇頁

――（一九五五d）「水の女」『折口信夫全集2』中央公論社、八〇―一〇九頁

――（一九五六a）「神道宗教化の意義」『折口信夫全集20』中央公論社、四四二―四六〇頁

――（一九五六b）「即位御前記」『折口信夫全集20』中央公論社、二四―四〇頁

――（一九六六a）「上代貴族生活の展開――萬葉びとの生活」『折口信夫全集9』中央公論社、三四―五一頁

――（一九六六b）「日本文学の発生」『折口信夫全集7』中央公論社、一〇八―一五二頁

佐々木孝次（一九七九）『母親・父親・掟』せりか書房

――（一九九六）『エディプス・コンプレクスから模倣の欲望へ』情況出版

新宮一成（一九八九）『無意識の病理学』金剛出版

――（二〇〇五）「日本文化とフロイト＝ラカン」、新宮一成・立木康介編『フロイト＝ラカン』講

を治めてゐるもの」（折口　一九五五a：九五）を指しており、「大君《オホキミ》は、さう言ふ家々の上に、大きな神に仕へて、大きな神の威力を受けて臨んでゐる君と言ふ譯で、大和宮廷の主上・巫女並びに其一族の末々まで表した」（同上：九五）と折口は説いている。そして、この「尊貴族《おほきみ》」の生活・信仰様式が、ディスクール（言語伝承の図式）を通じて、無意識裡に日本文化を規定してきたことを説いた論考が、再三挙げてきた「古代人の思考の基礎」である。この論考で折口は、主客一体へといたるこのディスクールが持つ論理を、外来の論理と比較して「感情の論理」（折口　一九五五b：四二八）とも呼んでいる。

談社、二二一―二二七頁
Lacan, Jacques（1981）*Le Séminaire livre III*, Seuil（＝一九八七a、小出浩之ほか訳『精神病（上）』岩波書店）および（＝一九八七b、小出浩之ほか訳『精神病（下）』岩波書店）
――（1994）*Le Séminaire livre IV*, Seuil（＝二〇〇六、小出浩之ほか訳『対象関係（下）』岩波書店）
――（2001a）"Avis au lecteur japonais," *Autres écrits*, Seuil, 497-499
――（2001b）"Lituraterre," *Autres écrits*, Seuil, 11-20
Lévi-Strauss, Claude（1974）*Anthropologie structurale*, Plon
Freud, Sigmund（1991）*Gesammelte Werke XIV*, S. Fischer（＝二〇一〇、石田雄一訳「フェティシズム」、新宮一成ほか編『フロイト全集19』岩波書店、二七五―二八二頁）
――（1993）*Gesammelte Werke VII*, S. Fischer（＝二〇〇八、総田純次訳「ある五歳男児の恐怖症の分析」、新宮一成ほか編『フロイト全集10』岩波書店、一―一七六頁）
――（1993）*Gesammelte Werke XVI*, S. Fischer（＝二〇〇七a、渡辺哲夫訳「モーセという男と一神教」、新宮一成ほか編『フロイト全集22』岩波書店、一―一七三頁）
――（1998）*Gesammelte Werke XIII*, S. Fischer（＝二〇〇七b、道籏泰三訳「自我とエス」、新宮一成ほか編『フロイト全集18』岩波書店、一―六二頁）

研究論文

「意味」を獲得する方法としてのアブダクション――予期と驚きの視点から

佐古仁志

1　はじめに

本稿の目的は、チャールズ・サンダーズ・パースが推論の形式として演繹や帰納とならび提案している「アブダクション」の分析を行ない、「意味」を獲得する方法という方向へ拡張することにある。

パースは、「知的概念の意味」の確定を、外的世界に由来する不随意的な経験から内的世界に仮説が生じ、そのような仮説が内的世界において吟味され、究極的な段階に達することで「習慣」が形成されるプロセスとして描いている。このような意味獲得のプロセスは、「習慣」およびそこに暗示されているパース独自の観念論の立場からすると興味深いが、そのプロセス自体は十分に説明されていない。

そこで本稿では、「意味」獲得のプロセスのひとつとして「アブダクション」の分析を行ない、それが「驚き」により開始される点、およびネルソン・グッドマンの「投射」との関係に注目する。そうすることで（内的世界の）予期が（外的世界で）裏切られることで生じた驚きが、「アブダクション」および「投射」を通じて発展的に解消され、新たな「意味」が獲得されるということを提示する。

2　アブダクションの歴史と分類

a　三つの推論の形式

パースは推論の形式を演繹、帰納、仮説形成の三つに分類している（CP. 2. 623）[*1]

（演繹）
規則：この袋のすべての豆は白豆である。
事例：これらの豆はこの袋から取り出されたものである。
ゆえに、
結果：これらの豆は白豆である。

（帰納）
事例：これらの豆はこの袋から取り出されたものである。
結果：これらの豆は白豆である。
ゆえに、
規則：この袋のすべて豆は白豆である。

（仮説形成）
規則：この袋の豆は白豆である。

＊1
慣例にならい、*Collected Papers of Charles Sanders Peirce*. Vol.I ~ VIII. Harvard University Press. 1934-1958 の巻数とパラグラフ・ナンバーで表わしている。

結果：これらの豆は白豆である。
ゆえに、
事例：これらの豆はこの袋から取り出されたものである。

このような例で示される演繹と帰納が、パースの著作全体を通じて一貫しているのに対し、三つめの推論形式は、書かれた時期に応じて「仮説形成」（hypothesis）、「リトロダクション」（retroduction）、「アブダクション」（abduction）と異なる語が使用されている。

b　パースにおける変遷

パースが「アブダクション」を使用するのは、一九〇〇年代に入ってからである。初期は「仮説形成」を使用し、一八九〇年代の後半からは「リトロダクション」を使用している。また、一九〇五年頃（CP. 2. 755）には、再度「リトロダクション」を使用し、さらに一九一〇年頃（CP. 8. 238）には「仮説形成」を用いている。

パヴォラ（Paavola 2012）が指摘するように、パース研究者の多くはこれらを同一のものとして扱っているが、使用時期の違いなどを考慮すると必ずしも同一のものとして扱うことはできない。これらの変遷の分析については、上山（一九九六）やパヴォラ（Paavola 2012）で詳しく検討されているので、本稿では次の二点だけを確認する。

一点目は、「アブダクション」が呼び名に変遷はありつつも、アリストテレスの『分析論前書』の「アパゴーゲー ἀπαγωγή」の訳語として、演繹、帰納とならぶ第三の推論形式を指すものとして使用されている点である[*2]（CP. 1. 61: c1896）。

＊2　この段階では、パースはアパゴーゲーの訳語として通常アブダクションが使われているものの、リトロダクションという訳語のほうが適切であると述べている。

二点目は、パースにおいて第三の形式の推論は、前期はアリストテレスの影響のもと、規則と結果から事例を引き出す形式の推論として論じられていたのに対し、上山（一九九六）やパヴォラ（Paavola 2012）が別々に指摘するように、一九〇二年頃（CP. 2. 102: 2. 774: c1902）に理論の再構築が見られる点である。また、それと同時に「アブダクション」が使用され始めていることも見逃すことはできない。

このパースによる理論の再構築について、上山（一九九六）は演繹・帰納・アブダクションという三つ組みを、論理学だけでなくあらゆる分野に適用する傾向を示すものと理解している。他方でパヴォラ（Paavola 2012）も、上山（一九九六）とは異なるが、パースにおける「アブダクション」を〔命題の〕正当化の文脈から、発見の文脈（新しい観念の生成の方法）への変化として論じている。

c　パースの死後における変遷

パースの死後、「アブダクション」は、主に二つの方向で展開されている（Paavola 2012: Schruz 2008）。ひとつめは、ハンソン（Hanson 1958）による驚くべき現象から説明仮説を推論するという「発見の論理」（logic of discovery）であり、もうひとつはハーマン（Herman 1965）が展開した「最良の説明への推論」（Inference to the Best Explanation: ＩＢＥ）である。

シュルツは、マグナーニ（Mangani 2001）の提案を受け、この二つのタイプのアブダクションをそれぞれ「創造的アブダクション」（creative abduction）と「選択的アブダクション」（selective abduction）として区別し、次のように定義している――「私は新しい概念あるいはモデルを導入するアブダクションのことを創造的と呼ぶ。それはその課題が、すでに与えられている可能な説明のなかで最良の候補を選択するものである選択的アブダクションとは対照的なものであるからだ」（Schurz 2008: 202）。

本稿では、このような選択的アブダクション（ＩＢＥ）が人工知能やコンピュータ科学（Magnani 2001）などで様々な成果をもたらしていること、また系統推定学（三中 二〇〇六）などでも遡及的な推論として異なる形の成果をあげていることを指摘するにとどめ、創造的アブダクションに注目する。

シュルツ（Schruz 2008）は創造的アブダクションを詳細に区別している。本稿との関連で簡潔にまとめるならば、主に①通常の科学的発見に多く見られるように、十分に確証され、再現性の高い実験から経験則的モデル（法則や数式）が得られるときになされる「理論モデルアブダクション」（theoretical-model abduction）、②同型性に代表される、要素間の関係性の構造が重視されるアナロジー的である「二次存在的アブダクション」（second-order existential abduction）、③新たな種類の実体（展性、通電性、光沢などからアブダクションされたものとしての金属）の発見に特徴がある「仮説的共通原因アブダクション」（hypothetical common cause abduction）という三つの形式がある。そして、それぞれ観察からだけでは、つまりは事実の単なる組合わせだけからでは得ることができなかった存在者を見いだす点に特徴がある。

また、これらの研究において注目されるべきなのは、いわゆる推論、すなわち、言語に限定された、ある命題から別の命題への導出ということに限られないという点である。サガード（Thagard 2007）は神経計算論という独自の立場から、アブダクションを命題に限定せず、多様な感覚様相から得られる表象へと拡張することを提案しているし、パヴォラ（Paavola 2012）も分散認知を参照することで、命題に限定されないアブダクションを考察している。

本稿は、サガードやパヴォラに全面的に賛成するわけではないが、アブダクションが言語に限定されない点には同意する。そのうえで、特に創造的アブダクションを「意味」を獲得する方法へと拡張することを試みる。

3 「意味」獲得の理論へ

a パースにおける「意味」の理論

「意味」を獲得する方法へ進む前に、パースにおける「意味」の理論を確認しよう。

晩年の未刊行論文「プラグマティシズムの概観」(CP. 5. 464-496: 1907) で、パースは「知的概念の意味」を「対象としての事実にかんする論証がそれらの概念の構造に依存するような概念の意味」(CP. 5. 467) と定義している。

ここでの「意味」とは、単に何かの対応関係を示すことや出来事や属性の集積から構成されるものではなく、何らかの対象の一般的な振舞いに関するもののことである。すなわち、ある条件下ではある一般的な仕方で振る舞うであろうという would つきの条件法的な形で記述され、予期を伴う肯定的判断に含まれるものであり、究極的な論理的解釈項(「習慣」)とも呼ばれる。

パースは、外的世界における不随意的な経験をきっかけとして、内的世界に仮説(最初の論理的解釈項)が生じ(CP. 5. 481)、そのような仮説が、相対的な未来の想像という段階を経て究極的な段階に達すると考える。そのようなプロセスを経ることで、特定の条件下で、特定の方法で振る舞う「習慣」(CP. 5. 491)、つまりは「(知的概念の)意味」が確定されるのである。

以前指摘したように(佐古 二〇一四)、パースはこの論文において、「知的概念の意味」を究極的な論理的解釈項と考え、その確定における①きっかけとしての不随意的経験、②同じ素材から構成された二つの層としての内的世界と外的世界という区別、③予期、④wouldという条件法性という特徴を、取り出している。その一方で、そのような「意味（習慣）」の確定に伴う「学習」の側面、つまり「意味」の獲得プロセスは十分には触れられていない。

本稿では、「意味」の確定と対になるはずの「意味」の獲得の側面を、2節で見た「創造的アブダクション」に見いだすことで、新たな拡張が可能になると考える。

b　**客観的観念論と「予期」**

やや唐突であるが、「意味」の理論との関係でパースの客観的観念論に触れておく必要がある。客観的観念論は、パースの宇宙論では中心的であったがその後ほとんど使用されておらず、その考えと袂を分かったと主張する者もいる（伊藤　一九八五）。

しかしここでは、ムラデノフが「「ハーヴァード大学におけるプラグマティズムに関する連続講演」（一九〇三）において、パースは記号の性質を持つものでなければ何ものも表象されえないと主張し、……観念はただ物理的行為を通じてのみコミュニケートされうるという見解へと拡大した」（Mladenov 2006: 22）と主張するのと同様に、客観的観念論は、「プラグマティスティックな観念論」（pragmatistic idealism）へ展開されたと考える。

この言葉は、一九〇四年のウィリアム・ジェームズへ宛てた手紙のなかで「真の観念論は、すなわちプラグマティスティックな観念論は、実在性が未来にあるという観念論である」（CP. 8. 284）と使われただけである。ただし、同じ一九〇四年に書かれた次の文章を見ると、その内実とともに、客観的観念論からの展開を理解することができる：

> 外的世界（すなわち、比較的外的である世界）は、単に存在している対象や、そのようなものの反応だけからなるのではなく、反対に、その最も重要な実在は、唯名論者が「たんなる」語と呼んだもの、すなわち一般的なタイプやwould-besの存在の様態を持つということである。
> （CP. 8. 191）

そこでは、“would-be”が導入されている。このことは、パースが外的世界と内的世界との区別について述べた、一九〇三年の記述「内的対象にはある程度の抵抗力があるし、外的対象も知的に十分に努力すればある程度の変形は可能である」（CP. 5. 46）と、一九〇七年の「究極的な論理的解釈項としての〈習慣〉」の説明のなかの記述「……内的世界における繰り返し――空想される繰り返し――は、直接的な努力によって十分に強化されるならば、外的世界における繰り返しと同様に習慣を形成し、特に、もしそれぞれの繰り返しに、通常未来の自己に対して命令を発することと結びつけられる特殊な強い努力が伴われるならば、これらの習慣が外的世界における実際の行動に作用する力を持つという原理である」（CP. 5. 487）との違いを見ることで明らかになる。

つまり、一九〇四年ごろにパースの思想のなかにそれまで見ることができなかった予期（未来）が導入されているのである。このことは先に見た「意味」の理論と同様に、時期にずれはあるが「アブダクション」にまつわる語の変更とも関係があると思われる。

それは、リトロダクションが遡及的な仕方での過去への参照であるのに対し、アブダクションは予期（未来）に関わるという点である。このことは、選択的アブダクションと創造的アブダクションの区別にも対応する。

また、「驚き」という語をパースが頻繁に使うようになるのは、ヌビオラ（Nubiola 2005）が指摘するように一九〇一年以降であるということも考慮する必要がある。

4 「意味」の獲得のきっかけとしての「驚き」

a アブダクションの開始としての「驚き」

以上のことを踏まえたうえで、このような「意味」獲得のプロセスとしてのアブダクションはいかにして駆動されるのか。それは「驚き」(surprise) の作用である。

パースはリトロダクションへの言及においてではあるが、「驚きを生じる現象を認めることから仮説を受け入れることにいたる精神的な働きの全系列」(CP. 4. 469 : c1903) を探究の第一段階をなすものと考えており、「驚き」が推論を開始する役割を担っている。

また、クック (Cooke 2011) はパースにおける「驚き」の理解とドナルド・デイヴィドソンやジョン・マクダウェルの見解を参照しながら、アブダクションと「驚き」の関係の重要性を指摘している。ゴンザレスら (Gonzalez et al. 2005) もまた創造性においてアブダクションと「驚き」が果たす役割を、機械論的観点と対比させながら論じている。

このようなアブダクションと「驚き」の関係について本稿で取り上げたいのは、次のパースの言葉である――「……信念は、それが続いている間、強い習慣であり、そのようなものとして、驚きがその習慣を壊すまでひとに信念を抱かせる」(CP. 5. 524: c1905)。

私たちは強い習慣としての様々な信念を持ち、日常生活を特に疑念を抱くこともなく過ごしている。そのような日常生活でも、私たちは様々な「意味」を理解しながら生活しているが、そのとき「意味」がほとんど顕在化しないことも確かである。むしろ「意味」が問題となるのは、そのような日常から逸脱する状況、つまりは、私たちの「習慣」(予期) がやぶられる「驚き」の場面なのである。

先に確認したが、「知的概念の意味」の確定の開始には、外的世界における不随意的な経験が措定されていた。パースは、究極的な論理的解釈項とアブダクションの関係について明示的には述べていないが、アブダクションの開始において「驚き」が果たす役割と、知的概念の意味の確定における「不随意的な経験」が果たす役割とに密接な関係があることは明らかだろう。

アブダクションが「意味」獲得で果たすさらなる役割については、「驚き」についての科学的知見を検討してから、あらためて述べることにしたい。

b 「驚き」の研究

以上の考察から「驚き」の重要性は明確になったと思われるが、他方で「驚き」とはいかなる状態のことだろうか。

クック（Cooke 2011）は、アブダクションと「驚き」の関係について重要な指摘をしているが、そこでは「驚き」を概念的（言語的）なものに限定している。しかし、日常の場面で「驚き」を概念的なものに限定するのは行き過ぎである。そこで、いくつかの分野における「驚き」の研究を見ることで、アブダクションと「驚き」、さらには「意味」獲得の考察を深めるための参考にしたい。

まず「驚き」に関して参照されることの多い代表的な研究として、エクマンら（Ekman et al. 1975）とイザール（Izard 1991）の研究を取り上げる。

最初に指摘しておきたいのは、エクマンとイザールが感情心理学者であり、「驚き」を感情の一種として捉えているということである。クック（Cooke 2011）は「驚き」を概念的（言語的）なものに限定しているが、概念的側面よりもむしろ感情的側面に焦点を当てた研究が多くあるということとは注目に値する。

また後ほど見るように、両者の研究で「驚き」の捉え方に違いはあるが、「驚き」(surprise)と「驚愕」(startle)との区別は共通しており、「驚愕」のほうはともに生理学的反応として理解されている。

エクマンら(Ekman et al. 1975)は、「驚き」の経験を、予期せぬ出来事と予期に反した出来事の二種類に区別している。その違いは興味深いが、ここで重要なことは、予期に関わるということである。ただし、この予期には必ずしも言語的な予測は必要ではなく、視覚的、味覚的、触覚的なものでもかまわない。この点は、サガード(Thagard 2007)やパヴォラ(Paavola 2012)と共通している。

他方で、イザール(Izard 1991)は「驚き」を「刺激の急激な増加」と定義している。ただし、イザールが「驚き」を引き起こす条件として挙げるのは、雷鳴、発火装置の轟きといった突然で予期しない出来事である。

両者において、細かな違いはあるものの「驚き」として重要なことは、(言語的とは限らない形での)予期に反している点であるとまとめることができるだろう。

また、詳しく触れることはできないが、社会学者のグロス(Gross 2010)は、社会学的・生態学的観点から「驚き」の研究をしている。そのなかで、グロスはドイツの社会学者ジンメルの「驚き」への言及を基軸に、生態学や経済学における「驚き」を考察・分類し、自身の都市や環境の設計の研究に活かしている。しかし、そこでも予期(anticipation / expectation)に反することが重要になっているということを指摘しておく。

5　新たな「意味」を獲得するプロセスとしての「投射」

そのような驚きによって生じたアブダクションのプロセスはどのようにして終了するのか、つまり、どのようにして新たな「意味」を獲得することになるのであろうか。

ここでは、ハリスら（Harris et al. 1983）の提案にしたがい、グッドマンの「投射」とパースの「アブダクション」との構造的な類似性を踏まえて、「意味」を獲得する方法のひとつとして「投射」を検討する。ただし、グッドマンの「投射」はここで単純に扱える概念ではないため、菅野（一九九九）に依拠することでその要点だけをとりだす。

菅野は記号論における投射について次のように述べている——

> 人間の認知のもっとも基本的な戦略は、想像力に宰領されたプロジェクション（投射）、つまりある領域で形成されたカテゴリーの別の領域へのずらしにほかならない。……このやり方はもちろん言語の水準へとひきつがれる。言語以前的・非言語的な認知の方式は、言語的な方式と微妙でいりくんだ連続性をたもっている。（菅野　一九九九：四二）

> 想像力とは、基本的に、ある存在領域で成立したカテゴリー把握を他の領域にずらすという操作、つまり投射（projection）の能力にほかならない。C・S・パースの述べたアブダクション（または仮説構成）や帰納という推論の方式もこうした能力に基礎をおいている。（同上：二三二）

記号論における投射の機能とは、カテゴリー把握のずらしにある。そして、菅野の慧眼は、このような投射が持つ言語以前の水準での作用を指摘している点にある。

まとめるならば、私たちは予期に反するような驚くべき現象に出会ったとき、従来すでに持っているある領域の習慣（意味）を、別の領域へとずらすことで、新たな「意味（習慣）」を獲得し、適切にふるまうことが可能になるのである。

もちろん、これは「意味（習慣）」を獲得する唯一の方法ではない。今回は触れることができなかったが人類学者のダン・スペルベル（Sperber 1982）が提唱している「半命題信念」も、別の形で新たな「意味」獲得に重要な役割を果たしうると思われる。

また、余談ではあるが、日本の偉大なＳＦ（空想科学／少し不思議）作家である星新一と藤子不二雄とがその着想の源としてアイザック・アシモフの「とほうもない思いつき」（Asimov 1962）をあげていることも興味深い（藤子 一九八一：三；星 二〇一一：三九二）。

それらの話の強調点は（異なるカテゴリーにある）知識を組み合わせることで、新たな物語が創りだされるという点にある。これまで見てきた「アブダクション」は、「驚き」により開始される点で、ある種受動的な「意味」獲得の方法であった。それに対し、ＳＦ作家はあえてカテゴリーがずれているものを組み合わせることで、「驚き」とともに新たな「意味（物語）」を創りだしており、「アブダクション」（投射）を能動的に使用していると言えるのではないだろうか。

6　おわりに

ここまでの議論を次のようにまとめることができるであろう。「意味」が現われてくるのは、習慣という形で日常的になされている予期および行為が妨げられることにより、「驚き」という感情が生じる場面である。そして、そのような「驚き」が、アブダクションや投射などを経ることで、再度「意味」が確定する（「習慣」が形成される）。そうすることで私たちは再び日常へと戻ることができるのである。

また、このアブダクションにおいて重要なことは、命題を形成できること（言語能力）ではなく、予期することであるという点も強調しておきたい。この点に注目することで、人間以外の生き物にも「意味」を獲得する能力を認めることができるからである。

動物あるいは生物とは何かという定義は多数あり、ここで簡単に決めることができるものではないが、生態心理学者のＥ・Ｓ・リードはミミズなどを含むエージェントの定義として、予期性、後見性、柔軟性の三つをあげている（Reed 1996: 12）。この定義を認めることができるかどうかは別にしても、生き物が移動したり、捕食したりする際にある種の予期を発揮していることを否定するものはほとんどいないだろう。

そしてそのように考えるとき、アブダクションは人間だけでなく、広く生き物を（場合によってはコンピュータさえ）含む形での「意味」を獲得する方法を提示してくれる。

ただし、本稿では直接的に触れることはできなかったが、アブダクションにはある種の不確定性の側面があるということは見逃されてはならない。

外的世界で予期が外れたことへの「驚き」に対し、私たちはアブダクションにより新たな「意味」、つまりは「習慣」を再形成する。しかし、そこには外的世界における不確定性とともに、（どのようにカテゴリー把握をずらすのかという）内的世界における不確定性も伴われているのである。「意味」とはそのような二重の揺れのなかで確定されつつも、再度揺れ動くものなのであり、その探究に終わりはないのである。

参考文献

Asimov. I.（1962）*Fact and fancy*, New York: Avon Books（アシモフ『空想天文学入門』草下英明訳、早川書房、一九六三年）
Cooke, E. F.（2011）"Phenomenology of Error and Surprise: Peirce, Davidson, and McDowell," *Transactions of the Charles S. Peirce Society* 47（1）: 62-86
Ekman, P. & Friesen, W. V.（1975） *Unmasking the face*, Engliwood Cliffs, NJ: Prentice-Hall（エクマン、フリーセン『表情分析入門――表情に隠された意味をさぐる』工藤力訳、誠信書房、一九八七年）
Gonzalez, M. E. Q. & Haselager, W. F. G.（2005）"Creativity: Surprise and abductive reasoning," *Semiotica* 153-1/4: 325-341
Gross, M.（2010）*Ignorance and Surprise: Science, Society and Ecological Design*, Cambridge: The MIT Press
Hanson, N. R.（1958）*Patterns of Discovery*, Cambridge: Cambridge University Press
Harman, G.（1965）"Inference to the Best Explanation," *The Philosophical Review* 74, 88-95
Harris, J. F., Hoover, K. D.（1983）"Abduction and the new riddle of induction," E. Freeman eds., *The relevance of Charles Peirce*, La Salle, IL: Monist Library of Philosophy, 132-144
星新一（二〇一二）『きまぐれ博物誌』角川文庫
藤子不二雄（一九八一）『藤子不二雄自選集２　ドラえもんＳＦの世界２』小学館
伊藤邦武（一九八五）『パースのプラグマティズム』勁草書房
Izard, C.E.（1991）*The psychology of emotions*, New York: Plenum Press
Magnani, L.（2001）*Abduction, Reason, and Science: Processes of Discovery and Explanation*, New York: Kluwer Academic/Plenum Publishers
Mladenov, I.（2006）*Conceptualizing metaphors*, London and New York: Routledge（ムラデノフ『パースから読むメタファーと記憶』有馬道子訳、勁草書房、二〇一二年）
三中信宏（二〇〇六）『系統樹思考の世界』講談社現代新書

Nubiola, J.（2005）“Abduction, or the Logic of Surprise,” *Semiotica* 153-1/4, 117-130
Paavola, S.（2012）*On the Origin of Ideas. An Abductivist Approach to Discovery*, Saarbrücken: Lap Lambert Academic Publishing
Reed, E. S.（1996）*Encountering the World: Toward an Ecological Psychology*, New York: Oxford University Press（リード『アフォーダンスの心理学』細田直哉訳、佐々木正人監修、新曜社、二〇〇〇年）
佐古仁志（二〇一四）「究極的な論理的解釈項としての「習慣」とパースにおける「共感」」『着ること／脱ぐことの記号論』叢書セミオトポス第九号、一九〇―二一三頁
Schurz, G.（2008）“Patterns of Abduction,” *Synthese* 164: 201-234
菅野盾樹（一九九九）『恣意性の神話――記号論を新たに構想する』勁草書房
Sperber, D.（1982）*Le Savoir des anthropologues*, Paris: Hermann（スペルベル『人類学とは何か』菅野盾樹訳、紀伊國屋書店、一九八四年）
Thagard, P.（2007）“Abductive inference: From philosophical analysis to neural mechanisms,” in A. Feeney & E. Heit（Eds.）, *Inductive reasoning: Experimental, developmental, and computational approaches*, Cambridge: 226-247
上山春平（一九九六）「アブダクションの理論」『上山春平著作集　第一巻』法藏館

自己表象としての筆致——書くことと書かれたものへのフェティシズム

大久保美紀

導入　自己表象としての筆致

「書く」行為とは元来、われわれの身体的動作に深く結びついた行為である。研いだ石を用いて石板に傷を付ける、墨を含ませた筆を木簡に押し付ける、あるいは、ペンを紙の上に滑らせる。これらの書く動作は書かれたものを生み出し、動作を受ける対象（＝書かれるもの）は、何らかの不可逆の作用を被る。文字が彫り込まれた石板は何世紀経っても内容を伝え、公的文書が書き記された木簡や巻物は、重要な歴史的資料として保存される。紙に鉛筆と消しゴムを用いて行なう記述は、あたかも書かれた行為をキャンセルできるかのように見えるかもしれないが、それですら鉛筆の筆圧や消しゴムの摩擦が紙表面に物理的変容を加えるという点で厳密な意味では不可逆的であり、伝統的な「書く」行為の枠組みを出ない。

「書く」行為の物理的軌跡である「筆致」がしばしば、個人的で親密な表現となるのは、その身体性に由来する。日本社会において個人の筆致が、アイデンティティ確定の一要素として機能し、さらには、個人の属するコミュニティを規定する記号としての役割をも担いうることは着目に値する。例えば、一九七〇～八〇代に女学生の間で流行した丸文字（丸字）[*1]（図1）や、九〇年代の移行期の文字、二〇〇〇年代、既存の文字記号を組み合わせて創り出された新しい文字。それらの文

＊1　丸文字一覧表（図1）に示されたような、角張った楷書文字を丸く変形させて、柔らかい印象で綴った文字のこと。

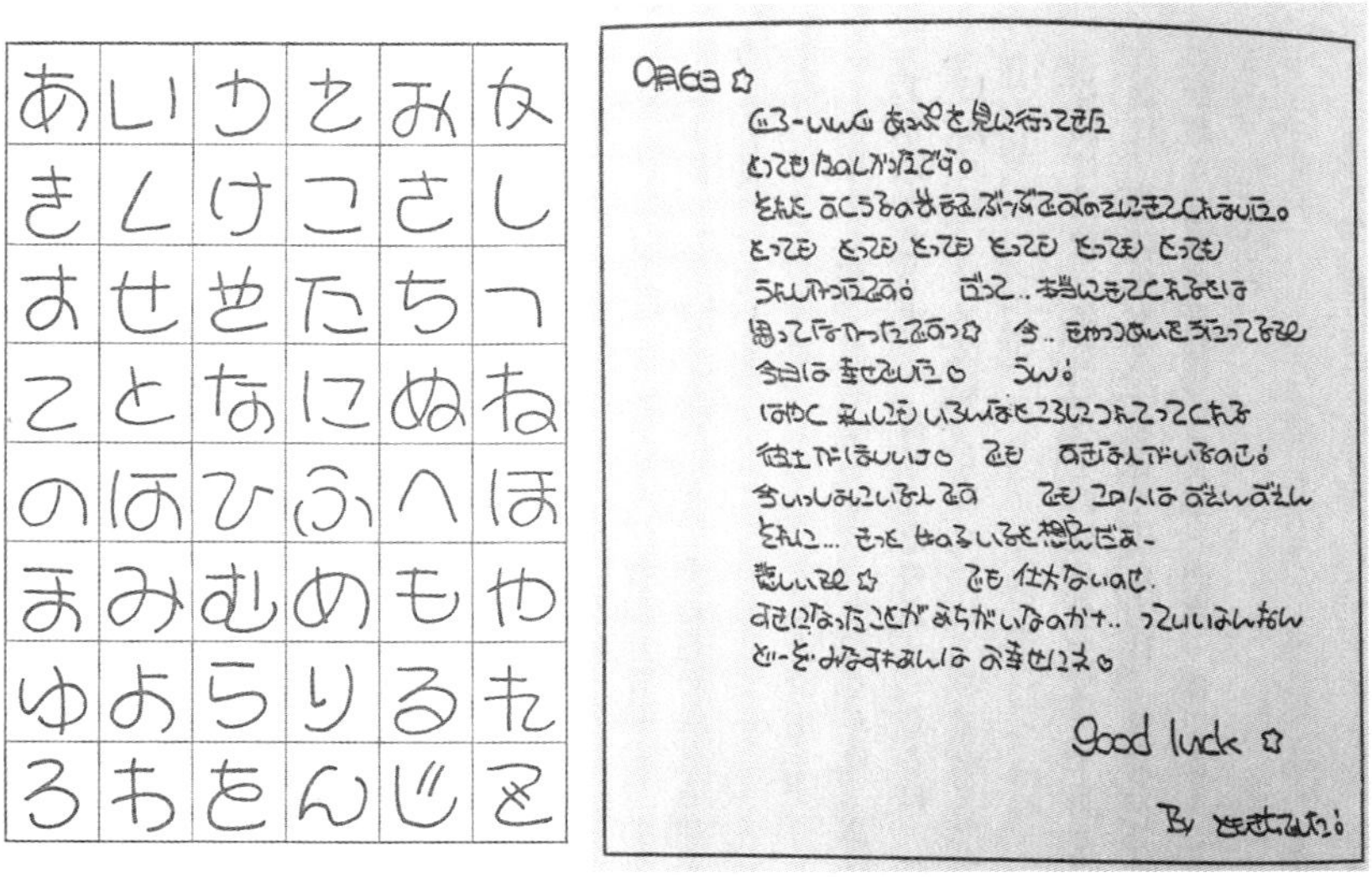

図1　丸文字一覧表と丸文字で書かれた手紙（山根　一九八六：三六、五七）

字は単なる記号としての意味伝達以上の役割を担う。あるコミュニティのメンバーによって共有される特定の字体を身体的鍛錬によって習得し、それを「書く」ことは、外の世界に向けて自分がそのコミュニティに属するという意思表明を行なうことである。

このような筆致の役割は、日本の少女文化特有である。書く行為は世界に遍在し、筆致へのこだわり・美しい文字の追求は様々な言語や文化に確認されるが、少女たちの文字が日本の社会において引き受けた役割は、そういった追求とも意味合いが異なる。筆致についてアルファベット言語圏と比較する意識調査を行なった結果、日本社会における「筆致」が高度にフェティッシュ的な表現として認識されていることが明らかになった。*2 この背景には、日本語の文字の形状や教育など様々な要因があるだろうが、ともあれ「筆致」は、男女問わ

*2　筆致へのフェティッシュ的な感覚の文化的依拠の有無（日本語とアルファベット言語圏間の意識調査）および、少女時代に綴っていた文字の特徴と筆致に関する意識調査。日本人・フランス人女性二十数名に対して協力依頼した質問リスト（図2）の結果分析と解釈を行なった。さらに、日本人女性には、漢字・カタカナを含む一文を①現在の自分の字体および②最大限に「美少女文字」らしい字体で既述してもらい、異世代間における筆致のあり方と書き分けの意識と実現レベルを分析した（二〇一五年五月、大久保美紀、パリ）。

図2　質問リスト（2015年5月実施）

1	あなたが10代の時、どんな文字が「上手な文字」だったか。	整っている字、スタイルのある字
2	どんな文字が「かわいい文字」か。	丸い字、小さい字、雑誌などで見る字
3	友だちのあいだで「流行っている文字」はあったか。	丸い字、きれいな字、その人らしい字
4	友だちの文字を見るのはどんな機会があったか。	授業ノート、友人同士の手紙、交換ノート、サイン帳
5	友だち同士で、文字がうまい／かわいいからちやほやするようなことはあったか。	字がうまい子は人気、賢い人は字がヘタ？
6	友だち同士で、癖字／文字がヘタという理由でうまく友だち付き合いができない女子などはいたか。	イジメほどではないが気にする、自分が気にする
7	ペン字を習っている子はいたか。	じぶんが習っていた、雑誌で宣伝がたくさんあった
8	男の子と女の子はぜんぜん違う字を書いていたか、あるいは男の子のなかに、丸い字やかわいい字を書く子はいたか。	きれいな字の男子もいた、一般に女子のほうが字にこだわる、整った一貫性のある文字を書いていた
9	文字の書き分けについて意識したことがあるか（テストのときや親に見られる文字と、友だちの間のやり取りで書く文字）。	いつも意識していた、テストの時は使い分けていた、友だちに書くときは最大限にかわいい字で書いた
10	二通りの方法（①自分の現在の字体②少女文字らしい字体）で次の文章を書いてください。「美少女文字の研究っていうテーマについて、どうしても話を聞きたいってこの人が言うので、インタビューに答えてあげることにしました。」	（明確な書き分けをすることができたのは20代以上の協力者。②では、40代以上は丸文字風の文字、30代は整っているが丸文字ではない、10代の筆致には①と②の視覚的な差があまり見られなかった。

実施：日本人とフランス人、10代、20代、30代、40代、50代、60代の計20名程度の協力者。協力者は筆者の知人にメールおよびソーシャルメディアを通じて協力を募る方法で募集、質問リストに答えてもらい、会うことが可能な場合には直接インタビューを行ない、不可能な場合にはメールでの返答をお願いした。

今後に向けて：調査では筆者の海外在住中という事情もあり、調査協力者が極めて少ない環境での実施を行なわざるを得なかった。結果は、文化間の筆致に対する意識的差が明らかにしたことに加え、丸文字世代、移行期～ギャル文字世代、LINE世代の筆致へのフェティッシュ的感覚の相違と書き分けの実レベルの明確な差を観察するのに十分であった。今後は、丸文字後の世代の筆致調査について、母集団の明確化と協力者数の増加を再検討した上で、本稿で論じたデジタルや機械への憧れの意識などの新しいトピックに関して明らかにするための調査を実施したい。

ず、時に大人になっても自らの字体を恥じたり、筆無精になってしまったりするほど、個人にとってデリケートな問題である。あるいは、個人の肉体を通じて紡ぎだされる直筆の手紙は、あたかも書く者の肉声を媒介し、その身体的存在を〈いま、ここ〉に具現化する特別なオブジェとなる。

しかし今日、書く行為の意味が本質的に変化している。「電子的に書く」という新たな筆記行為では、書く動作は機械的になり（キーボードを叩く）、書かれたものは筆記者の身体的な痕跡を残さない。一瞬にして消去や上書きができ、不可逆的性質すら共有しない。

本稿の目的は、第一に、日本社会における「筆致」の重要性に着目し、この記号的役割と意味を分析することである。そのために、まず、一九七〇年から十数年にわたって行なわれた山根一眞の丸文字の研究を踏まえ、流行文字の果たす役割と書き手の態度を分析する。第二に、九〇年代後半以降、書く行為の新たなフェーズとして登場した電子的記述[*3]が筆致に与えた影響を考察する。コミュニケーションの大部分が電子的手段で代替される今日、筆致は果たしてなおも身体的でフェティッシュな記号であり得るのか、それとも、筆致のフェティシズムはそれに代わる何かによって取って代わられるのだろうか。これらの問いを探求してみたい。

1　日本社会における「筆致」の重要性、その記号的役割と意味の分析――『変体少女文字の研究』の丸文字研究

はじめに、本稿の対象となる「少女文字」とは、ある時代に十代の少女たちの間で広く流行した文字（字体）のことである。山根一眞の『変体少女文字の研究』（一九八六）は、一九七〇～八〇年代の少女たちの書く行為を探求した体系的少女文字研究として先駆的なものである。

山根は、この本の最終頁で次のように述べている。

＊3　新たなメディア環境やテクノロジーの発展の影響を受けて一般化した、電子メールのやりとり、ポケベルや携帯電話を通じたメッセージ交換、ソーシャルメディアを介して取り交わす会話やブログ記事執筆などを含む、電子テクストを通じた筆記行為のことを指す。

いずれにせよ、「かわいい」を骨格とする変体少女文字を、五百万人にまで広めたのは少女たちである。変体少女文字に象徴される新しい文化は、弱々しく幼稚な社会を到来させる芽をはらんでいる。社会が軟体化していく傾向は、いっそう強まるだろう。コミュニケーション・コスメティックス（意思疎通の化粧品）という行動原理は、要するに新しい処世術であり、角ばった楷書型の男文化の喪失は、当分進むに違いない。このままいけば、二十一世紀の日本人は、誰もが「かわいい」の価値観をもち、誰もが変体少女文字を書いている可能性が高いと思われる。

この本の核心とも言えるこの簡潔な結びには重要な指摘が含まれる。①少女文字の本質を「かわいさ」であるとしたこと、②その文字とその文字を記述する態度の蔓延を予見したこと、③少女文字の役割をコミュニケーション・コスメティックスと定義したことである。

著者が「変体少女文字」と呼ぶ丸い文字は、その当時の「かわいさ」とは何かを明らかにする。山根は、膨大な少女文字の解析と使用法調査の結果[*4]、当時の「かわいい」という言葉の持つ特殊な語感を感じ取り、次のように述べる。

変体少女文字を書く理由は、「かわいいから」である。〔略〕「かわいい」というこの世代特有の言葉には、変体少女文字をとく鍵が潜んでいるように思われる。少女たちは、子猫も、タモリも、幼稚な絵柄つきの文房具も、一様に「かわいい」で通している。〔略〕この言葉にこそ、この言葉を使う世代に共通している「ある意識」が読み取れる。その意識構造こそが、五

＊4　山根は変体少女文字の研究にあたり、昭和四二年から六〇年までの『想い出草』に記述された三一八八人の少女たちの筆記を調査した。『想い出草』とは、京都の直指庵を参拝する女性たちが自身の思いの告白をあからさまに書き綴った文書を記録保存したものであり、その時代の少女文字の記録として歴史的資料価値を持つ。

百万人の変体少女文字の基盤をなしていると思われる。[*5]

四方田犬彦が著書『かわいい論』において「かわいい」を二十一世紀の日本の美学と見なし、その歴史的・文化的裏付けを説いたのが二〇〇六年であるので、少女文字の研究における「かわいい」の重要性の指摘は二十年もこれに先行している。

少女文字的評価基準では、幼さと愚かさが肯定的に評価され、楷書のように角張って整い、上手すぎる文字は良くない。賢さを感じさせる端麗な文字よりも、教科書的な基準から外れた下手な文字こそかわいい。この価値観は、後に引用するギャル文字、ヘタ文字、ゆとり語などの一九九〇年代以降の少女文字においても共有されている。

少女文字の社会的有用性は、幼くソフトな存在を演じ、それを記述する者を生きやすくすることにある。つまり、文字の形状が象徴するような丸い物腰をアピールし、人間関係に波を立てず、他者からの攻撃を予め避けるよう努める。同時代の「ぶりっ子」[*6]的態度とも深い関係がある。

二十一世紀の日本人がみな丸文字を書いているという山根の予言[*7]は実現されなかったが、少女文字を同時代の少女文化を象徴する表現と考える著者の認識は適切であった。少女文字の本質は、つまり、この本の言葉を借りれば「コミュニケーション・コスメティックスという行動原理」であり、丸文字は表現型のひとつに過ぎない。だからこそ、流行文字の形態は、丸文字、ヘタ文字、ギャル文字など変幻自在なのである。筆致の外見は異なるが、いずれも、少女たちをコミュニケーション上「かわいく」メーキャップし、社会を生きぬくのを助ける。

＊5 山根一眞（一九八〇：二二一―二二二）。

＊6 「ぶりっ子」は七〇年代後半から八〇年代にわたり、男性の前で無知で非力なふりをして甘える女性の態度を総称した表現。幼さや可愛らしさを強調し、わざとらしい女らしさのアピールとして一般的に否定的な意味合いが込められる。

＊7 注5に同じ。

2 電子的記述の時代の筆致のモダリティ――ギャル文字以降の少女文字

(1) 元祖少女文字＝丸文字文化の残したもの

一九九〇年代の少女たちは、丸文字とそれに続くギャル文字が混ざり合ったような少女文字[*8]を綴っていたが、丸文字が象徴する異性に媚を売るぶりっ子的態度は、同時代の少女たちによって次第に嫌われ、流行遅れとなっていく。

この変遷のなかで、丸文字テクストの特徴的筆記法であった、ひらがなや記号の多用、「ぁぃぅぇぉ」などの小文字やアルファベットの使用、「ー」「〜」など長音の使用などが次の時代の記述にも引き継がれる。

丸文字が完全に下火になる一九九〇年代後半から二〇〇〇年代には、テクノロジーの発展が実現した新たなメディア環境（電子メール、ポケベル、携帯メール、ソーシャルメディアの日常的利用）のなかで、電子的記述の影響を受けた新しい少女文字が生み出され、書く行為は新たなフェーズを迎える。

少女文字に影響を与えた電子的記述の特徴とは、例えば、九〇年代後半に女子高生の間で大流行したポケベルや携帯電話のショートメッセージやメール[*9]の文面（図3）に見られる図形化された記号（図4）の多用などである。顔文字[*10]や絵文字[*11]が彩るカラフルなメッセージのやり取りは新しいコミュニケーションのモダリティを作り上げた。丸文字の柔らかい形態が円滑なコミュニケーションを促したように、絵文字や顔文字もまた、伝わりにくいニュアンスを視覚的に伝達し、コミュニケーションを助ける。この文面に凝らされたヴィジュアル上の工夫もまた、人間関係における摩擦回避の追求に由来する。

平仮名の多用（あるいは、難しい漢字が並ぶのを避ける傾向）という読み手への配慮もまた、電

＊8 筆致の調査のために実施したインタビューのなかで、九〇年代後半に中高校生であった世代の証言に基づく。

＊9 ショートメッセージ・サービス（SMS）は、携帯電話を利用して短いテクストを送受信する通信手段で、電話番号のみで安価で簡単に利用できるため全世界で利用されてきたが、日本では携帯端末を介したインターネットメールが発達したため状況が異なる。日本では、一九九六年にPHSがサービスを開始し、一九九七年以降、auのCメールなど携帯電話のキャリアもサービスを開始した。

＊10 顔文字とは、文字や記号を組み合わせて表情を持った顔のように見立てたもの。(^_^)（微笑み）、(;_;)（泣き）、(#｀Д´)（怒り）などがある。スマートフォンの普及以降は、これらを一つのヴィジュアルで表わすことを可能にした「絵文字」に取って代わられている。顔文字の先駆的なものと

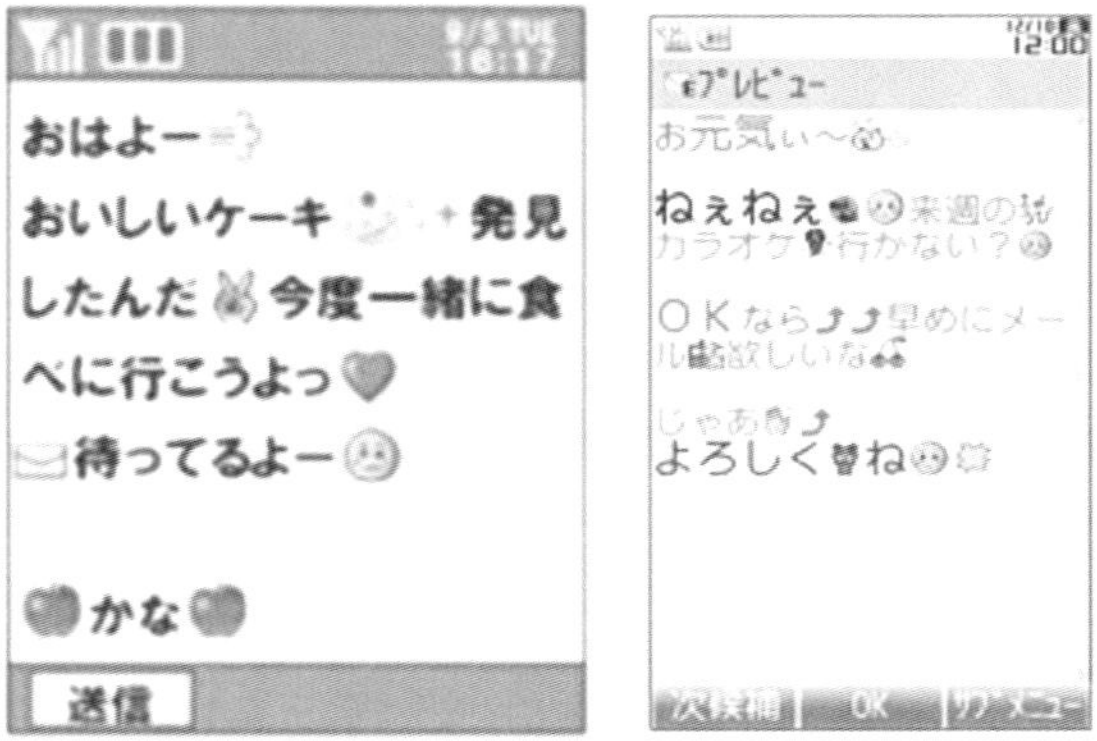

図３　絵文字で彩られるケータイメールの文面の一例

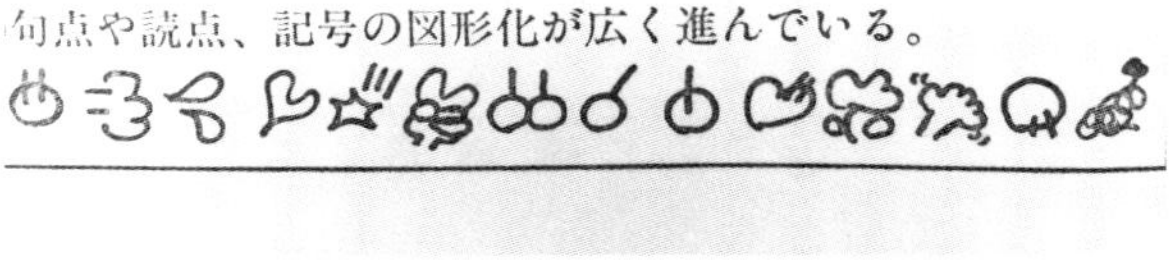

図４　丸文字で用いられる図式化された記号の例（山根　一九八六：三七）

子的記述の特徴の一つである。平仮名が女性的で優しい印象を与えるという気づきは、実はその発明の起源にさえ遡るが、[*12]常用漢字を敢えて平仮名で記述する風潮[*13]は、今日、消費社会におけるコミュニケーションの有効的戦略として利用されている。

(2)　ギャル文字あるいはゆとり語と、その美意識

このような電子メッセージのやり取りが一般化した二〇〇〇年代前半に、「ギャル文字」という奇妙な文字遊戯が女子中高生たちの間で流行した。ギャル文字は、日本語の平仮名・カタカナ・漢字を元にしながら、あえて類似する形状の文字を用いて朧化したり、まったく別の文字記号を合成したりして、既存の文字を視覚的に異化する記法であり[*14]（図5）、携帯メール用の文字として発達したが、そのスタイルを真似た手書き文字もこれに含む。これらの作業によって成立する文字は、正確な文字に対してぎこちない形であるため、「ヘタ文字」とも呼ばれる。また、「ゆとり教育」「ゆとり世代」などの社会問

して一九八二年にScott Fahlmanが提案したスマイリー、:-)（笑い）と:-(（怒り）、がある。日本の顔文字との違いは、日本の顔文字が正面を向いている一方、スマイリー（エモティコン）は九〇度反時計回りに倒れている点である。

＊11　絵文字は、携帯電話やEメール、ソーシャルメディアの記述において、一文字のアイコンである物を表示するものである。カラー絵文字や動く絵文字があり、二〇〇〇年代、キャリア間、OS間の互換性が解決し、絵文字データの交換が可能になった。

＊12　当時の公的文書は漢文で書かれ、漢文を読み書きすることは教養の象徴であったにもかかわらず、紀貫之は「男がすなる日記といふものを、女もしてみむとてするなり」といって平仮名で『土佐日記』を執筆した。

＊13　テクスト全体の漢字比率が高くな

題が注目を浴びた二〇〇〇年代に作られた言文一致的な表記法である「ゆとり語」もメール世代のコミュニケーション態度の重要な一側面を象徴しており、捨て仮名（ぁぃぅぇぉっゃゅょ）を日本語の法則に反して敢えて用いたり、特定の文字を部分的に置き換えたりすることによって、表記の上で意図的な効果（ニュアンスの緩和、柔らかさ、ゆるさ、優しさ、甘さ）の演出を狙う。*15

ると、視覚的に難しい印象を与えてしまう。読み手の読む意欲を失わせないため、常用漢字であっても平仮名に直す工夫が様々な分野の出版物で見られる。

ギャル文字50音（一部）

あ：了	か：かゝ	さ：廾	た：ナ=	な：ナょ	は：^
い：レ丶	が：カゞ	し：ι	ち：千	に：(こ	ひ：七
う：宀	ぎ：(キ	す：£	つ：っ	ぬ：йu	ふ：ヴ
え：之	く：く	せ：世	て：τ	ね：йё	へ：∽
お：才	け：ヶ	そ：ξ	と：卜	の：/	ほ：朩
	こ：〓				
ば：ハ〃	ぱ：ハo	ま：мa	や：ゃ	ら：яa	わ：ゎ
び：ヒ〃	ぴ：ヒo	み：彡	ゆ：ゅ	り：L|	を：шo
ぶ：フ〃	ぷ：フo	む：£ˊ	よ：ょ	る：ゐ	ん：ω
べ：ヘ〃	ぺ：ヘo	め：×		れ：яё	ー：→
ぼ：朩〃	ぽ：朩o	も：м〇		ろ：3	。：o

セミオトポス　＝　せゐぉ 一c レまﾟす

記号がっかい　＝　言己号かゞっかゝ レ丶

しょうじょもじ　＝　ι ょう ι"よも ι"

フェティシズム　＝　フェ ティ ˊ/ ズ ム

図５　ケータイメール用のギャル文字

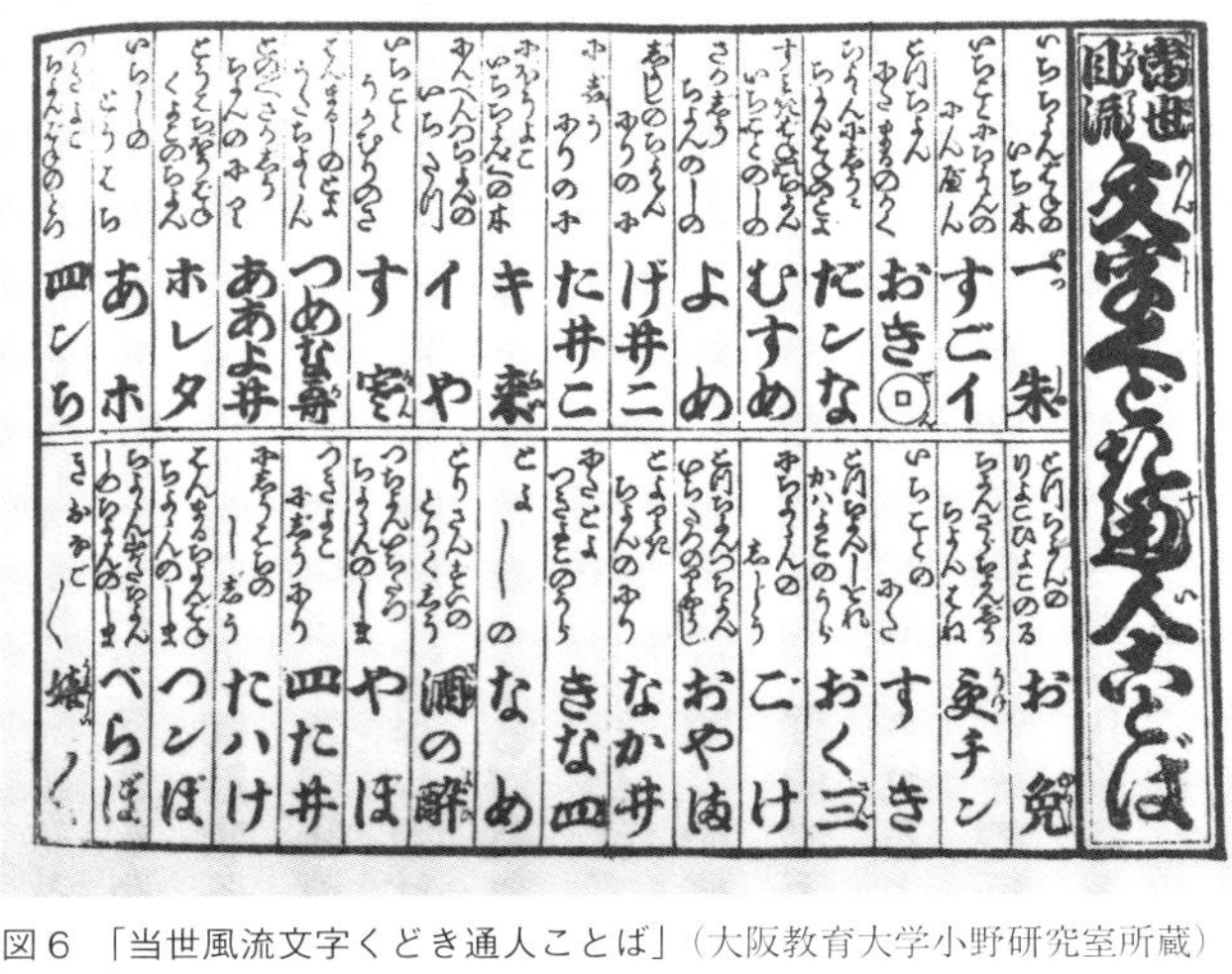

図６　「当世風流文字くどき通人ことば」（大阪教育大学小野研究室所蔵）

『ことばと文字の遊園地』（小野 二〇一〇）において小野は、ギャル文字と江戸時代末期の「当世風流文字くどき通人ことば」[*16]などの言葉遊び瓦版（図6）との構造的類似を指摘するが、私の考えでは、この二つの文字は、その遊戯性と形状への愛着において全く異質である。小野は、ギャル文字に関する賛否両論（①日本語を乱す悪しき用字であるとみなす考え方、②平安朝の平仮名発明以来の快挙であると賞賛する考え方）の双方を否定し、「文字遊びとしてはとても興味深いが」、その暗号的性格ゆえ、[*17]「この先長く残っていくことはないだろうし、不特定多数の日本人が互いにコミュニケーションを図るときに必要とされるような文字ではない」[*18]と言う。この主張は小野のギャル文字への無理解を明らかにする。ギャル文字を綴る態度として最も重要なのはぎこちなさへの愛着であり、暗号的性質ではない。幼くて丸いことをよしとするのが丸文字の美学だとすれば、ギャル文字は不自然で歪《いびつ》なかわいさを強調する。「ア＝了、た＝十こ、私＝禾ム」というぎこちない記述法が魅力的な印象を与える事実を、少女たちは感覚と経験によって知っている。このぎこちない表記は、変遷し続ける「かわいさ」に裏打ちされた少女文字の一形態なのである。

ところでギャル文字を成り立たせる美意識とそれを綴る身体感覚は、その内部にやや不穏なものを含んでいる。文字記号の断片を組み合わせて作られた歪な表記に魅了される感覚は、高度に発達したテクノロジーが未だ持ち合わせているある意味での「不器用さ＝人間との差異」を意識することであり、その上で、機械やロボット的存在に「憧れる」感覚を表わしているからである。さらにいえば、元来人間の能力の再現を目指した機械が感じさせる違和感や気持ち悪さに魅了され、それを模倣し自己のなかに吸収（あるいは同化）しようとすらする身体意識が見て取れる。[*19]ギャル文字は、人間が機械化する実践＝手書きの文字（へた文字）とテクノロジーが人間を模倣する実践＝手

＊14 ア＝了、た＝十こ、私＝禾ム など。

＊15 まじ→まぢ、言う→ゆう、おはよう→おはょぅ など。

＊16 「当世風流文字くどき通人ことば」は、〈し十→け〉のように、複数の記号を組み合わせて一文字として読む文字遊戯である。また、「合字」とは、〈麻呂→麿、久米→粂〉のように、二つの漢字を組み合わせて一文字と読むものをいう。

＊17 小野によると、ギャル文字は「もともと少女の小さなグループで起こった仲間内のコミュニケーション文字」で、「グループ内だけで通用する一種の暗号的な性格を持っていた」。マスコミ報道の結果、「広く社会に認知された」一方で、「その暗号的な性格が薄れ、役割を終えていった」（小野、二〇一〇：八六）。

書き風フォント[20]という二者が形成するハイブリッドな周縁に位置する重要な筆致なのである。

3　筆致のフェティシズム——文字を書き分け、筆跡を模倣する態度

本稿を締めくくる前に、少女文字文化においてしばしば見られる楷書と少女文字の書き分けと筆跡模倣について言及しておきたい。書き分けと模倣を実践する少女たちの態度はいかなるものか。そして、電子的通信手段が身体的コミュニケーションに取って代わる今日、われわれが筆致に見いだす意味は何なのか。

(1)　時と場合による書き分け——楷書と少女文字

丸文字以降の少女文字では、時と場合による少女文字と楷書の書き分けが実践される。私的な用途には丸文字を、仕事時には綺麗な楷書を巧みに綴り、語彙や表現も使い分ける。文字の書き分けは、振舞い分け、態度分けをも意味する。

この態度は、一九九〇年代の少女たちにも、電子メールや携帯メールの時代を生きた少女たちにも共通する。電子時代のコミュニケーションでは、絵文字に満ちたカラフルなメッセージは私用であり、仕事のメールや業務連絡では正しい言葉遣いで書くといったリテラシーは、人間関係を左右するデリケートな事項ですらある。

(2)　憧れの筆致への同化——筆致のフェティシズム

憧れの文字を模倣したり、その文字を自分の字体として吸収するために惜しみない努力をしたり、複数の書き手の筆跡を習得した上で書き分けるような記述行為の存在は、フェティッシュ的な

*18　小野（二〇一〇：八二—八三）。

*19　ロボットと人間の差異が揺らぎ越境し合う瞬間としては、コンピュータと人間を区別する認証システムとして利用されてきたCAPTCHAや、ヒューマノイドやヴォーカロイドの存在、あるいはヴァーチャルアイドルを模倣し返したようなPerfumeのダンスやきゃりーぱみゅぱみゅのファッション、フォルマント兄弟の合成音声の発話などが思い起こされる。

*20　デジタルにタイプされた文字でありながらもあたかも人が手書きしたかのような温かさを演出するために使用される文字である。楷書に近いものから丸いもの、子どもが書いたような文字まで様々だが、いずれの字体も滑らかな線と角の少ない形状が特徴で、毛筆や鉛筆の質感を再現するフォントもある。手書き風フォントの存在は、われわれがなお筆致の身体的な温もりを探し、これに執着し続

ものとしての筆致を裏づける。

三十年前に山根一眞が行なった変体少女文字研究の更新を一目的とする本稿では、筆致の身体性に着目し、かつて少女文字を綴った個人のなかの過ぎ去った少女時代の記憶を拾い集め、知識や情報として忘れていても身体が覚えている〈筆致という名の軌跡〉の発掘を試みた。特定の字体そのものを今書いていなくとも、現在の筆致が何らかの影響を受けていたり、その文字を書くよう依頼されればたとえ数十年隔てても、筆記行為が身体的に思い出され、その文字を筆記できたりすることがある。

調査に応じた十代半ばから四十代後半の書き手では、ほぼ全員が、私的な字と公的な字の意識的な書き分けを行なっていた。理想とされる文字は、丸文字／一貫したスタイルのある文字／大人っぽくて自然だが固くない文字／文字の上手いと言われている友だちが書く文字、など世代によって幅があった。とりわけ、一九九〇年代から二〇〇〇年代初期に思春期を過ごした世代では、手紙交換、サイン帳[*21]交換、交換日記によって頻繁に友人の文字を見る機会が多かったため、自分の筆致を憧れの字体に似せるために熱心に練習した経験を有し、当時を振り返って、一貫した字体を綴れない友人に対するマイナスの評価があったという事実や、複数の友人が憧れるような字を書くクラスメートが人気だった事実などを証言した。さらには、複数の憧れの字体の模倣経験がある場合には、自分の筆致が誰の文字の影響を受けているかという極めて精緻な分析ができるなど、筆致への強いこだわりが確認された。これまでの筆致に対するフェティッシュ的な感覚は、他言語に類を見ない。美しい筆致や理想の筆致への評価が高く、下手な文字は劣等感にすらつながったり、極端なケースでは、文字が下手であることによって人間関係に困難が生じたりすることがある。好ましい文字を書く者に憧れ、執拗なまでにその文字を模倣したり、理想の文字を追求したりした経験があ

けている事実の一つの証拠と言える。

＊21　サイン帳とは、一般に卒業時期やクラス替えの時期にクラスメート一人一人に思い出のメッセージを綴ってもらうファイル式のノート。

る書き手も少なからずいた。

一方、友人とのやり取りが専らＬＩＮＥや携帯のメッセージによる世代はここまでのこだわりを持たない。筆致はコミュニケーション・コスメティクスであるので、筆致への憧憬と模倣が実践されるための基礎環境として、書き手が互いの文字を見せ合う機会の存在が不可欠であるが、手紙や交換日記、サイン帳交換などをしない現代の少年少女世代は、学校の授業ノートなど数少ないシチュエーションをのぞいて友人の文字を目にする機会がない。調査の結果から、ＬＩＮＥ世代の書き手では憧れの筆致に同化するほどの執着がないことが分かった。このような、書くことと書かれるものをめぐる新たな段階に至り、筆致は果たしてなおも身体的でフェティッシュな記号であり得るのだろうか。

結論　筆致のフェティシズムのゆくえ

日本社会における少女文字は四十年近く、その外見とメディア、ルールを作り変えながらも、自己表象の一手段としての重要な役割を担い続けてきた。本稿では、ここまで、筆致の変容と現代の筆致のモダリティを論じるため、少女文字の先行研究を紹介し、この四十年間にわたる少女文字の変遷を概観してきた。最後に、本稿冒頭で掲げた問い〈筆致のフェティシズムは電子的記述の時代に失われるのか、あるいはそれを置き換えうる何かによって取って代わられるのか〉に立ち戻りたい。

少女文字は興味深い文化現象である。一九八〇年代、丸文字らしき文字を書いていた人口は五百万人にのぼり、調査によれば、中学生・高校生・大学生・ＯＬが同時代的に同じスタイルの文字を書いていたことが明らかになっているが、当時、懸命に練習するべき丸文字手本一覧表が少女雑誌に掲載されたわけでもないし、少女たちは模倣すべきただ一つの手本がインターネットで参照可能だったわけでもない。どうして皆が似通った丸文字的な文字を書くにいたったのか。その仕組みは、「少女文字」と呼ばれる字体そのものが抽象的なイメージであり、ある時代の人々の想像力・戦略・利害によって演出された「かわいい要素」の集積であるという事実による。「少女文字」とは空洞の入れ物（レシピアント）で、それはある種の触媒のように自身は変化せずにその内部を通り抜ける抽象的なイメージを膨張させ、拡散させ、あちこちに遍在させる。「少女文字」そのものは変幻自在であり、外見やメディアを変えながら、ある時代にある表現形として現われるのだ。

ただし、身体との関わりとそのフェティシズムの内容には、丸文字／ギャル文字／デジタルライティング間において明確な差異がある。字体のみならず、文体（スタイル）もまたそれぞれの「筆致」の身体性と深く結びついている。最後に現代のスタイルの意味を考える鍵として、「不穏なものを含んでいる」と既述したギャル文字を成り立たせる美意識とそれを綴る身体感覚が、現代の既述行為においてどのように変遷したのか、あるいは引き継がれたのか、を分析することを通じて結論に代えたい。

・書くことを代替する豊かさと視覚への依存

電子的記述の時代、新しいデヴァイスは、人々の書く行為を身体動作の点で単純化したが、書く内容や書く経験そのものを貧しくしたとは言えない。なるほど、毛筆や万年筆で書くために必要な身体的鍛錬と、キーボードを早打ちするジェスチャー、フリック入力の動作は似ても似つかない。一方、電子時代のテクストは、ある別の観点では豊かになり、自由になり、まったく新しい表現の可能性すら獲得したと言える。たとえば、電子的テクストの時代の所産、「ギャル文字」は、単なる流行文字であることを超え、書くことと読むことの経験の重要な意味をもたらした。高さも横幅も揃わない、いびつな文字の並ぶ文面は非常に読みにくいが、普通に書かれた均一な文章にはないダイナミックさやリズム感があり、マンガのオノマトペにも似た音楽的・舞踊的要素が感じられる。言文一致体の書き言葉である「ゆとり語」では、発話の抑揚やニュアンスを小文字や記号を交えて文面に再現するという、視角要素と聴覚要素の遊戯的やり取りがある。絵文字や顔文字、アニメーションの多用は、メールやソーシャルメディアのメッセージを高度に視覚的なものにした。むろん、ここには幾つかの懸念がある。絵文字がニュアンスを補って発話を代弁するようになると、メッセージ内容に応じて特殊化された絵文字が開発され、コミュニケーションをさらにこれに依存するサイクルが出来上がる。あらかじめ用意された顔文字（セリフ付き）やスタンプの送り合いによるコミュニケーションでは、ことばによる意志伝達が省かれる。伝えるべき感情を表わしている「記号」を選択するだけでいい。顔文字には何千もの種類もあり、[*22] 各々の感情グループ（喜び、怒り、悲しみなど）がさらに細かな心情に場合分けされている。このようなコミュニケーションでは、身体的な要素が欠如するどころか、われわれの感情は、顔文字の提案する辞書によってパターン化される。われわれは、それらのパターンから最適な記号を選択することを通じて気持ちを伝えるよう訓練されている。

このように、われわれの身体の感覚がますます視覚的というひとつの感覚に収斂してしまうことには、なるほど、何らかの危険や懸念を感じずにはいられない。コミュニケーションの視覚依存の懸念のなかで、元来より感覚的であった筆致は、今日、視覚的な要素が作り上げる文体（スタイル）に取って代わられているのではないか。カラフルに楽しく彩られた絵のような文。言葉はマンガ化し、メッセージは予め用意されたスタンプの取捨選択によって構築され、ネットワークに媒介

＊22　六千種類もの顔文字のアーカイブ・プラットフォームとして「顔文字パーティー」（http://www.facemark.jp/facemark.htm）などがある。

されて相手に届く。今日のＳＮＳやＬＩＮＥを介したチャット（図７）においてみられるのは、このような全く新しいコミュニケーション・モダリティである。

・電子的に書くことの身体性と現代のパノプティコン

一方、書くことの豊かな身体感覚が視覚という単一感覚に収斂してしまう今日の状況を嘆く間もなく、電子的に書く行為はすぐに全く別のモダリティを見つけるのではないか、と希望を感じずにはいられない現象がある。メッセージ交換をめぐって絶えず行なわれるシステムの修正・改良・更新に目をやってみよう。

ＳＮＳのチャットやケータイのメッセージでは今日、相手がメッセージを読んだかどうかが分かる表示が追加されているものがある。相手が何時何分に「開封」したか、「既読」であるか、などが表示される。あるいは、やりとりをしている相手が今この瞬間に自分に対してメッセージを綴っている最中であることを伝える機能すらある（図８）。

相手の声を互いに聞き合っている電話でもない、空間的にも時間的にも一方的であるはずの電子メッセージのやりとりでありながら、相手の様子をリアルタイムで覗き見ることができる機能は言うまでもなく非常に気持ち悪いもので、現代の情報化社会がパノプティコンであることを文字通り浮き彫りにしているだろう。

このようなＬＩＮＥやＳＮＳにおける書くことや書かれるものが、その気持ち悪さの代償として獲得している身体との新しい結びつきがある。「新しい」という言い方には語弊があり、それはむしろ、書くことを媒介しない直接のコミュニケーションが元来もっていた多様な身体的情報を取り戻すことを意味するだろう。それは、対話者の身振りや息づかい、言葉を紡ぐ勢いや吃りの電子的

図７　スタンプ、絵文字がことばを代替するメッセージの例スタンプ、絵文字がことばを代替するメッセージの例

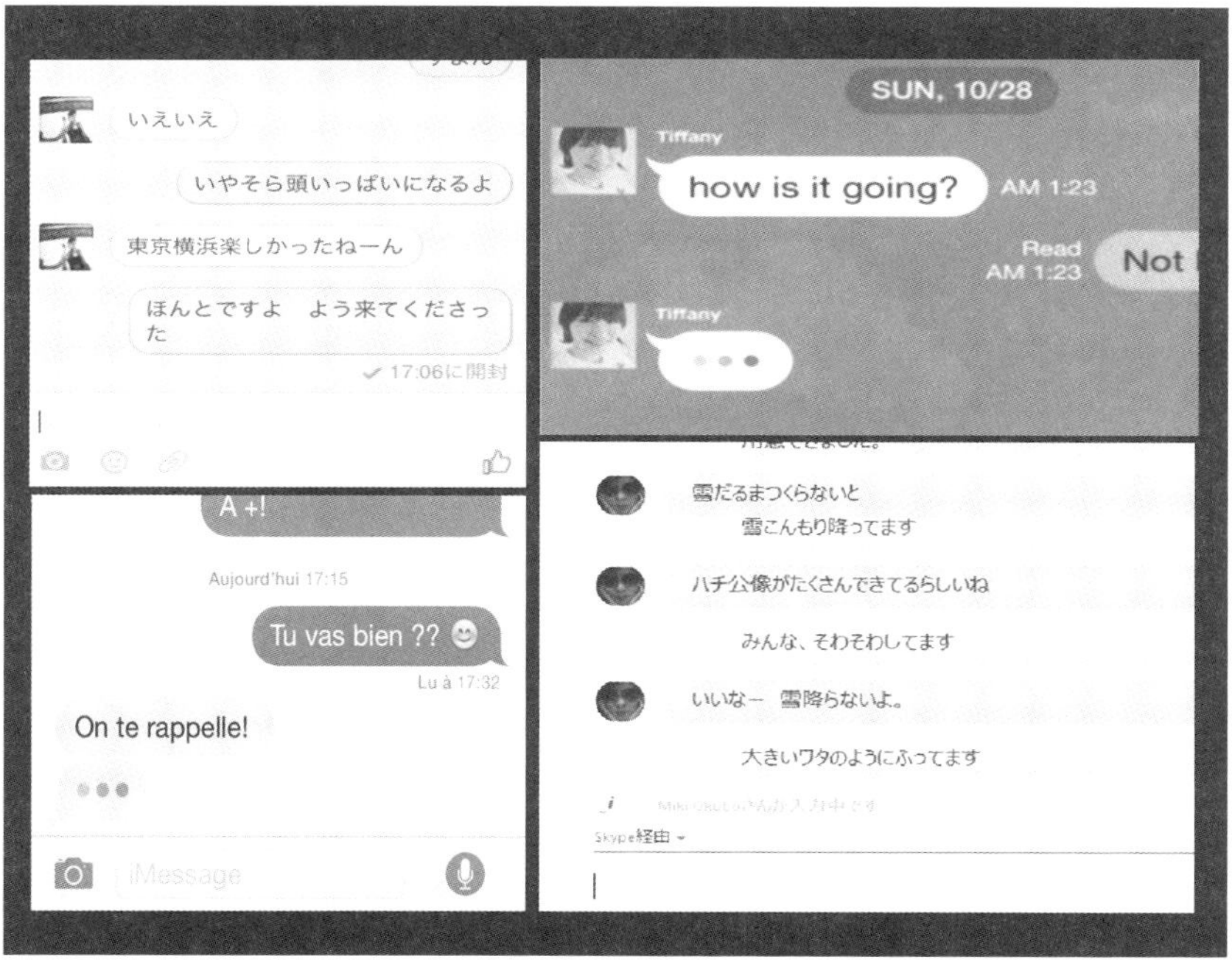

図８　SNS のチャットや iMessage の開封、返信中、記述中の表示（Facebook、iMessage、LINE、Skype）

再現である。ここに、電子的な書く行為と書かれたものが極めて人間的でそれゆえフェティッシュでありつづける原因がある。

現代の文字とスタイルは、これまでの書く行為と書かれたものが変容を繰り返してきたように、書く者を取り巻く環境に投げ入れられて変化の途中にある。それはいつも身体との異なる関わり方を提案し、書くことと読むことは現在の電子的な時代においても新しい意味において身体的な行為である。現代のスタイルとは、常に変容し身体に根ざしながら、われわれとともにあるものである。

参考文献

東浩紀（二〇〇七）『ゲーム的リアリズムの誕生――動物化するポストモダン２』講談社現代新書

大久保美紀（二〇一五）*Exposition de soi à l'époque mobile/liquide*, Université Paris 8

小野恭靖（二〇一〇）『ことばと文字の遊園地』新典社

山根一眞（一九八六）『変体少女文字の研究』講談社

参考ウェブサイト

「書き散らかしの信仰：「現代的ドラマツルギとその構造に基づく文学創作」/Création des Romans selon la nouvelle dramaturgie et structure littéraire」

ブログ salon de mini　http://www.mrexhibition.net/wp_mimi/?p=1850

「書くことと話すことのモダリティ /Modalité d'《 écrire 》et de《 raconter 》」

ブログ salon de mimi　http://www.mrexhibition.net/wp_mimi/?p=3376

「読むことの変容⑴～⑸」

ブログ TANUKINOHIRUNE　http://chez-nous.typepad.jp/tanukinohirune/2014/05/

資料　日本記号学会第三四回大会について

「ハイブリッド・リーディング――紙と電子の融合がもたらす〈新しい文字学《グラマトロジー》〉の地平」

日時　二〇一四年五月二四日（土）、二五日（日）

場所　東京大学駒場キャンパス

一日目：五月二四日（土）

13時　開場・受付開始

13時30分　総会

14時30分―14時50分　開会の辞　石田英敬（東京大学）、キム・ソンド（高麗大学）

14時50分―15時50分

プレナリー・セッションⅠ「一即二即多即一」（18号館レクチャーホール）

講演「一即二即多即一」杉浦康平（デザイナー）

16時―18時

ラウンドテーブルⅠ「知の回路とテクノロジー」（18号館レクチャーホール）

杉浦康平、キム・ソンド、吉岡洋（京都大学）

報告「東京大学新図書館計画――読みと文字の変容を巡る「大学」のアクション」阿部卓也（東京大学）

モデレーター：石田英敬

二日目：五月二五日（日）

10時―11時30分

研究報告１（18号館　４Ｆコラボレーションルーム１）

司会：佐藤守弘（京都精華大学）

「情報機関にとっての「intelligence」の意味」平松純一（ＮＰＯ法人インテリジェンス研究所）

「痕跡とラインの詩学――グリッサンとインゴルドをめぐって」工藤晋（東京都立国分寺高等学校）

「法廷から法廷へ――津田左右吉のシンボリズム」一瀬陽子（京都明徳高等学校）

10時―11時30分

研究報告２（18号館　４Ｆコラボレーションルーム３）

司会：松本健太郎（二松学舎大学）

「参照点構造に基づく視覚表象の認知プロセス」田中敦（新潟大学）

「パースの記号類型論における再帰的規則性――「新目録」§13の再考に向けて」

朴済晟（東北大学）

「記号論的課題としての「メディアミックス」——Marc Steinberg の Anime's Media Mix から出発して」谷島貫太（東京大学）

13時—16時

プレナリー・セッションⅡ「ハイブリッド・リーディングとデジタル・スタディーズ」

（18号館レクチャーホール）

講演「器官学、薬方学、デジタル・スタディーズ」ベルナール・スティグレール

（ポンピドゥーセンターＩＲＩ）

講演「極東における間メディア性の考古学試論——人類学・記号論・認識論のいくつかの基本原理」キム・ソンド

討論者：石田英敬

モデレーター：西兼志（成蹊大学）

16時10分—18時

ラウンドテーブルⅡ「To read what was never written ——書かれぬものをも読む」

（18号館レクチャーホール）

企画・構成：古賀稔章（エディター）＋氏原茂将（キュレーター）

モデレーター：水島久光（東海大学）

18時　閉会の辞

執筆者紹介

阿部卓也（あべ たくや）
一九七八年生まれ。東京大学大学院学際情報学府博士課程単位取得退学。東京大学大学院情報学環特任講師。専門はデザイン論、記号論。著書・論文に『知のデジタル・シフト』（共著、弘文堂）、『メディア表象』（共著、東京大学出版会）、「漢字デザインの形態論」（第四回竹尾賞優秀賞）など。

生貝直人（いけがい なおと）
一九八二年生まれ。東京大学大学院学際情報学府博士課程修了。東京大学大学院情報学環客員准教授。情報通信総合研究所研究員、東京藝術大学特別研究員などを兼務。専門は情報政策。著書・論文に『情報社会と共同規制』（勁草書房）、「ナショナルデジタルアーカイブの条件について」（金沢21世紀美術館研究紀要）など。

石田英敬（いしだ ひでたか）
一九五三年生まれ。パリ第十大学大学院博士課程修了。東京大学大学院総合文化研究科教授。専門は記号論、メディア論。著書に『記号の知／メディアの知』（東京大学出版会）、『大人のためのメディア論講義』（ちくま新書）、『デジタル・スタディーズ』全三巻（共編著、東京大学出版会）など。

伊藤未明（いとう みめい）
一九六四年生まれ。慶應義塾大学修士（管理工学）、米国ロチェスター大学修士（ＭＢＡ）、英国ノッティンガム大学修士（批評理論）。専門は視覚文化論。論文に"Seeing Animals. Speaking of Nature: Visual Culture and the Question of the Animal"（*Theory Culture & Society*）。

大久保美紀（おおくぼ みき）
一九八四年生まれ。芸術博士（パリ第八大学大学院）。パリ第八大学大学院造形芸術学部非常勤講師。専門は表象文化論、身体論、自己表象、メディアアート、参加型のアート。論文に"Exposition de soi à l'époque mobile/liquide"（博士論文）、「逆行する身体表象——「復活」するマネキンあるいはマヌカン」（『Vanitas No.003』）など。

岡安裕介（おかやす ゆうすけ）
一九七六年生まれ。京都大学博士（人間・環境学）。京都大学人文科学研究所共同研究員。専門は精神分析、民俗学。論文に「折口信夫の言語伝承考」（『叢書セミオトポス7』）、「精神分析と民俗学・民族学との思想的交錯」（『精神医学史研究』19（2））、「柳田国男から折口信夫へ受け継がれしもの」（『伊那民俗研究』23）など。

KIM, Sung Do（キム・ソンド）
一九六三年生まれ。パリ第十大学大学院博士課程修了。高麗大学教授。専門は記号論。韓国記号学会会長（二〇一三—一五年）。ハーヴァード大学、オックスフォード大学、ケンブリッジ大学などで客員教授を歴任。著作に『現代記号学講義』、『ロゴスから神話へ』、『構造から感覚へ』など。

佐古仁志（さこ さとし）
一九七八年生まれ。大阪大学大学院人間科学研究科博士課程単位取得退学。博士（人間科学）。立教大学・日本学術振興会特別研究員（ＰＤ）、立教大学兼任講師。専門は生態記号論。著書・論文に『知の生態学的転回3 倫理』（共著、東京大学出版会）、「究極的な論理的解釈項としての「習慣」とパースにおける「共感」」（『叢書セミオトポス9』新曜社）など。

新保韻香（しんぼ いんか）
一九七六年生まれ。武蔵野美術大学造形学部視覚伝達デザイン学科卒業。神戸芸術工科大学大学院芸術工学研究科博士課程単位取得退学。グラフィックデザイナー。専門はアジア図像学、アジアのデザイン、造形語法に関する研究など。本書所収の杉浦康平「一即二即多即一」のデザイン・構成を担当。

杉浦康平（すぎうら こうへい）
一九三二年生まれ。東京藝術大学建築学科卒。神戸芸術工科大学名誉教授。グラフィックデザイナー。五〇年代後半からデザイナーとして活躍、七〇年頃よりブックデザインに力を注ぐ。独自の視覚伝達理論・図像学研究で多くのクリエイターに影響を与える。『かたち誕生』（NHK出版）、『宇宙を呑む』（講談社）ほか著書多数。

STIEGLER, Bernard（ベルナール・スティグレール）
一九五二年生まれ。技術哲学。現代フランスを代表する哲学者の一人であるとともに、ポンピドゥーセンター内の研究組織IRIや、文化政治の活動組織 Ars Industrialis を創設し代表を務めるなど、実践的な活動も積極的に展開している。『技術と時間』、『象徴の貧困』、『偶然からの哲学』など著書多数。

谷島貫太（たにしま かんた）
一九八〇年生まれ。東京大学大学院学際情報学府博士課程単位取得退学。東京大学附属図書館特任研究員。専門は技術哲学、メディア論。著書・論文に「ベルナール・スティグレールにおける「正定立」の概念をめぐって」（東京大学情報学環紀要）、『理論で読むメディア文化』（共著、新曜社）など。

西兼志（にし けんじ）
一九七二年生まれ。グルノーブル第三大学情報コミュニケーション学博士。成蹊大学文学部准教授。専門はメディア論、コミュニケーション学。著書に『窓あるいは鏡』（共著、慶應大学出版会）、『メディア表象』（共著、東京大学出版会）など。

野網摩利子（のあみ まりこ）
一九七一年生まれ。東京大学大学院総合文化研究科言語情報科学専攻博士課程修了。国文学研究資料館・総合研究大学院大学助教。専門は日本近代文学。著書・論文に『夏目漱石の時間の創出』（東京大学出版会、第八回全国大学国語国文学会賞受賞）、「日中の古文辞学と漱石」（『国文研ニューズ』）、「行人の遂、未遂」（『文学』）など。

松井康治（まつい こうじ）
一九七七生まれ。京都大学エネルギー科学研究科修士課程修了。合同会社comanta（http://comanta.com）代表。専門はウェブサイト、ウェブアプリケーションの企画開発と運用、インターネットビジネスのコンサルティングなど。本書所収の杉浦康平「一即二即多即一」のARアプリ開発を担当。

水島久光（みずしま ひさみつ）
一九六一年生まれ。東京大学大学院学際情報学府修士課程修了。東海大学文学部教授。専門はメディア論、情報記号論。著書に『テレビジョン・クライシス』（せりか書房）、『閉じつつ開かれる世界』（勁草書房）、『窓あるいは鏡』（共著、慶應大学出版会）など。

吉岡洋（よしおか ひろし）
一九五六年生まれ。京都大学大学院文学研究科修了。京都大学こころの未来研究センター特定教授。専門は美学、芸術学、情報文化論、現代美術、メディアアート。著書に『〈思想〉の現在形』（講談社）、『情報と生命』（共著、新曜社）、『Diatxt.《ダイアテキスト》』第一―八号（京都芸術センター）など。

日本記号学会設立趣意書

最近、人間の諸活動において（そして、おそらく生物一般の営みにおいて）記号の果たす役割の重要性がますます広く認められてきました。記号現象は、認識・思考・表現・伝達および行動と深く関わり、したがって、哲学・論理学・言語学・心理学・人類学・情報科学等の諸科学、また文芸・デザイン・建築・絵画・映画・演劇・舞踊・音楽その他さまざまな分野に記号という観点からの探求が新しい視野を拓くものと期待されます。しかるに記号学ないし記号論は現在まだその本質について、内的組織について不明瞭なところが多分に残存し、かつその研究が多数の専門にわたるため、この新しい学問領域の発展のためには、諸方面の専門家相互の協力による情報交換、共同研究が切に望まれます。右の事態に鑑み、ここにわれわれは日本記号学会（The Japanese Association for Semiotic Studies）を設立することを提案します。志を同じくする諸氏が多数ご参加下さることを希求する次第であります。

一九八〇年四月

日本記号学会についての問い合わせは
日本記号学会事務局
〒六一〇－〇三九五
京都府京田辺市興戸南鉾立九七－一
同志社女子大学学芸学部情報メディア学科
松谷容作研究室内

［日本記号学会ホームページURL］
http://www.jassweb.jp/

記号学会マーク制作／向井周太郎

叢書セミオトポス 11
ハイブリッド・リーディング
新しい読書と文字学

初版第1刷発行　2016年8月31日

編　者　日本記号学会
企画・編集・構成　阿部卓也
発行者　塩浦　暲
発行所　株式会社　新曜社
〒101-0051　東京都千代田区神田神保町3-9
電話(03)3264-4973・FAX(03)3239-2958
e-mail：info@shin-yo-sha.co.jp
URL：http://www.shin-yo-sha.co.jp/
印　刷　長野印刷商工(株)
製　本　渋谷文泉閣

Printed in Japan　ISBN978-4-7885-1486-7　C1010

関連書より

日本記号学会編〈叢書セミオトポス10〉
音楽が終わる時　産業／テクノロジー／言説
A5判220頁
本体2800円
デジタル化、IT化などで従来の「音楽」概念が通用しなくなろうとしているいま、音楽は何処へ？「ヒトとモノと音楽と社会」の関係を最先端の実践のなかにさぐる試み。

日本記号学会編〈叢書セミオトポス9〉
着ること／脱ぐことの記号論
A5判242頁
本体2800円
着るとは〈意味〉を着ることであり、裸体とは〈意味の欠如〉を着ること。だからこそ脱ぐことは、かくもスリリングなのだ。「着る／脱ぐ」の記号過程を根源的に問い直す。

日本記号学会編〈叢書セミオトポス8〉
ゲーム化する世界　コンピュータゲームの記号論
A5判242頁
本体2800円
ゲームは私たちをどこへ連れて行くのか？　すべてがゲーム化する現代において、ゲームを考えることは現実を考えることである。ゲームと現実の関係を根底から問い直す。

日本記号学会編〈叢書セミオトポス7〉
ひとはなぜ裁きたがるのか　判定の記号論
A5判248頁
本体2800円
裁判員制度にともなう法廷の劇場化、スポーツにおける判定のリミット化、震災・原発事故後の判定（判断）ミス……。判定のスペクタクル化ともいえる状況の根源を記号論的に照射。

松本健太郎 編
理論で読むメディア文化　「今」を理解するためのリテラシー
A5判288頁
本体2800円
スティグレール、ラトゥール、フータモなどの理論を起点に、現代のメディア状況を読解。

ポール・リクール 著／久米 博 訳
時間と物語
各A5判
I巻　物語と時間性の循環／歴史と物語　432頁4800円
II巻　フィクション物語における時間の統合形象化　322頁3800円
III巻　物語られる時間　550頁5800円
「時間は物語の様式で分節されるのに応じて人間的時間になる。……物語は時間的存在の条件になるとき、その完全な意味に到達する」。このテーゼの含蓄を汲み尽くした著者畢生の書。

（表示価格は税別）

新曜社